APPRENDRE
LE RUSSE

OBJECTIF
LANGUES

APPRENDRE LE RUSSE
Niveau débutants
A2

Victoria Melnikova Suchet

LA COLLECTION OBJECTIF LANGUES

À PROPOS DU CADRE EUROPÉEN COMMUN DE RÉFÉRENCE POUR LES LANGUES

À partir de quel moment peut-on considérer que l'on « parle » une langue étrangère ? Et quand peut-on dire qu'on la parle « correctement », couramment ? Voire qu'on la « maîtrise » ? Cette question agite les spécialistes de la linguistique et de l'enseignement depuis toujours. Elle pourrait être de peu d'intérêt si les locuteurs d'aujourd'hui n'avaient pas à justifier leurs compétences dans ce domaine, notamment pour accéder à l'emploi.

C'est en partie pour répondre à cette question que le Cadre européen commun de référence pour les langues (CECRL), appelé plus communément « Cadre européen des langues », a été créé par le Conseil de l'Europe en 2001. Sa vocation première est de proposer un modèle d'évaluation de la maîtrise des langues neutre et adapté à toutes les langues afin de faciliter leur apprentissage sur le territoire européen. À l'origine, il entendait favoriser les échanges et la mobilité, mais aussi mettre un peu d'ordre dans les tests d'évaluation privés qui fleurissaient à la fin du xxe siècle et qui étaient, la plupart du temps, propres à une langue.

Plus de 15 ans après son lancement, son succès est tel qu'il a dépassé les simples limites de l'Europe et qu'il est utilisé dans le monde entier ; pour preuve, son cahier des charges est disponible en 39 langues. Les enseignants, les recruteurs et les entreprises y ont largement recours et les praticiens « trouvent un avantage à travailler avec des mesures et des normes stables et reconnues[1]. »

LES 6 NIVEAUX DU CADRE EUROPÉEN DES LANGUES

Le cadre européen se divise en 3 niveaux généraux et en 6 niveaux communs de compétence :

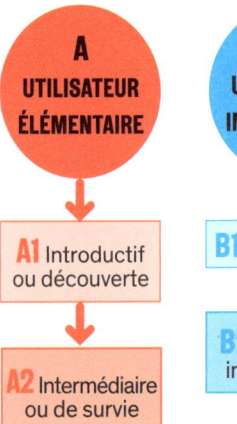

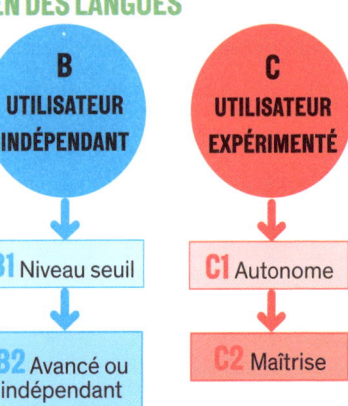

Chacun des niveaux communs de compétence est détaillé selon des activités de communication langagières :
• la production orale (parler) et écrite (écrire) ;
• la réception (compréhension de l'oral et de l'écrit) ;
• l'interaction (orale et écrite) ;
• la médiation (orale et écrite) ;
• la communication non verbale.

Dans le cadre de notre méthode d'apprentissage et de son utilisation, les activités de communication se limitent bien sûr à la réception (principalement) et à la production (un peu). L'interaction, la médiation et la communication non verbale s'exercent sous forme d'échanges en rencontrant des locuteurs et/ou en échangeant avec eux (avec ou sans présence réelle pour dire les choses autrement).

LES COMPÉTENCES DU NIVEAU A2

Avec le niveau A2, je peux :
- **comprendre** des expressions et des messages simples et très fréquents ;
- **lire** des textes courts et trouver une information dans des documents courants ;
- **comprendre** des courriers personnels courts et simples ;
- **communiquer** lors de tâches simples et habituelles ;
- **décrire** en termes simples ma famille, d'autres gens, mes conditions de vie, ma formation et mon activité professionnelle ;
- **écrire** des notes et des messages courts et simples.

La plupart des méthodes d'auto-apprentissage de langues actuelles utilisent la mention d'un des niveaux du cadre de référence (la plupart du temps B2), mais cette catégorisation a souvent été faite *a posteriori* et ne correspond pas forcément à leur cahier des charges.

En suivant les leçons à la lettre, en écoutant les dialogues et en faisant les exercices proposés, vous parviendrez au niveau A2. Mais n'oubliez pas qu'il ne s'agit que d'un début. Le plus important commence ensuite : échanger avec des locuteurs natifs, entretenir sa langue et ne pas la laisser rouiller et, ainsi, améliorer sans cesse la compréhension et l'expression.

1. *Cadre européen commun de référence pour les langues,* Éditions Didier (2005).

APPRENDRE LE RUSSE

NOTIONS

- **L'ALPHABET ET SA TRANSCRIPTION**
- **LES CONSONNES**
- **L'ACCENT TONIQUE ET LES VOYELLES**
- **LES LETTRES PARTICULIÈRES**

■ AVANT DE COMMENCER

Le russe est la langue natale de quelque 154 millions de personnes dans le monde et est parlé au total par plus de 254 millions de locuteurs à travers le globe. Le russe est parlé bien évidemment en Russie, le plus grand pays du monde, mais également dans beaucoup de pays de l'Europe de l'Est, mais aussi en Israël, en Mongolie, en Allemagne et quelques autres pays avec une forte présence de la communauté russe.

■ L'ALPHABET ET LA TRANSCRIPTION

Le russe utilise l'alphabet cyrillique qui contient 33 lettres. Pour faciliter son déchiffrage, nous vous proposons une prononciation restituée jusqu'à la fin de l'ouvrage. De manière générale, nous essayons de vous donner la phonétique la plus simple pour que vous puissiez lire le russe comme si vous lisiez en français. Bien évidemment, ce type de transcription phonétique est approximatif d'où la nécessité de bien écouter les enregistrements. Toutes les lettres se prononcent dans un mot, même les finales, sauf exceptions (**со**лнце, sо-ntsê, *soleil*). Si les lettres se prononcent dans un mot d'une manière séparée, nous le signalons par un trait d'union, dans la transcription phonétique.

Certains sons sont difficilement transmissibles par le biais des lettres françaises, c'est pourquoi nous utilisons quelques astuces :

• quelques signes (', lettres en exposant, traits d'union) ;

• 3 lettres en majuscules pour vous rappeler qu'elles se prononcent d'une manière particulière : R, L, H ;

• nous transcrirons la lettre **ы** par y, pour marquer ce son particulier qui n'existe pas en français.

N'hésitez pas à masquer la prononciation dès que vous vous sentirez un peu plus à l'aise avec le cyrillique. N'oubliez pas que les enregistrements font partie de l'apprentissage, ils vous permettent de vous familiariser avec la mélodie de la langue russe et de mieux saisir la subtilité des sons expliqués au cours des modules. Ils font également partie des exercices.

Accrochez-vous pendant les 7 premiers Modules… La suite sera plus simple ! Suivez les modules les uns après les autres. Tout est nouveau au début, le cyrillique peut paraître complexe mais vous allez vite vous y habituer et on ne fera que reprendre les mêmes notions sous un autre jour, pour que tout soit plus clair.

LA TRADUCTION

Les mots nécessaires pour rendre la traduction plus lisible vous sont proposés entre crochets [ ]. Souvent, la traduction littérale est intéressante et nous vous la donnons entre parenthèses.

◆ LES CONSONNES

LES CONSONNES SONORES ET SOURDES

Les consonnes russes fonctionnent par paire. On peut les diviser en « sonores » et « sourdes ». Les sonores se prononcent avec la voix : **б**, b, **в**, v, **г**, gu, **д**, d, **ж**, g/j, **з**, z et les sourdes, en quelque sorte sans la participation de la voix « mais avec l'air qui passe » : **п**, p, **ф**, f, **к**, k, **т**, t, **ш**, ch, **с**, s. Les sonores s'assourdissent devant une consonne sourde ou à la fin du mot, autrement dit, elles perdent leur sonorité et se prononcent comme leur équivalent sourd.

Écoutez :

Sonores :	б	в	г	д	ж	з
	↓	↓	↓	↓	↓	↓
Sourdes :	п	ф	к	т	ш	с

Écoutez et observez :

хлеб, Hliép, *pain* (la sonore **б** s'assourdit à la fin du mot) ; **водка**, votka, *vodka* (la sonore **д** devient sourde au contact de **к**).

Les consonnes **л**, l (L), **м**, m, **н**, n, **р**, R sont toujours sonores, tandis que **х**, H, **ц**, ts, **ч**, tch, **щ**, sch sont toujours sourdes.

Il existe un processus de sonorisation, plus rare que l'assourdissement, et qui fonctionne de la même manière : la consonne sourde devient sonore au contact de la sonore qui la suit.

Écoutez et observez :

сделать, zdiéLat^s, *faire* (la sourde **с** devient sonore au contact de **д**).

LES CONSONNES DURES ET MOLLES

C'est une deuxième classification des consonnes. Les consonnes molles ont une prononciation particulière : la partie médiane de la langue se rapproche du palais dur (la position de la langue ressemble à celle de la lettre i).

Les consonnes sont dures à la fin des mots ou devant les voyelles dures (**а**, a, **о**, o, **э**, ê, **ы**, y, **у**, ou) et molles devant le signe mou ou une voyelle molle (**я**, ia, **ё**, io, **е**, ié, **и**, i, **ю**, iou).

Attention, les consonnes **ж**, g/j, **ш**, ch, **ц**, ts sont toujours dures, même suivies par une voyelle molle ou signe mou. D'autres – **ч**, tch et **щ**, sch – sont toujours molles.

Les consonnes **б**, **в**, **д**, **з**, **м**, **н**, **п**, **с**, **т**, **ф** ne présentent pas de difficulté particulière et sont proches des sons français. Seulement quelques consonnes méritent une petite attention

Écoutez l'enregistrement et répétez à haute voix :

• les sons **к**, k, **ж**, g/j, **ш**, ch et **г**, gu se prononcent plus dur qu'en français ;

• le **л** russe peut donner deux sons : nous le transcrivons l quand il est mou et L quand il est dur ;

• le fameux **р,** R roulé ressemble à celui de l'italien. Faites vibrer la pointe de la langue contre le palais ;

• **х**, H n'a pas d'équivalent en français, il se rapproche du *do**ch*** allemand ou du ***J**uan* espagnol.

◆ L'ACCENT TONIQUE ET LES VOYELLES

L'accent tonique russe n'est pas fixe. Parfois il se déplace dans le même mot lors de sa déclinaison ou conjugaison. Nous vous conseillons de retenir l'accentuation dans les mots que vous rencontrez.

Écoutez l'enregistrement, comparez et répétez à haute voix :
м**у**ка, mou**k**a, *farine*, - мук**а**, m**ou**ka, *tourment*.

La plupart des voyelles sont également assez faciles à prononcer pour un francophone en position accentuée mais certaines changent de prononciation en position non accentuée. Nous marquons la voyelle accentuée en gras.

Écoutez l'enregistrement, comparez et répétez à haute voix :
окн**о**, akn**o**, *fenêtre*, дел**а**, diL**a**, *affaires*.

Récapitulons les spécificités des voyelles en écoutant les enregistrements des exemples :

- les voyelles **и**, **ы**, **у**, **ю** ont la même prononciation sans accent (même si l'on constate une légère réduction des sons non accentués en mode général) : **итак**, it**a**k, *donc*, **вазы**, v**a**zy, *vases*, **ура**, ouR**a**, *hourra*, **знаю**, zn**a**-iou, *je sais* ;

- la lettre **ё** est toujours accentuée : **платёж**, pLati**o**ch, *paiement*. Attention, parfois dans les textes russes, cette lettre peut être marquée **е** ;

- en position non accentuée la voyelle **о** change en **а**, les voyelles **е** et **э** se prononcent **и** : **вода**, vad**a**, *eau*, **дела**, diL**a**, *affaires*, **этаж**, it**a**ch, *étage*.

- la lettre **я** non accentuée et dans la syllabe devant celle accentuée, se prononce **и** **часы**, tchiss**y**, *heures, montre* ; si **я** se retrouve en position non accentuée devant la syllabe accentuée et en plus en début du mot ou après le signe dur, elle va être prononcée avec une petite mouillure comme dans le début du mot anglais *yes* : **язык**, yiz**y**k, *langue*, **объявление**, ab-yivl**ié**ni-ié, *annonce*.

- le son **ы**, y, n'a pas d'équivalent en français. Sa prononciation devient plus faible en position non accentuée. Pour bien le prononcer de manière générale, il faut dire « ou » en étirant les lèvres comme si vous alliez prononcer « i ».

◆ D'AUTRES LETTRES PARTICULIÈRES

La lettre **й** est marquée différemment dans l'ouvrage, se rapprochant à chaque fois au plus près du son russe réel. Cette lettre s'écrit uniquement derrière les voyelles (vous la verrez très souvent dans les terminaisons des adjectifs) à l'exception de quelques mots rares où on la trouve au début, comme **йод**, *l'iode*. En français, on pourrait retrouver ce son dans les mots « ail » ou « bonsaï ».

Le signe mou et signe dur n'ont pas de prononciation propre. Le signe mou **ь** ramollit la consonne qui le précède. Nous le marquons par différents signes et lettres en exposant. La lettre en exposant doit être prononcée très atténuée.

Écoutez l'enregistrement, comparez et répétez à haute voix :
ест, iést, *il mange*, **есть**, iést[s], *il y a*, **кол**, koL, *pieu*, **коль**, kol[i], *si*.

Le signe dur **ъ** se met entre une consonne et une voyelle en les rendant indépendantes dans la suite, il les sépare en laissant la consonne dure. Le signe dur est extrêmement rare et vous ne le rencontrerez que dans deux mots dans cet ouvrage : **объезд**, ab'**ié**st, *déviation*, **объявление**, ab-yivl**ié**ni-ié, *annonce*.

I. SALUTATIONS ET PREMIERS CONTACTS

1. NOMMER LES OBJETS — 21

2. SE SALUER ET PRENDRE CONGÉ — 29

3. SE PRÉSENTER ET REMERCIER — 37

4. OFFRE ET CHOIX — 45

5. LA FAMILLE — 53

6. LE TEMPS LIBRE — 61

7. CONVERSATION — 69

II. LA VIE QUOTIDIENNE

8. PROJETS POUR LA JOURNÉE — 81

9. PROMENADE — 89

10. APPEL TÉLÉPHONIQUE — 97

11. PROVISIONS — 105

12. À L'HÔTEL — 113

13. AU RESTAURANT — 121

14. PROBLÈMES DE SANTÉ — 129

15. DÉMÉNAGEMENT — 137

16. AU TRAVAIL — 145

17. COURRIEL — 153

III. EN VILLE

IV. LES LOISIRS

18. LE TEMPS — 165

19. À LA POSTE — 173

20. BONNE SOIRÉE — 181

21. LES MÉDICAMENTS — 189

22. LES TRANSPORTS URBAINS — 197

23. EN VOITURE — 207

24. À TABLE! — 219

25. LA RECETTE — 227

26. À L'OPÉRA — 237

27. VOYAGE — 245

28. LES SPORTIFS — 255

29. LE ZOO — 263

30. À BIENTÔT! — 273

I

SALUTATIONS

ET

PREMIERS

CONTACTS

1. NOMMER LES OBJETS
НАЗЫВАТЬ ПРЕДМЕТЫ

OBJECTIFS	NOTIONS

- **DÉCHIFFRER LE CYRILLIQUE**
- **POSER UNE QUESTION**
- **UTILISER LA NÉGATION**

- **LE GENRE DES NOMS**
- **LE CARDINAL UN ET SON ACCORD**
- **LE VERBE ÊTRE**
- **L'ACCENT TONIQUE**

🔊 03 КТО ИЛИ ЧТО?
QUI OU QUOI ?

одна роза
adn**a** r**o**za
une rose

один стол
ad**i**-n stoL
une table

одно окно
adn**o** akn**o**
une fenêtre

один магазин
ad**i**-n magaz**i**-n
un magasin

одно такси
adn**o** taks**i**
un taxi

Это объезд.
êta ab'**ié**st.
C'est une déviation.

Это лампа и кровать.
êta L**a**mpa i kRav**a**t^s.
Ce sont une lampe et un lit.

– Кто это?
kto **ê**ta?
– Qui est-ce ?

– Это папа?
êta p**a**pa?
– C'est papa ?

– Это мама.
êta m**a**ma.
– C'est maman.

– Нет, это дядя.
niét **ê**ta d**ia**dia.
– Non, c'est l'oncle.

– Что это? Ананас?
chto êta? ananass?
– Qu'est-ce que c'est ? Un ananas ?

– Это банан?
êta bana-n?
– Est-ce une banane ?

– Кто это? Иван?
kto êta? iva-n?
– Qui est-ce ? Ivan ?

– Это ученик или учитель ?
êta outchinik ili outchitil?
– Est-ce un élève ou un instituteur ?

– Нет, это дыня.
niét, êta dynia.
– Non, c'est un melon.

– Да, это банан.
da, êta bana-n.
– Oui c'est une banane.

– Нет, это не Иван.
niét, êta ni-iva-n.
– Non, ce n'est pas Ivan.

– Это студент.
êta stoudié-nt.
– C'est un étudiant.

■ COMPRENDRE LE DIALOGUE
DÉCHIFFRER LE CYRILLIQUE

→ L'alphabet cyrillique n'est pas si compliqué qu'il peut paraître au premier abord. Il comporte 33 lettres, dont 10 voyelles et 20 consonnes, la lettre **й** et les deux lettres un peu particulières **ь**, signe mou, et **ъ**, signe dur, qui ne se prononcent pas. Même si cela peut paraître étonnant, nous connaissons un peu la même chose en français : pensez à nos signes diacritiques sur les voyelles– ils ne se prononcent pas d'une manière isolée mais modifient la prononciation d'une lettre, une fois attachés à la lettre. De la même manière, le signe mou ramollit la consonne qu'il suit et le signe dur laisse la lettre qui le précède dure : **учитель**, outch**i**til, *instituteur, maître* ; **объезд**, ab'**ié**st, *déviation*.

→ Toutes les lettres se prononcent (sauf les deux que l'on vient de citer). Sans le savoir, vous en connaissez déjà beaucoup ! Il faudra juste apprendre les nouvelles lettres. Les sons nasalisés n'existent pas (*an/en/in/on*, etc.). Nous mettrons un trait d'union pour vous rappeler que la lettre se prononce distinctement. Prononcez bien : **Иван**, iva-n, *Ivan*, **студент**, stoudi**é**-nt, *étudiant*.

→ Revoyez les explications sur les sons figurant dans l'introduction en faisant attention à la prononciation des lettres dans les mots. Écoutez attentivement l'enregistrement.

POSER UNE QUESTION

Pour poser une question, le russe utilise l'intonation et des mots interrogatifs. La langue russe fait la distinction entre les êtres animés (**папа**, *papa*, **мама**, *maman*, **дядя**, *oncle*) et les objets inanimés (**стол**, *table*, **магазин**, *magasin*, **роза**, *rose*). Ainsi, la question pour un inanimé commencera-t-elle par **Что…** *Que/Quoi…* et pour un animé par **Кто…** *Qui…*

L'ordre des mots peut rester inchangé : **Это банан?** *Est-ce une banane ?* - **Да, это банан.** *Oui, c'est une banane.*

UTILISER LA NÉGATION

La négation est transmise par la particule **не**, nié. Elle se place directement devant le mot auquel elle se rapporte et souvent se lie à ce dernier dans la prononciation. Ainsi va-t-elle se prononcer ni : **это не мама**, ê*ta* ni*ma*ma, *ce n'est pas maman*.

◆ GRAMMAIRE
LE GENRE DES NOMS

Les noms russes peuvent être masculins, féminins ou neutres. Les 3 genres ont leurs propres terminaisons et peuvent être « mous » ou « durs » selon celle-ci.

Les mots masculins « durs » se terminent le plus souvent par une consonne : **стол**, stoL, *table* ; **студент**, stoud**ié**-nt, *étudiant* ; **магазин**, magaz**i**-n, *magasin*. Certains masculins durs se terminent par un **а** : **папа**, p**a**pa, *papa*. Les mots masculins « mous » se terminent par **я** ou **й** : **дядя**, d**ia**dia, *oncle* ; **музей**, mouz**ié**-ï, *musée*. Remarquez que les masculins mous peuvent également avoir la terminaison en signe mou **ь**.

Les mots féminins durs se terminent en **а**, les mous en **я/ия** ou le signe mou **ь** : **мама**, m**a**ma, *maman* ; **дыня**, d**y**nia, *melon* ; **кровать**, kRava**t**ˢ, *lit*.

Rappelez-vous que certains masculins peuvent se terminer également en **а** ou **я**. Pas de crainte : vous ne les confondrez pas avec les féminins car ils ont leur appartenance intrinsèque au masculin (c'est logique : papa est un être forcément masculin). En revanche, le genre des mots en signe mou est à apprendre par cœur.

Les neutres durs se terminent en **о**, les mous en **е/ё** (et **ие**) et en **мя** : **окно**, akn**o**, *fenêtre* ; **море**, m**o**Rié, *mer* ; **время**, vR**ié**mia, *temps*. Le mot emprunté **такси**, tak-si, *taxi*, est également neutre.

Terminaison	Masculin	Féminin	Neutre
	zero / **й** / **ь** / **а** / **я** (pour les masculins « logiques »)	**а** / **я** / **ия** / **ь**	**о** / **е** / **ё** / **ие** / **мя**

LE CARDINAL UN ET SON ACCORD

L'article n'existe pas en russe. Toute l'information sur le mot est transmise par sa terminaison. En revanche le cardinal **один**, ad**i**-n, *un*, s'accorde en genre avec le mot qui le suit. Il a donc le féminin **одна**, adn**a**, *une*, et le neutre **одно**, adn**o**, *un*. Remarquez que ses terminaisons reprennent la logique des noms.

▲ CONJUGAISON
LE VERBE ÊTRE

Le verbe *être* est omis au présent. Très pratique pour indiquer quelque chose : il suffit de rajouter le mot **это**, *êta, ce/ceci* au nom que vous voulez indiquer. Pour dire *c'est une table*, nous ajoutons à **это** le nom **стол**, stoL, *table* : **это стол**.

▼ PRONONCIATION
L'ACCENT TONIQUE

Le russe est une langue qui possède un accent tonique. Nous marquerons l'accent tonique par une lettre en gras dans la prononciation restituée. L'accent russe n'est pas fixe, comme c'est le cas en français. Il peut tomber au début du mot **мама**, m**a**ma, *maman*, au milieu **учитель**, outch**i**til, *instituteur,* ou à la fin : **ананас**, anan**a**ss, *ananas*.

La voyelle dite accentuée se prononce d'une manière plus intense, on s'attarde dessus. Techniquement, il n'y a qu'une voyelle accentuée par mot (sauf certains mots composés), par conséquent, les mots monosyllabiques – avec une seule voyelle dedans – ont inévitablement la voyelle accentuée. Cette voyelle garde sa prononciation « initiale ». Retenez que la lettre **ё** est toujours accentuée.

En revanche, certaines voyelles dans les positions non accentuées changent de prononciation. Les plus touchées par cette règle sont les voyelles **o** et **e**. Les voyelles **а** et **я** peuvent également changer de prononciation dans certaines positions non accentuées mais nous en parlerons plus tard.

La lettre **o** non-accentuée change en un léger a, tandis que **e** sans accent se prononce comme un léger i ou un **e** très affaibli (nous le marquerons [ié]). Accentué : **р**о**за**, r**o**za, *rose* mais non accentué : **о**дин, ad**i**-n, *un* ; accentué : **не**т, ni**é**t, *non*, mais non accentué : **уче**ник, outchin**i**k, *élève*.

VOCABULAIRE

один, одна, одно, adi-n, adna, adno, *un, une*
роза (f), roza, *rose*
стол (m), stoL, *table*
окно (n), akno, *fenêtre*
магазин (m), magazi-n, *magasin*
такси (n), taksi, *taxi*
это, êta, *ce, ceci*
объезд (m), ab'iést, *déviation*
лампа (f), La-mpa, *lampe*
и, i, *et*
кровать (f), kRavat[s], *lit*
кто, kto, *qui*
мама (f), mama, *maman*
папа (m), papa, *papa*
нет, niét, *non*
дядя (m), diadia, *oncle*
что, chto, *que, quoi*
ананас (m), ananass, *ananas*
дыня (f), dynia, *melon*
банан (m), bana-n, *banane*
да, da, *oui*
не, nié, *ne, ne pas* (particule négative)
ученик (m), outchinik, *élève*
или, ili, *ou*
учитель (m), outchitil, *instituteur, maître (d'école)*
студент (m), stoudié-nt, *étudiant*
музей (m), mouzié-ï, *musée*
море (n), moR[ié], *mer*
время (n), vRiémia, *temps*

● EXERCICES

1. ÉCOUTEZ LA PRONONCIATION ET TRADUISEZ LES MOTS SUIVANTS :

a. **банк** ....   c. **газ** ....

b. **жираф** ....   d. **театр** ....

2. TRANSCRIVEZ EN CYRILLIQUE LES MOTS SUIVANTS (CHAQUE TRAIT EST UNE LETTRE) ET VÉRIFIEZ VOS RÉPONSES EN ÉCOUTANT L'ENREGISTREMENT :

a. *soupe* _ _ _   c. *stop* _ _ _ _

b. *type* _ _ _   d. *taxi* _ _ _ _ _

3. DÉFINISSEZ LE GENRE DES NOMS (M, F, N) :

a. **концерт**, kantsêRt, *concert* ....   e. **лето**, liéta, *été* ....

b. **лампа**, La-mpa, *lampe* ....   f. **стол**, stoL, *table* ....

c. **окно**, aknо, *fenêtre* ....   g. **банан**, banа-n, *banane* ....

d. **машина**, machуna, *voiture* ....   h. **такси**, taksi, *taxi* ....

**4. CLASSEZ LES MOTS SELON LEUR ACCENT EN 3 COLONNES –
A) ACCENT AU DÉBUT DU MOT   B) AU MILIEU   C) À LA FIN :**

мама, mama ; **учитель**, outchitil ; **ананас**, ananass ; **машина**, machyna ; **дыня**, dynia ; **магазин**, magazi-n.

2. SE SALUER ET PRENDRE CONGÉ
ВСТРЕЧА И ПРОЩАНИЕ

OBJECTIFS	NOTIONS
• CONNAÎTRE LES DIMINUTIFS • SE SALUER ET PRENDRE CONGÉ • DONNER UNE APPRÉCIATION	• LA DÉCLINAISON • LE VERBE ALLER AU PRÉSENT • LES CONSONNES

ВСТРЕЧА
LA RENCONTRE

<u>Саша</u>: Привет, Влад! Как дела?
sacha : pRiviét vLat! kak diLa?
Sacha : Salut Vlad ! Comment ça va ?

<u>Влад</u>: О, Саша! Всё отлично. А у тебя?
vLat : o sacha! fsio atlitchna. a outibia?
– Oh Sacha ! Tout [est] parfait. Et (chez) toi [, comment ça va] ?

– Тоже всё хорошо. Ты куда?
tojê fsio HaRacho. ty kouda?
– Tout va bien aussi (Aussi tout bien). Où [vas-] tu ?

– Я в кино. А ты куда идёшь?
ia fkino. aty kouda idioch'?
– Je [vais] au cinéma. Et toi, tu vas où (Et toi où vas) ?

– Я иду в парк.
ia idou fpaRk.
– Je vais au parc.

– Здорово. Там сейчас концерт.
zdoRava. tam sitchass ka-ntsêRt.
– Super. Il y a un concert en ce moment (Là-bas maintenant concert).

– Да? Супер. Идём вместе?
da? soupiéR. idio-m vmiéstié?
– [Ah] oui ? Super. On y va ensemble (Allons ensemble) ?

– Нет, я в кино. Олег и Дима уже там, они ждут меня.
niét, ia fkino. aliék i dima oujê ta-m, ani jdout minia.
– Non, je [vais] au cinéma. Oleg et Dima [sont] déjà là-bas, ils m'attendent.

– Ладно, до встречи!
Ladna, dafstRiétchi!
– D'accord, à une prochaine !

– Пока!
paka!
– Salut !

COMPRENDRE LE DIALOGUE
LES DIMINUTIFS

→ Les diminutifs sont extrêmement répandus en russe. Quasiment tous les prénoms ont un diminutif qui peut être plus court ou parfois… plus long que le prénom de base ! **Саша**, s*a*cha, est un diminutif de **Александра**, *Alexandra* ; **Влад**, vlat, est celui de **Владислав**, *Vladislav* ; **Дима**, d*i*ma, est celui de **Дмитрий**, *Dimitri*. Il s'agit des diminutifs « neutres » car ils n'apportent pas forcément une connotation affective. Quelques prénoms ne possèdent pas de diminutif neutre mais ont quoi qu'il en soit des diminutifs affectifs, par exemple : **Олег**, *Oleg*, donne un diminutif affectif **Олежка**, al*ié*chka, ou **Олежечка**, al*ié*jytchka.

LES SALUTATIONS

→ Dans le dialogue, les personnages se saluent d'une manière familière : **привет!** *salut (bonjour) !* et **пока!** *salut (au revoir) !*
→ Pour demander « comment ça va ? » on utilise l'expression qui signifie littéralement « comment [sont] les affaires ». On ajoute les mots **у тебя** génitif de **ты**, *chez toi*, si l'on tutoie ou **у вас** génitif de **вы**, *chez vous*, si l'on vouvoie : **как у вас дела?** *Comment allez-vous ?* L'économie de la langue permet de répondre tout simplement **А у вас?** *Et vous ?* **А у тебя?** *Et toi ?* **Дела**, diL*a*, est donc le pluriel du mot neutre **дело**, di*é*La, *affaire*.
→ **До встречи!** dafstR*ié*tchi *salut (bonjour) !* signifie littéralement « jusqu'à la rencontre ».

DONNER UNE APPRÉCIATION

→ Les mots que Vlad et Sacha utilisent pour manifester leur contentement à ce qu'ils entendent, sont très utiles et répandus en russe. Comme le verbe *être* est omis au présent, vous pourrez former les phrases suivantes : **всё отлично!** *tout est parfait !* ; **всё хорошо!** *tout est bien !* **всё супер!** *tout est super !* ou bien en se référant au premier Module où l'on a vu **это**, *ce, ceci* : **это хорошо**, *c'est bien*.
→ Le mot **ладно**, L*a*dna, permet d'exprimer son accord, et peut donc se traduire par *d'accord, OK, soit !* Il est synonyme de **хорошо**, qui peut être utilisé dans le même sens.

◆ GRAMMAIRE
LA DÉCLINAISON

La langue russe est une langue à déclinaisons. Les noms se déclinent, cela veut dire qu'ils changent de forme selon leurs rôle et fonction dans une phrase. Toutes les informations sur le mot – le nombre, le genre, le cas – sont transmises par la terminaison.

Il y a six cas en russe : nominatif, génitif, datif, accusatif, instrumental et prépositionnel. Pour le moment, ne vous attardez pas sur les mots légèrement différents dans leur terminaison, comme par exemple **встреча**, fstRiétcha, **встречи**, fstRiétchi. Nous nous concentrons sur les mots au nominatif, la forme que nous trouvons dans un dictionnaire, et verrons la déclinaison plus tard.

▲ CONJUGAISON
LE VERBE ALLER AU PRÉSENT

Le russe opère une distinction entre le moyen et le mode de déplacement. Le mot **идти**, itt**i**, signifie *aller à pied*. Nous avons vu que le verbe *être* était omis au présent. Parfois, le verbe **идти** l'est aussi. Ainsi, pouvons-nous dire **- Куда ты (идёшь)?**, koud**a** ty (id**io**ch'), *où vas-tu ?* **- Я (иду) в парк**, ia (id**ou**) fpaRk, *je vais au parc*.

Attention, le mot russe **куда**, *où*, contient la notion de mouvement. Il exprime l'endroit vers lequel on se dirige.

LA CONJUGAISON RÉGULIÈRE

Il y a deux groupes de verbes réguliers en russe. Le verbe **идти**, itt**i**, *aller*, appartient au premier groupe (ou première conjugaison).

Я иду, ia id**ou**, *je vais*	**Мы идём**, my id**io**m, *nous allons*
Ты идёшь, ty id**io**ch', *tu vas*	**Вы идёте**, vy id**io**tié, *vous allez*
Он/она/оно идёт, o-n, an**a**, an**o** idi**o**t, *il/elle va*	**Они идут**, ani id**ou**t, *ils/elles vont*

▼ PRONONCIATION
LES CONSONNES RUSSES

Les consonnes russes se subdivisent en sonores et sourdes et fonctionnent par paires. Les consonnes sonores **б**, b, **в**, v, **г**, gu, **д**, d, **ж**, g/j, **з**, z, s'assourdissent et se prononcent comme **п**, p, **ф**, f, **к**, k, **т**, t, **ш**, ch, **с**, s, à la fin des mots ou devant une autre consonne sourde : **Влад**, vlat ; **вс**т**реча**, fstRiétcha.

Sonores :	б	в	г	д	ж	з
	↓	↓	↓	↓	↓	↓
Sourdes :	п	ф	к	т	ш	с

Notez également que l'assourdissement se produit uniquement entre ces consonnes-là. Retenez que les consonnes **л**, l, **м**, m, **н**, n, **р**, R sont toujours sonores tandis que **х**, H, **ц**, ts, **ч**, tch, **щ**, tsch, sont toujours sourdes.

VOCABULAIRE

встреча (f), fstRiétcha, *rencontre*
привет, pRiviét, *salut (bonjour)*
как, kak, *comment*
дело (n), diéLa, *affaire*
о, o, *oh*
всё, fsio, *tout*
отлично, atlitchna, *parfait*
а, a, *et*
у, ou, *chez*
ты, ty, *tu*
тоже, tojê, *aussi*
хорошо, HaRacho, *bien*
куда, kouda, *où (avec mouvement)*
я, ia, *je*
в, v, *à*, *dans*
кино (n), kino, *cinéma*
идти, itti, *aller à pied*
парк (m), paRk, *parc*
здорово, zdoRava, *super*
там, ta-m, *là-bas*
сейчас, sitchass, *maintenant, en ce moment*
концерт (m), ka-ntsêRt, *concert*
супер, soupiéR, *super*
вместе, vmiéstié, *ensemble*
уже, oujê, *déjà*
они, ani, *ils, eux*
ждать (v, 1re conjug.), jdat[s], *attendre*
ладно, Ladna, *d'accord, OK, soit!*
до, do, *jusque, jusqu'à, à…*
пока, paka, *salut (au revoir)*

⬢ EXERCICES

1. QUEL SON PRODUIT LA LETTRE SOULIGNÉE ? VÉRIFIEZ VOS RÉPONSES EN ÉCOUTANT L'ENREGISTREMENT.

a. <u>в</u>сё ....

b. <u>з</u>дорово ....

c. <u>в</u>месте ....

d. и<u>д</u>ти ....

e. ла<u>д</u>но ....

2. ENTOUREZ LA BONNE TRANSCRIPTION DES MOTS SUIVANTS :

a. **пока** : pok**a**   pak**a**   p**a**k**a**

b. **встреча** : vstRi**é**tcha   fstRi**é**tcha   vstRitcha

c. **ананас** : an**a**n**a**ss   an**a**n**a**   an**a**nass

d. **хорошо** : kaRach**o**   HoRoch**o**   HaRach**o**

3. TROUVEZ LA CONSONNE SOURDE QUI CORRESPOND À CHAQUE SONORE :

a. Б → ...

b. Г → ...

c. Ж → ...

d. В → ...

e. Д → ...

f. З → ...

4. CHOISISSEZ LE SON QUE VOUS ENTENDEZ À LA FIN DU MOT ET VÉRIFIEZ VOS RÉPONSES EN ÉCOUTANT L'ENREGISTREMENT :

a. г - к   b. д - т   c. з - с   d. в - ф

3. SE PRÉSENTER ET REMERCIER
ПРЕДСТАВИТЬСЯ И ПОБЛАГОДАРИТЬ

OBJECTIFS	NOTIONS
• SE PRÉSENTER • S'INTÉRESSER À L'AUTRE • REMERCIER	• AVEC OU SANS MOUVEMENT • LES PRONOMS PERSONNELS • LE PRÉSENT • LES VOYELLES ET LES CONSONNES

🔊 05 РАЗРЕШИТЕ ПРЕДСТАВИТЬСЯ
PERMETTEZ-MOI DE ME PRÉSENTER

Анна: Добрый день! Меня зовут Анна Ивановна Петрова.
anna : dobRyi diégne! minia zavout anna ivanavna pitRova.
Anna : Bonjour (Bon jour) ! Je m'appelle (me appellent) Anna Ivanovna Petrova.

А как вас зовут?
akak vass zavout?
Et comment vous appelez-vous (vous appellent) ?

Денис: Здравствуйте! Я – Денис, а это мой брат Максим.
diniss : zdRast-vouill-tié ! ia diniss, a êta moï bRat maksi-m.
Denis : Bonjour ! Je [suis] Denis et voici (c'est) mon frère Maxime.

Моя фамилия Скворцов.
ma-ia famili-ia sk-vaRtsof.
Mon nom de famille est Skvortsov.

– Очень приятно. Вы откуда?
otchigne pRi-iatna. vy atkouda?
– Enchantée (Très agréable) ! Vous [venez] d'où ?

– Мы из Москвы. Вы тоже?
my izmask-vy. vy tojê?
– Nous [venons] de Moscou. Vous aussi ?

– Нет, я здесь проездом.
niét, ia zdiéssi pRa-iézda-m.
– Non, je [suis] ici de passage.

Вы не знаете, где метро?
vy nizna-itié gdié mitRo?
Savez-vous (Vous ne savez pas) où [est] le métro ?

– Знаем, конечно. Вот оно! А там музей Пушкина.
zna-iém, kaniéchna. vot ano! ata-m mouziéï pouchkina.
– (Savons) Bien sûr. Le voici (voici il) ! Et là-bas, [c'est] le musée Pouchkine.

– Спасибо большое! Я тут ничего не знаю.
spass**i**ba balch**o**-ié! ia tout nitchiv**o** nizn**a**-iou.
– Merci beaucoup ! Je ne connais rien ici (Je ici rien ne connais).

- Пожалуйста. Кстати, Макс знает здесь всё, он журналист!
paj**a**Lousta. kst**a**ti maks zn**a**-it zdiéss^j fsio, o-n jouRnal**i**st!
– Je vous en prie. À propos, Maks connaît (ici) tout ici, il [est] journaliste.

- Ещё раз благодарю! До свидания!
yisch**io** Rass bLagadaR**iou**! das-vid**a**nia!
– Je vous remercie encore une fois (Encore une fois remercie) ! Au revoir !

- Всего доброго! Удачи!
fsiv**o** d**o**bRava! oud**a**tchi!
– Plein de bonnes choses ! Bonne chance !

COMPRENDRE LE DIALOGUE
SALUER

→ Le mot **здравствуйте**, zdRast-vouill-tié, *bonjour,* est une salutation neutre, qui s'utilise à n'importe quel moment de la journée dans toutes sortes de situations. En parallèle, il existe des expressions pour marquer un moment précis de la journée : **добрый день,** dobRyï diégne signifie *bonjour*, littéralement « bon jour ». Il existe également les expressions **доброе утро,** dobRa-ié outRa, *bonjour*, littéralement « bon matin » et **добрый вечер,** dobRyï viétchiR, *bonsoir.*

→ On entendra de la part de la famille et des amis dans des situations moins formelles, les universels **привет**, pRiviét, *salut (bonjour)* et **пока**, paka, *salut (au revoir)*, vus dans le Module précédent.

→ **Здравствуйте** est une forme de vouvoiement, le tutoiement s'obtient en enlevant -**те** à la fin du mot : **здравствуй**, zdRast-vouille. Attention à la prononciation, toutes les lettres ne se prononcent pas !

→ Les formes de salutation d'adieu dépendent également de la situation. **До свидания!** das-vidania, *au revoir !*, littéralement « à la rencontre », est une salutation neutre qui s'utilise indépendamment du moment de la journée. S'y ajoutent **До встречи!** dafstRiétchi, *à la prochaine !* (litt. « à la rencontre »), et des souhaits : **Всего доброго!** fsivo dobRava, *plein de bonnes choses !* **Удачи!** oudatchi, *bonne chance !*

SE PRÉSENTER

Les Russes ont un nom de famille, un prénom et un nom patronymique : **Петрова Анна Ивановна**. Le patronyme reprend le nom du père, cela veut dire concrètement que le père d'Anna s'appelle Ivan. Les Russes s'adressent à des amis ou aux membres de la famille en utilisant uniquement le prénom (ou le diminutif du prénom que vous avez vu dans le Module précédent). En revanche, dans des situations plus formelles ou en parlant à une personne plus âgée, ils utilisent le prénom suivi du nom patronymique qui est une marque de respect envers son interlocuteur.

Петрова, **Скворцов** : les noms de famille s'accordent dans la plupart des cas en genre et nombre. **Анна Петрова**, anna pitRova, mais **Иван Петров**, iva-n pitRof, **Лиза Скворцова,** liza sk-vaRtsova, mais **Денис и Максим Скворцовы**, diniss i maksi-m sk-vaRtsovy.

Как вас зовут? signifie littéralement « comment vous appellent-ils ? », **зовут** est donc la troisième personne du pluriel du verbe **звать**, zvat[s], *appeler*. Pour tutoyer, on remplacera **вас** par **тебя** : **Как тебя зовут?** kak tib**ia** zav**ou**t, *Comment t'appelles-tu ?*

AVEC OU SANS MOUVEMENT

Dans le Module précédent, vous avez rencontré **куда**, koud**a**, *où* (avec mouvement). En effet, le russe fait la distinction entre les mots sous-entendant la notion de mouvement ou d'état statique. Ainsi, **куда** fonctionne en binôme avec **где**, gdié, *où* (sans mouvement). Le premier *où* signifie l'endroit vers lequel on se dirige, tandis que le deuxième, l'endroit où l'on se trouve. Comparez : **ты куда?** ty koud**a**, *où vas-tu ?* et **ты где?**, ty gdié, *où es-tu ?*

Le contraire de **куда**, koud**a**, *où* est **откуда**, atk**ou**da, *d'où* (avec mouvement).

Там, tam, *là-bas*, **тут**, tout, *ici,* **здесь**, zdiéss[i], *ici*, ne contiennent pas la notion de mouvement.

◆ GRAMMAIRE

LES PRONOMS PERSONNELS

Vous avez rencontré tous les pronoms personnels. Seule la troisième personne du singulier a des formes différentes pour chacun des 3 genres :

я, *je*, *moi*	**мы**, *nous*
ты, *tu*, *toi*	**вы**, *vous*
он, *il*, *lui*, **она**, *elle*, **оно** *il* (neutre)	**они**, *ils*, *elles*, *eux*

Pour bien prononcer le son que donne la lettre **ы**, placez la langue comme si vous alliez prononcer un i et faites le son u avec le fond de la gorge, toujours en tendant les lèvres.

Tout comme le français, le russe distingue le tutoiement du vouvoiement. Néanmoins, une petite remarque additionnelle sur le « vous » s'impose. À l'oral, le *vous* est unique, or, à l'écrit, on aura une deuxième forme avec une majuscule. Le **Вы** prend une majuscule dans la correspondance formelle pour marquer le respect, quand on s'adresse à une personne en la vouvoyant. Si l'on s'adresse à plusieurs personnes, on écrit le mot avec une minuscule.

▲ CONJUGAISON
LE PRÉSENT DE LA PREMIÈRE CONJUGAISON

Vous avez déjà vu le verbe **идти**, itti, *aller*, appartenant à la première conjugaison. On va distinguer les deux groupes par la lettre « de base » de la terminaison. On reconnaîtra les verbes du premier groupe par la lettre **е** ; ils auront **ешь** à la deuxième personne du singulier et **ут** ou **ют** à la troisième personne du pluriel. Pour former le présent du premier groupe, il faut ajouter les terminaisons suivantes à la base du verbe (l'infinitif sans terminaison) :

знать, znat^s, *savoir, connaître* :

я знаю, ia zna-iou, *je sais*	**мы зна**ем, my zna-ié-m, *nous savons*
ты знаешь, ty zna-iéch', *tu sais*	**вы зна**ете, vy zna-itié, *vous savez*
он знает, o-n zna-iét, *il sait*	**они зна**ют, ani zna-iout, *ils/elles savent*

Remarquez que le verbe **идти,** appartenant au même groupe, a la lettre **ё** comme base (**идёшь, идёт**). En effet, la lettre **ё** a pendant longtemps été considérée comme variante de **е** et est même placée dans le même paragraphe dans le dictionnaire.

▼ PRONONCIATION
LES VOYELLES ET LES CONSONNES

Les voyelles russes se subdivisent en voyelles "molles" et "dures" – celles qui ramollissent ou rendent dures les consonnes qui les précèdent.

Ainsi les 20 consonnes russes donnent-elles 36 sons puisque 15 consonnes peuvent être soit molles soit dures selon la voyelle qui les suit. Par exemple, la lettre **л** ne se prononce pas de la même façon dans les mots suivants : **дела**, diLa, *affaires*, où elle est dure, et dans **отлично**, atlitchna, *parfait*, où elle est ramollie au contact du **и**. La même chose pour la lettre **д** dans : **да**, da, où elle est dure, et **идёшь**, idioch', où elle est ramollie au contact du **ё**.

Les voyelles molles et dures fonctionnent par paires :

dures :	а	о	э	ы	у
	↓	↓	↓	↓	↓
molles :	я	ё	е	и	ю

●VOCABULAIRE

представиться (v, 2ᵉ conjugaison), pRitstavitsa, *se présenter*
поблагодарить (v, 2ᵉ conjug.), pabLagadaRitˢ, **благодарить** (v, 2ᵉ conjug.), bLagadaRitˢ, *remercier*
разрешить (v, 2ᵉ conjug.), RazRichitˢ, *permettre*
добрый, **ая**, **ое** (adj), dobRyï, a-ia, a-ié, *bon*
день (m), diégne, *jour*
звать (v, 1ʳᵉ conjug.), zvatˢ, *appeler*
как, kak, *comment*
здравствуй, -те, zdRast-vouille,-tié, *bonjour*
мой, moï, **моя**, ma-ia, *mon, ma*
брат (m), bRat, *frère*
фамилия (f), famili-ia, *nom de famille*
очень, otchigne, *très*
приятно, pRi-iatna, *agréable*
очень приятно, otchigne pRi-iatna, *enchanté(e)*
откуда, atkouda, *d'où (avec mouvement)*
из, iz, *de (provenance)*
тоже, tojê, *aussi*
здесь, zdiéssⁱ, *ici*
проездом, pRa-iézda-m, *de passage*
знать (v, 1ʳᵉ conjug.), znatˢ, *savoir, connaître*
где, gdié, *où*
метро (n), mitRo, *métro*
конечно, kaniechna, *bien sûr*
вот, vot, *voici*
он, o-n, **оно**, ano, *il (masculin et neutre)*
спасибо, spassiba, *merci*
большой, **ая**, **ое**, (adj), balʹchoï, *grand*
тут, tout, *ici*
ничего, nitchivo, *rien*
пожалуйста, pajaLousta, *je vous en prie, de rien*
кстати, kstati, *à propos*
журналист (m), jouRnalist, *journaliste*
ещё, yischio, *encore*
раз, Rass, *fois*
до свидания! das-vidania, *au revoir !*
всего доброго! fsivo dobRava, *plein de bonnes choses ! Bonne chance !*
удача (f), oudatcha, *chance*
утро (n), outRa, *matin*
вечер (m), viétchiR, *soir*

● EXERCICES

1. REMPLACEZ LE NOM PAR UN PRONOM :

a. Это мой брат. Это ____.

b. Это метро. Это ____.

c. Это папа. Это ____.

d. Это музей. Это ____.

e. Это моя мама. Это ____.

2. COMPLÉTEZ LES QUESTIONS :

a. .... Анна? – Вот она.

b. .... вы идёте? – В кино.

c. .... ты? – Я из музея.

d. .... тебя зовут? – Денис.

3. ASSOCIEZ LES RÉPLIQUES À LEUR RÉPONSE :

a. Как вас зовут?   1. Я в музей.

b. Ты куда?   2. Пожалуйста.

c. Где метро?   3. Мы из Москвы.

d. Спасибо большое!   4. Вот оно.

e. Откуда вы?   5. Иван.

4. ENTOUREZ LA SYLLABE QUE VOUS ENTENDEZ :

a. та - тя   c. лу - лю   e. бы - би

b. мо - мё   d. дэ - де

4. OFFRE ET CHOIX
ПРЕДЛОЖЕНИЕ И ВЫБОР

OBJECTIFS

- FAIRE SON CHOIX
- EXPRIMER SES BESOINS
- REFUSER

NOTIONS

- LE NOMINATIF SINGULIER
- L'INCOMPATIBILITÉ ORTHOGRAPHIQUE ЖИ-ШИ
- L'ADJECTIF AU SINGULIER
- LE PRÉSENT DE LA DEUXIÈME CONJUGAISON (GROUPE)
- LA FORME VERBALE *ЕСТЬ*

🔊 06
СЛОЖНЫЙ ВЫБОР
UN CHOIX DIFFICILE

<u>Покупатель</u>: Скажите, у вас есть синее пальто?
pakoup**a**til': skaj**y**tié, ouv**a**ss iést[s] s**i**ni-ié palt**o**?
Client (Acheteur) : (Dites, chez vous il y a) Avez-vous un manteau bleu ?

<u>Продавец</u>: Да, вот оно. А вот еще шикарная синяя шляпа.
pRadav**ié**ts: da vot an**o**. av**o**t yisch**io** chyk**a**Rna-ia s**i**ni-ia chl**ia**pa.
Vendeur : Oui, (le) voici. Et voici également un beau (chic) chapeau bleu.

– Какое дорогое пальто! И шляпа тоже очень дорогая...
kak**o**-ié daRag**o**-ié palt**o**! i chl**ia**pa t**o**jê **o**tchigne daRag**a**-ia...
– Qu'il est cher ce (Quel) manteau (cher) ! Et le chapeau [est] aussi très cher...

– Но зато это отличное качество.
no zat**o** êta atl**i**tchna-ié k**a**tchist-va
– En revanche, c'[est] de l'excellente qualité.

– Может быть, у вас есть дешёвая куртка?
m**o**jêt byt[s] ouv**a**ss iest[s] dich**o**va-ia k**ou**Rtka?
– Peut-être, (chez vous il y a) avez-vous une veste moins onéreuse (bon marché) ?

– Куртка, говорите? Нет, но у нас есть чёрный или ещё синий плащ.
k**ou**Rtka, gavaR**i**tié? niét, no oun**a**ss iest[s] tch**io**Rnyï **i**li yisch**io** s**i**ni-ï pL**a**sch'.
– Une veste, [vous] dites ? Non, mais (chez nous il y a) nous avons un imperméable noir ou (encore) un bleu.

– Я говорю, есть ли куртка... Ладно, неважно.
ia gavaR**iou**, iést[s] li k**ou**Rtka... L**a**dna, niv**a**jna.
– Je dis, avez-vous une veste... Bon, cela ne fait rien (pas important).

– Есть ли у вас интересная книга, в подарок?
iést⁵ li ouv**a**ss i-ntiR**ié**sna-ia kn**i**ga, fpad**a**Rak?
– (Il y a chez vous intéressant livre en cadeau) Est-ce que vous avez un livre intéressant pour offrir ?

– Вот отличный словарь! Совершенно новое издание!
vot atl**i**tchnyï s-Lav**a**Rʲ! saviRch**ê**nna n**o**va-ié izd**a**ni-ié!
– Voici un excellent dictionnaire ! Absolument une nouvelle édition !

– Нет, это не совсем то.
niét, **ê**ta nissafs**ié**-m to.
– Non, ce n'[est pas] tout à fait cela.

– Тогда эта энциклопедия живописи.
tagd**a ê**ta i-ntsykLap**ié**di-ia j**y**vapissi.
– Alors, cette encyclopédie de la peinture.

– Да, итальянская живопись – то, что надо. Огромное спасибо!
da, italy**ia**nska-ia j**y**vapissʲ - to, chto n**a**da. agR**o**mna-ié spass**i**ba!
– Oui, la peinture italienne [c'est] ce qu'il faut. Un grand (Énorme) merci !

– Не за что!
n**ié**zachta!
– De rien (pas pour quoi) !

COMPRENDRE LE DIALOGUE

→ La phrase **не совсем то** sous-entend la suite : *pas vraiment ce… que je cherchais*. Le parfait contraire de cette phrase est **то, что надо**, *ce qu'il faut*.

→ À côté du sens premier, les adjectifs russes ont un sens figuré. **огромный**, agRomnyï, *immense, énorme*, s'utilise dans la langue parlée pour dire **огромное спасибо**, *un grand merci*. C'est un synonyme de la forme plus neutre et polie, **большое спасибо**.

◆ GRAMMAIRE
LE NOMINATIF SINGULIER

Nous avons vu les terminaisons des noms au singulier pour les 3 genres dans le Module 1. N'oubliez pas que les mots en signe mou **ь** sont à retenir car ils peuvent être du masculin ou du féminin : **словарь**, s-LavaR[i], est du masculin tandis que **живопись**, jyvapiss[i], est du féminin. Le mot **покупатель,** pakoupatil[i], *client* peut s'appliquer au féminin et au masculin.

L'INCOMPATIBILTÉ ORTHOGRAPHIQUE ЖИ-ШИ

Il existe une règle importante dans la langue russe – celle de l'incompatibilité orthographique. Il faut retenir qu'après les lettres **ж** et **ш,** nous écrivons **и** et jamais **ы**. En revanche, la prononciation restera dure, comme si l'on prononçait un **ы** : **живопись**, jyvapiss[i], *peinture*, **скажите,** skajytié, *dites*, **шикарная,** chykaRna-ia, *chic*. Il y a d'autres lettres qui « ne supportent pas » **ы** après mais nous les verrons plus tard.

L'ADJECTIF AU SINGULIER

L'adjectif russe s'accorde avec le nom en nombre et en genre. Voyons le singulier pour le moment. L'adjectif se place le plus souvent devant le nom.

Les adjectifs se subdivisent en durs et mous selon leur terminaison. Vous connaissez déjà les voyelles dures et molles, par conséquent, la division des adjectifs est assez simple.

Le masculin des adjectifs singuliers se termine en **ый** pour les durs et en **ий** pour les mous : **отличный,** atlitchnyï, *excellent* / **синий,** siniï *bleu* ; le féminin des adjectifs durs se termine en **ая** et des adjectifs mous en **яя** : **отличная,** atlitchna-ia / **синяя,** sini-ia ; le neutre dur a la terminaison **ое** et mou **ее** : **отличное,** atlitchna-ié /

синее, sini-ié. Certains adjectifs avec l'accent final ont la terminaison du masculin **ой** : **какой**, kakoï, **дорогой**, daRagoï. Dans ces adjectifs, l'accent tonique tombe toujours sur la dernière syllabe.

Attention, l'incompatibilité orthographique fait de sorte que parfois nous avons la terminaison **ий** dans le masculin des durs : **итальянский**, italyianskiï. Eh oui, retenez bien qu'on ne peut pas écrire le **ы** après **к**.

	Masculin	Féminin	Neutre
Terminaison	ой / ый / ий	ая / яя	ое / ее

▲ CONJUGAISON
LE PRÉSENT DE LA DEUXIÈME CONJUGAISON (GROUPE)

Le verbe **говорить**, gavaRit[s], *parler*, appartient à la deuxième conjugaison. Si la lettre « de base » de la première conjugaison est **e**, celle de la deuxième est **и**. La deuxième conjugaison a les terminaisons **ишь** à la deuxième personne du singulier et **ат** ou **ят** à la troisième personne du pluriel. Remarquez que l'accent tonique est plutôt fixe. Pour former le présent du deuxième groupe, il faut ajouter les terminaisons suivantes à la base du verbe : **говорить,** gavaRit[s], *parler*.

Я говорю, ia gavaRiou, *je parle*	Мы говорим, my gavaRi-m, *nous parlons*
Ты говоришь, ty gavaRich', *tu parles*	Вы говорите, vy gavaRitié, *vous parlez*
Он/ она/ оно говорит, o-n/ana/ano gavaRit, *il/elle parle*	Они говорят, ani gavaRiat, *ils/elles parlent*

LA FORME VERBALE *ЕСТЬ*

L'expression *il y a* est transmise en russe par le verbe **есть**, iést[s]. Le contraire est exprimé par **нет**, niét, *il n'y a pas*.

▲ PRONONCIATION

Vous avez vu dans le Module précédent que les consonnes russes peuvent être molles ou dures selon la voyelle qui les suit. Retenez que certaines consonnes sont toujours dures **ж, ш** et **ц**. Elles ne sont donc pas ramollies par la voyelle « molle » qui les suit et se prononcent toujours dures : **дешёвая**, dichova-ia - du coup, le **ё** n'est pas prononcé io mais o. Observez : **скажите**, skajytié, **шикарная**, chykaRna-ia, **совершенно**, saviRchênna.

La combinaison des lettres **чт** dans le mot **что** (et dans tous ses dérivés) se prononce ch et non tch.

Retenez que la lettre **ё** est toujours accentuée : **дешёвая**, dich**o**va-ia.

Souvent, les mots très courts qui ne sont pas porteurs du sens fort dans la phrase ou bien des prépositions se lisent en un seul mot avec le mot suivant : **в подарок**, fpad**a**Rak, **у вас**, ouv**a**ss.

N'oubliez pas que le **э**, ê, dans la position non accentuée se prononce comme un léger i.

VOCABULAIRE

предложение (n), pRidLajêni-ié, *proposition, offre*
выбор (m), vybaR, *choix*
сложный, **ая**, **ое** (adj), sLojnyï, a-ia, a-ié, *difficile*
покупатель (m), pakoupatil[i], *acheteur*
сказать (v, 1re conjug.), skazat[s], *dire*
есть (v), iést[s], *il y a*
синий, **яя**, **ее** (adj), siniï, i-ia, i-ié, *bleu*
пальто (n), pal'to, *manteau*
продавец (m), pRadaviéts, *vendeur*
ещё, yischio, *également*
шикарный, **ая**, **ое** (adj), chykaRnyï, a-ia, a-ié, *chic, beau*
шляпа (f), chliapa, *chapeau*
какой, **ая**, **ое** (adj),kakoï, a-ia, o-ié, *quel*
дорогой, **ая**, **ое** (adj), daRagoı, a-ia, o-ié, *cher*
но, no, *mais*
зато, zato, *en revanche*
отличный, **ая**, **ое** (adj), atlitchnyï, a-ia, a-ié, *excellent*
качество (n), katchist-va, *qualité*
может быть, mojêt byt[s], *peut-être*
дешёвый, **ая**, **ое** (adj), dichovyï, a-ia, a-ié, *bon marché*
куртка (f), kouRtka, *veste*
чёрный, **ая**, **ое** (adj), tchioRnyï, a-ia, a-ié, *noir*
плащ (m), pLasch', *imperméable*
ладно, Ladna, *bon*
неважно, nivajna, *cela ne fait rien, ce n'est pas important*
ли (particule), li, *particule interrogative*
интересный, **ая**, **ое** (adj), i-ntiRiésnyï, a-ia, a-ié, *intéressant*
книга (f), kniga, *livre*
подарок (m), padaRak, *cadeau*
словарь (m), s-LavaR[i], *dictionnaire*
совершенно, saviRchênna, *absolument*
новый, **ая**, **ое** (adj), novyï, a-ia, a-ié, *nouveau*
издание (n), izdani-ié, *édition*
совсем, safsié-m, *tout à fait*
то, to, *cela*
тогда, tagda, *alors*
энциклопедия (f), i-ntsykLapiédi-ia, *encyclopédie*
живопись (f), jyvapiss[i], *peinture*
итальянский, **ая**, **ое** (adj), italyianski-y, a-ia, a-ié, *italien*
надо, nada, *il faut*
огромный, **ая**, **ое** (adj), agRomnyï, a-ia, a-ié, *immense, énorme*
не за что, niézachto, *de rien*

EXERCICES

1. ÉCOUTEZ ET ÉCRIVEZ LA BONNE TERMINAISON :

a. отличн_ _ куртка

b. чёрн_ _ плащ

c. огромн_ _ спасибо

d. дорог_ _ издание

e. итальянск_ _ живопись

f. сложн_ _ выбор

2. CHOISISSEZ LA BONNE FORME DE L'ADJECTIF :

a. У вас есть синяя / синий / синее шляпа?

b. Это отличный / отличная / отличное качество.

c. У меня есть новая / новое / новый словарь.

d. Какое шикарное / шикарная / шикарный пальто!

e. Вот дешёвый / дешёвая / дешёвое куртка.

3. ÉCOUTEZ ET RETROUVEZ LA BONNE LETTRE :

a. н_важно   c. пал_то   e. деш_вая

b. ш_карный   d. ж_вопись

4. COMPLÉTEZ LA CONJUGAISON (CHAQUE TIRET EST UNE LETTRE) :

a. она говор _ _   d. ты говор _ _ _   g. мы говор _ _

b. вы говор _ _ _   e. он говор _ _

c. они говор _ _   f. я говор _

4. Offre et choix

5.
LA FAMILLE
СЕМЬЯ

OBJECTIFS	NOTIONS
• EXPLIQUER SES LIENS DE PARENTÉ • INTRODUIRE LES GENS	• LE DÉMONSTRATIF *ЭТОТ* • LES ADJECTIFS POSSESSIFS • LES VERBES PARTICULIERS

07   РОДСТВЕННИКИ
LA FAMILLE

Рома: Знакомьтесь, это моя семья.
Roma : znak**o**m¡ti**é**ss¡, **ê**ta ma-**ia** sim**ia**.
Roma : Je vous présente (Faites connaissance, c'est) ma famille.

Вот мой папа Виктор Михайлович, а это моя мама Надежда Петровна.
vot moï p**a**pa v**i**ktaR miH**a**ïLavitch, a **ê**ta ma-**ia** m**a**ma nad**ié**jda pit-R**o**vna.
Voici mon papa Victor Mikhaïlovitch, et (c'est) voici ma maman Nadejda Petrovna.

Это мой старший брат Лука и моя младшая сестра Валя.
êta moï st**a**Rchyï bRat Lou**k**a i ma-**ia** mL**a**t-cha-ia sist-R**a** v**a**lia.
(Ce) Voici mon frère aîné Luka et ma sœur cadette Valia.

Елена: А кто эти дети?
yil**ié**na : a kto **ê**ti d**ié**ti?
Elena : Et qui [sont] ces enfants ?

– Этот мальчик – мой двоюродный брат Игорь.
êtat m**a**ltchik – moï dva-**iou**Radnyï bRat **i**gaR¡.
– Ce garçon [est] mon cousin Igor.

– А эта девочка?
a **ê**ta d**ié**vatchka?
– Et cette fille ?

– Моя двоюродная сестра Таня.
ma-**ia** dva-**iou**Radna-ia sist-R**a** t**a**nia.
– Ma cousine Tania.

– А собака тоже ваша?
a sab**a**ka t**o**jê v**a**cha?
– Et le chien [est] aussi à vous (votre) ?

– Да, это наше дитя Шарик.
da, êta nachê dit**ia** cha**R**ik.
– Oui, c'est notre bébé Charik.

– Ваша семья такая большая!
v**a**cha sim**ia** tak**a**-ia balʲch**a**-ia!
– Votre famille [est] si (telle) grande !

– И очень дружная. Мои крёстные привезли нам торт, хотите?
i **o**tchigne d**R**ou**j**na-ia. ma-**i** k**R**i**o**s-ny-ié p**R**iviz**l**i na-m to**R**t, Hat**i**tié?
– Et très unie. Mes (parrain et marraine) nous ont apporté un gâteau, [vous en] voulez ?

– С удовольствием! Тогда и чай, пожалуйста. Я хочу пить.
soudav**o**lʲ-st-vi-iém! tagd**a** i tchaï paj**a**Lousta. ia Hatch**ou** pit^s.
– Avec plaisir ! Alors également du thé, s'il te plaît. J'ai soif (veux boire).

– Да конечно. Я позову всех к столу.
da kan**ié**chna. ia pazav**ou** fsiéH kstaL**ou**.
– Oui bien sûr. Je vais appeler tout le monde à table.

Лука точно хочет торт, да дедушка и бабушка тоже хотят.
Louk**a** t**o**tchna H**o**tchit to**R**t, da d**ié**douchka i b**a**bouchka t**o**jê Hat**ia**t.
Luka veut certainement un gâteau, et (oui) grand-père et grand-mère (veulent) aussi.

■ COMPRENDRE LE DIALOGUE
LES LIENS DE PARENTÉ

→ Le mot **родственники** (pluriel) est difficilement traduisible en français. Il réunit tous les parents — la famille au sens large (**relatives** en anglais). Ils peuvent être **близкие**, bliski-ié, *proches* ou **дальние**, dal'ni-ié, *lointains*. Ce mot est également utilisé au singulier : **родственник**, Rotst-vinnik, *un proche,* au masculin et **родственница**, Rotst-vinnitsa, *une proche* au féminin.

→ L'adjectif **двоюродный, ая, ое** (adj.), dva-**iou**Radnyï, a-ia, a-ié, *germain* sert à former les composés de parenté plus éloignés : **двоюродный брат**, dva-**iou**-Radnyï bRat, *cousin ;* **двоюродный дедушка**, dva-**iou**-Radnyï di**é**douchka, *grand-oncle.* Ces mots s'opposent aux **родной брат**, Radno**ï** bRat, *frère,* (justement pour souligner le premier lien de parenté) ou juste **брат**, bRat, *frère,* **родной**, Radno**ï**, se traduisant comme *natal, natif.*

→ **младшая**, mLatcha-ia : **д** sonore s'assourdit au contact du **ш** sourd.

→ **Крёстный**, kRios-nyï, *parrain* et **крёстная**, kRios-na-ia, *marraine*, ont le pluriel **крёстные**, kRios-ny-ié qui signifie les deux – parrain et marraine – et qui n'a pas vraiment la traduction en français.

→ **Дитя**, dit**ia**, *enfant* appartient à la langue populaire et parlée. Ce mot est utilisé également pour qualifier quelqu'un sans aucune expérience et naïf.

→ **с удовольствием**, soudavol'st-vi-iém, *avec plaisir* : faites attention à bien prononcer **ст**, st et **в**, v sans les sonoriser.

→ **конечно**, kaniechna : dans ce mot la combinaison des lettres **чн** se prononce chn.

LES DIMINUTIFS

Dans ce Module, vous observez plusieurs diminutifs. Reconstituons les prénoms « longs » : **Валя** est le diminutif de **Валентина**, vali-ntina, *Valentine*, **Таня** est celui de **Татьяна**, tatiana, *Tatiana*, **Рома** vient de **Роман**, Rama-n, *Roman*. Il est intéressant de remarquer que **Лука** et **Игорь** n'ont pas de diminutifs neutres mais uniquement des diminutifs affectifs : **Лучик** Loutchik, **Игорёк**, igaRiok.

DIVERS

Attention aux faux-amis ! Ne confondez pas **торт** (m), toRt, *gâteau* et **пирог** (m), piRok, *tarte*.

Le mot **пожалуйста**, pajaLousta, que vous avez déjà rencontré est très utile. Il s'utilise en vouvoyant ou tutoyant et signifie *je vous/t'en prie, de rien* mais aussi *s'il vous/te plaît*.

LA CÉRÉMONIE DU THÉ

Le thé est très apprécié en Russie. On sert le thé accompagné de différents mets : gâteaux, tartes, blinis, confiture, miel... On ne vous proposera jamais de thé sans ses accompagnements. Ce serait aussi étrange que de servir un dessert... sans le thé ! Eh oui, en Russie cela va de pair.

Généralement, on fait un thé fort dans une théière, on verse ensuite dans chaque tasse un peu de **заварка**, zavaRka, *thé fort* et on le dilue ensuite avec de l'eau chaude selon son goût. Avant, l'eau chaude était préparée dans un **самовар**, samavaR, *samovar* qui est devenu l'un des symboles de la Russie. Depuis la fin du XVIIIe siècle, les meilleurs samovars étaient produits dans la ville de Toula. Il existe même un proverbe « aller avec son samovar à Toula » qui signifie faire quelque chose d'absurde.

◆ GRAMMAIRE
LE PRONOM DÉMONSTRATIF *ЭТОТ*

Le démonstratif **этот** s'accorde avec le nom auquel il se rapporte en genre et en nombre : masculin – **этот мальчик**, êtat mal'tchik, *ce garçon* ; féminin – **эта девочка**, êta di**é**vatchka, *cette fille* ; neutre – **это дитя**, êta dit**ia**, *cet enfant* ; pluriel de tous les genres – **эти дети**, êti di**é**ti, *ces enfants*.

LES ADJECTIFS POSSESSIFS

Les possessifs russes ont la même logique de terminaisons que les noms : au masculin, ils ont la terminaison zéro : **мой**, **твой**, **наш**, **ваш** ; au féminin ils prennent la terminaison **а** ou **я** : **моя**, **твоя**, **наша**, **ваша** ; et au neutre **е (ё)** : **моё**, **твоё**, **наше**, **ваше**. Nous verrons le reste des adjectifs possessifs dans le Module suivant.

▲ CONJUGAISON
LES VERBES À CONJUGAISON MIXTE

Le verbe **хотеть**, Hati**é**t[s], *vouloir* a une conjugaison mixte. En effet au présent de l'indicatif, il se conjugue d'après la 1re conjugaison au singulier et d'après la 2e au pluriel :

Я хочу, ia Hatchou, *je veux* **Ты хочешь**, ty Hotchiéch', *tu veux* **Он/она/оно хочет**, o-n, ana, ano Hotchiét, *il/elle veut*	**Мы хотим**, my Hati-m, *nous voulons* **Вы хотите**, vy Hatitié, *vous voulez* **Они хотят**, ani Hatiat, *ils/elles veulent*

VERBE *ПИТЬ*

Le verbe **пить**, pit[s], *boire* appartient à la 1re conjugaison :

Я пью, ia piou, *je bois* **Ты пьёшь**, ty pioch', *tu bois* **Он/она/оно пьёт**, o-n, ana, ano piot, *il/elle boit*	**Мы пьём**, my pio-m, *nous buvons* **Вы пьёте**, vy piotié, *vous buvez* **Они пьют**, ani piout, *ils/elles boivent*

▲ PRONONCIATION
L'OMISSION DES LETTRES

Toutes les lettres se prononcent en russe mais évidemment il y a des exceptions ! Ainsi, dans **крёстный**, kRios-nyï, la lettre **т** n'est pas prononcée, ainsi que la lettre **й** dans **пожалуйста**, pajaLousta.

VOCABULAIRE

семья (f), sim**ia**, *famille*
родственник (m), **-ница** (f), R**o**tst-vinnik, -nitsa, *parent, proche*
близкий, **ая**, **ое** (adj), bl**i**sk**ï**ï, a-ia, a-ié, *proche*
дальний, **яя**, **ее** (adj), dal'n**ï**ï, i-ia, i-ié, *lointain*
родной, **ая**, **ое** (adj), Radn**o**ï, **a**-ia, **o**-ié, *natal, natif*
знакомиться (v, 2ᵉ conjug.), znak**o**mitsa, *faire connaissance*
мой, **моя**, **моё** (adj. poss.), moï, ma-**ia**, ma-**io**, *mon/ma*
старший, **ая**, **ее** (adj), sta**R**chyï, a-ia, ê-ié, *aîné*
младший, **ая**, **ее** (adj), m**L**at-chyï, a-ia, ê-ié, *cadet*
сестра (f), sist-**R**a, *sœur*
дети (pl), d**ié**ti, *enfants*
мальчик (m), ma**l**'tchik, *garçon*
двоюродный брат (m), dva-**iou**Radnyï bRat, *cousin*
двоюродная сестра (f), dva-**iou**Radna-ia sist-Ra, *cousine*
девочка (f), d**ié**vatchka, *fille*
ваш, **ваша**, **ваше** (adj. poss.), vach, v**a**cha, v**a**chê, *votre*
дитя (n), dit**ia**, *enfant*
наш, **наша**, **наше** (adj. poss.), nach, n**a**cha, n**a**chê, *notre*
собака (f), sab**a**ka, *chien*
такой, **ая**, **ое** (adj), tak**o**ï, **a**-ia, **o**-ié, *tel*
дружный, **ая**, **ое** (adj), d**Rou**jnyï, a-ia, a-ié, *uni*
крёстная (f), k**Ri**os-na-ia, *marraine* ; **-ый** (m), k**Ri**os-nyï, *parrain*
привезти (v, 1ʳᵉ conjug.), p**R**ivist**i**, *apporter*
торт (m), to**R**t, *gâteau*
пирог (m), pi**R**ok, *tarte*
хотеть (v, irreg.), Hati**é**tˢ, *vouloir*
с, s, *avec*
удовольствие (n), oudav**o**l'st-vi-ié, *plaisir*
чай (m), tchaï, *thé*
пить (v, 1ʳᵉ conjug.), pitˢ, *boire*
позвать (v, 1ʳᵉ conjug.), pazv**a**tˢ, *appeler*
все, fsié, *tous*
к, k, *chez, à*
стол (m), stol, *table*
точно, t**o**tchna, *exactement*
дедушка (m), d**ié**douchka, *grand-père*
бабушка (f), b**a**bouchka, *grand-mère*
заварка (f), zava**R**ka, *thé fort*
самовар (m), samava**R**, *samovar*

● EXERCICES

1. COMPLÉTEZ AVEC LE VERBE APPROPRIÉ ET TRADUISEZ LES PHRASES :

хочешь – хочу – пьют – хотите

a. Я _____ пить.

b. _____ торт ? – Нет, спасибо.

c. Они не _____ .

d. Ты _____ чай ? – Да, спасибо.

2. COMPLÉTEZ AVEC LE POSSESSIF APPROPRIÉ :

a. – Это твоя мама? – Да, это _____ мама.

b. – Лена, Олег, это ваши дети? – Нет, _____ дети там.

c. – Валя, это твой папа? – Нет, это _____ крёстный.

d. – Это твоё такси? – Да, это _____.

e. – Виктор – ваш учитель? – Нет, _____ учитель не здесь.

3. ASSOCIEZ LES ÉLÉMENTS EN RELIANT LES DEUX COLONNES :

a. Дети хотят пить   1. мой папа.

b. Знакомьтесь, это   2. моя сестра.

c. Ты хочешь   3. очень дружная.

d. Моя семья   4. торт?

e. Эта девочка –   5. чай.

🔊 4. ÉCOUTEZ ET COMPLÉTEZ LES PHRASES :
07

Я Игорь. А это м_____ семья. Вот м_____ папа, а это м_____ мама и м_____ старший брат Роман. А это н_____ родственники: м_____ двоюродная сестра и м_____ двоюродный брат. Вот н_____ собака Шарик. Н_____ семья большая и дружная!

6.
LE TEMPS LIBRE
СВОБОДНОЕ ВРЕМЯ

OBJECTIFS

- PARLER DE SES INTÉRÊTS
- REGARDER LA TÉLÉVISION
- LIRE

NOTIONS

- LE PLURIEL DES NOMS FÉMININS
- LE PLURIEL DES ADJECTIFS
- LES ADJECTIFS POSSESSIFS
- LES VERBES *ЧИТАТЬ*, *ЛЮБИТЬ* ЕТ *ДАТЬ*

08

МОИ УВЛЕЧЕНИЯ
MES LOISIRS

<u>Андрей</u>: Что читаешь?

a-ndR**ié**ï : chto tchit**a**-iéch'?

<u>Andreï</u> : Qu'est-ce que [tu] lis ?

<u>Катя</u>: - Я читаю книгу Фёдора Достоевского "Преступление и наказание".

k**a**tia : ia tchit**a**-iou kn**i**gou f**io**daRa dasta-**ié**fskava « pRistoupl**ié**ni-ié i nakaz**a**ni-ié ».

<u>Katia</u> : – Je lis le livre de Fiodor Dostoïevski « Crime et Châtiment ».

– Такое ощущение, что все мои друзья читают классические книги!

tak**o**-ié aschousch**ié**ni-ié chto fsié ma-**i** dRouz**ia** tchit**a**-iout kLass**i**tchiskii-ié kn**i**gui!

– J'ai (Telle) l'impression que tous mes amis lisent des livres classiques !

– Ну да, а ты только телевизор смотришь!

noud**a**, a ty t**o**l'ka tiliv**i**zaR s-m**o**tRich'!

– Et oui et [toi], tu ne fais que regarder (seulement regardes) la télé !

– Между прочим, по телевизору не только глупости идут,

miéjdoupR**o**tchi-m patiliv**i**zaRou nit**o**l'ka gL**ou**pasti id**ou**t,

– Mais (Entre autres) à la télé, il n'y a pas que des bêtises (pas seulement des bêtises marchent),

но и документальные фильмы, интересные передачи, редкие репортажи.

no i dakoumi-nt**a**lny-ié f**i**lmy, i-ntiR**ié**s-ny-ié piRid**a**tchi, R**ié**tki-ié RipaRt**a**jy.

mais aussi des (films) documentaires, des émissions intéressantes, des reportages rares.

И вообще я люблю фантастику.

ivapsch**ié** ia lioubl**iou** fa-nt**a**stikou.

Et en fait (en général) j'aime la [science]-fiction.

Братья Стругацкие – знаешь хоть одну их книгу?
bR**a**tia st-Roug**a**tski-i**é** – zn**a**-ié**ch'** Hot**s** adn**ou** iH kn**i**gou?
Les frères Strougatski – [tu] connais au moins un (leur) livre à eux ?

– Нет. А ты любишь Бориса Акунина?
ni**é**t. at**y** li**ou**bich' baR**i**ssa ak**ou**nina?
– Non. (Et) Tu aimes Boris Akounine [toi] ?

Хочу купить его детективы.
Hatch**ou** koup**it**s yiv**o** dêt**é**kt**i**vy.
[Je] veux acheter ses romans policiers.

– О! Какое совпадение. Ты же знаешь Лиду?
o! kak**o**-i**é** safpadi**é**ni-i**é**. ty jê zn**a**-iéch' l**i**dou?
– Oh ! Quelle coïncidence. Tu connais Lida, n'est-ce pas ?

Её сестра читает Акунина, а её брат – Стругацких.
yi-**io** sistR**a** tchit**a**-i**é**t ak**ou**nina, a yi-**io** bR**a**t – stR**ou**g**a**tskiH.
Sa sœur lit Akounine et son frère les Strougatski.

– Хочешь, я дам тебе почитать какую-нибудь свою книгу?
H**o**tchi**é**ch', ia da-m tibi**é** patchit**at**s kak**ou**-iou nib**out**s s-va-**iou** kn**i**gou?
– Veux [-tu que], je te donne un de mes livres (donnerai lire un son livre) ?

– Ох нет, спасибо. Я и свои не читаю, зачем мне твои?
oH ni**é**t, spass**i**ba. ia i s-va-**i** nitchit**a**-iou, zatchi**é**-m mni**é** t-va-**i**?
– Oh non, merci. Je (et siens) ne lis [déjà] pas les miens, à quoi me serviraient (pourquoi à-moi) les tiens ?

■ COMPRENDRE LE DIALOGUE

- → **Братья Стругацкие**, *les frères Strougatski*, sont des écrivains russes de science-fiction du xxe siècle. **Борис Акунин**, *Boris Akounine*, est un écrivain contemporain russe, auteur de plusieurs séries de romans policiers historiques. **Фёдор Достоевский**, *Fiodor Dostoïevski*, est un écrivain et philosophe russe du xixe siècle ; il est considéré comme l'un des fondateurs du personnalisme en Russie, et l'un des premiers représentants du courant de l'existentialisme dans la littérature russe.
- → **Достоевского,** dasta-**ié**fskava – la terminaison **ого** se prononce très atténuée ava.
- → Le russe précise le mode de déplacement dans l'espace. Ainsi, le verbe **идти**, itt**i**, *aller*, prévoit un déplacement à pied. Il a par ailleurs plusieurs significations. À part le sens premier du déplacement dans l'espace – **мы идём в кино**, my id**io**-m fkin**o**, *nous allons au cinéma*, le verbe peut décrire la durée de quelque chose. Ainsi, on peut utiliser **идти** pour parler d'un reportage ou d'une émission : **по телевизору идёт фильм**, patiliv**i**zaRou id**io**t fil'm, *à la télé, il y a un film*.
- → L'expression **между прочим**, m**ié**jdoupR**o**tchi-m, introduit une information additionnelle ou peu évidente pour l'interlocuteur. Elle peut se traduire par *entre autres, mais, à propos*.
- → La particule **же**, jê, amplifie le sens du mot qu'elle suit. Elle n'a pas vraiment de traduction propre.
- → **детектив**, dêtêkt**i**f, peut signifier un *roman policier*, mais également *un enquêteur*. Emprunté à la langue anglaise, le mot **детектив** garde la prononciation des deux **e** dure dêtêkt**i**f.
- → **какой-нибудь**, kakoïnib**o**ut[s], *un*, désigne un objet ou une personne appartenant à un ensemble, "un tout" présentant des caractéristiques, des utilités, des destinations semblables. Vous le savez, l'article n'existe pas en russe, ce mot est un substitue s'apparentant à notre article indéfini. Le mot indique également quelque chose ou quelqu'un sans importance, quelconque.
- → L'interjection **ох**, oH, *oh* a plutôt un sens négatif – la déception ou l'irritation. Cela peut introduire également une objection ou une contestation.

◆ GRAMMAIRE
LE PLURIEL DES NOMS FÉMININS

Le pluriel des féminins durs (se terminant par **a**) se forme à l'aide de la terminaison **ы,** celui des mous (se terminant par **я** ou le signe mou) avec la terminaison **и** : **роза**, Roza, *rose* - **розы** ; **сестра**, sistRa, *sœur* - **сёстры** ; **глупость**, gLoupast[s], *bêtise* - **глупости** ; **дыня**, dynia, *melon* - **дыни**. Attention, la règle d'incompatibilité orthographique exige que l'on n'écrive jamais **ы** après certaines lettres :

Г	
Ж	
К	
Х	ы
Ч	и
Ш	
Щ	

Ainsi, malgré la terminaison dure, certains mots auront à la fin **и** : **книга**, kniga, *livre* - **книги** ; **передача**, piRidatcha, *émission* - **передачи**.

LE PLURIEL DES ADJECTIFS

Le pluriel des adjectifs est très simple : il est pareil pour tous les genres. Pour les durs, le pluriel est en **ые** et pour les mous en **ие** : **интересный**, i-ntiRiós-nyï, *intéressant* - **интересные** ; **дальний**, dal'nïï, *lointain* - **дальние**. N'oubliez pas la règle d'incompatibilité orthographique : **классическая**, kLassitchiska-ia, *classique* - **классические**.

LES ADJECTIFS POSSESSIFS

Nous avons vu tous les adjectifs possessifs au cours de ces deux derniers Modules. Récapitulons : ils s'accordent avec les noms qu'ils caractérisent en genre et en nombre, sauf les adjectifs de la troisième personne qui, comme en anglais, se rapportent au possesseur de l'objet. Ainsi, en fonction du genre du possesseur, on utilise **его**, yivo, (pour le possesseur masculin ou neutre), **её**, yi-io, (pour le possesseur féminin), et **их**, iH, (pour le possesseur au pluriel de tous les genres) :

Pronom	Masculin	Féminin	Neutre	Pluriel
я, ia, *je, moi*	**мой**, m**о**ï, *mon*	**моя**, ma-**ia**, *ma*	**моё**, ma-**io**, *mon*	**мои**, ma-**i**, *mes*
ты, ty, *tu, toi*	**твой**, t-v**о**ï, *ton*	**твоя**, t-va-**ia**, *ta*	**твоё**, t-va-**io**, *ton*	**твои**, t-va-**i**, *tes*
он, o-n, *il, lui*	**его**, yiv**о**, *son, sa*			
оно, an**о**, *il, lui*	**его**, yiv**о**, *son, sa*			
она, an**а**, *elle*	**её**, yi-**io**, *son, sa*			
мы, my, *nous*	**наш**, nach, *notre*	**наша**, n**а**cha, *notre*	**наше**, n**а**chê, *notre*	**наши**, n**а**chy, *nos*
вы, vy, *vous*	**ваш**, vach, *votre*	**ваша**, v**а**cha, *votre*	**ваше**, v**а**chê, *votre*	**ваши**, v**а**chy, *vos*
они, an**i**, *ils, elles, eux*	**их**, iH, *leur, leurs*			

▲ CONJUGAISON

LE VERBE ЧИТАТЬ

Le verbe **читать**, tchit**a**t[s], *lire*, appartient à la première conjugaison. Maintenant que vous connaissez les terminaisons des deux conjugaisons, nous vous proposerons uniquement les verbes à la première et à la deuxième personne du singulier ainsi qu'à la troisième personne du pluriel. À partir de ces formes, vous pourrez sans problème déduire les autres formes : **я читаю**, ia tchit**a**-iou, *je lis* ; **ты читаешь**, ty tchit**a**-iéch', *tu lis* ; **они читают**, an**i** tchit**a**-iout, *ils/elles lisent*.

LE VERBE ЛЮБИТЬ

Le verbe de la deuxième conjugaison **любить**, lioub**i**t[s], *aimer*, a une particularité : un **л** apparaît à la première personne du singulier : **я люблю**, ia lioubl**iou**, *j'aime* ; **ты любишь**, ty l**iou**bich', *tu aimes* ; **они любят**, an**i** l**iou**biat, *ils/elles aiment*.

LE VERBE ДАТЬ

Le verbe irrégulier **дать**, dat[s], *donner*, a une conjugaison particulière « mixte » qui mélange les terminaisons des deux groupes : **я дам**, ia da-m, *je donnerai* ; **ты дашь**, ty dach', *tu donneras* ; **он/она даст**, o-n/an**а** dast, *il/elle donnera* ; **мы дадим**, my dad**i**-m, *nous donnerons* ; **вы дадите**, vy dad**i**tié, *vous donnerez* ; **они дадут**, an**i** dad**ou**t, *ils/elles donneront*.

● VOCABULAIRE

свободный, **ая**, **ое** (adj), s-vab**o**dnyï, a-ia, a-ié, *libre*
время (n), vR**ié**mia, *temps*
увлечение (n), ouvlitch**ié**ni-ié, *loisir, passion*
читать (v, 1ʳᵉ conjug.), tchit**a**tˢ, *lire*
книга (f), kn**i**ga, *livre*
преступление (n), pRistoupl**ié**ni-ié, *crime*
наказание (n), nakaz**a**ni-ié, *châtiment*
ощущение (n), aschousch**ié**ni-ié, *sensation*
друг (m), dR**ou**k, *ami*
классический, **ая**, **ое** (adj), kL**a**ss**i**tchiéskiï, a-ia, a-ié, *classique*
ну, nou, *eh bien*
только, t**o**lʹka, *seulement*
телевизор (m), tiliviz**a**R, *télévision*
смотреть (v, 2ᵉ conjug.), s-matR**ié**tˢ, *regarder*
между прочим, m**ié**jdou pR**o**tchi-m, *entre autres, mais, à propos*
по, po, *à*
глупость (f), gL**ou**pastˢ, *bêtise*
документальный, **ая**, **ое** (adj), dakoumi-nt**a**lʹnyï, a-ia, a-ié, *documentaire*
фильм (m), fi**l**ʹm, *film*
передача (f), piRid**a**tcha, *émission*
редкий, **ая**, **ое** (adj), R**ié**tkiï, a-ia, a-ié, *rare*
репортаж (m), Ripa**R**tach, *reportage*
вообще, vaapsch**ié**, *en fait, en général*
любить (v, 2ᵉ conjug.), lioub**i**tˢ, *aimer*
фантастика (f), fa-nt**a**stika, *science-fiction*
хоть, H**o**tˢ, *au moins*
купить (v, 2ᵉ conjug.), koup**i**tˢ, *acheter*
детектив (m), dêt**ê**kt**i**f, *roman policier*
совпадение (n), safpad**ié**ni-ié, *coïncidence*
дать (v, irrég.), datˢ, *donner*
почитать (v, 1ʳᵉ conjug.), patchit**a**tˢ, *lire*
какой-нибудь, kako**ï**nib**ou**tˢ, *un*
ох, oH, *oh*
зачем, zatch**ié**-m, *pourquoi, à quoi bon*

EXERCICES

1. FORMEZ LE PLURIEL DES MOTS SUIVANTS :

a. глупость → ...

b. сестра → ...

c. книга → ...

d. роза → ...

e. передача → ...

f. девочка → ...

g. лампа → ...

h. дыня → ...

2. CHOISISSEZ LE BON ADJECTIF POSSESSIF DE LA LISTE. PLUSIEURS VARIANTES SONT POSSIBLES :

твоё, мой, их, его, наши

a. _____ старший брат смотрит телевизор.

b. _____ родственники здесь.

c. Она читает все _____ книги.

d. Это _____ окно.

e. Они любят _____ младшую сестру.

3. METTEZ LES ADJECTIFS AU PLURIEL :

a. классический → ...

b. дальняя → ...

c. свободный → ...

d. старшая → ...

e. сложное → ...

f. дорогой → ...

g. большое → ...

h. интересная → ...

4. TRANSFORMEZ LES PHRASES POUR LES METTRE AU PLURIEL, PUIS ÉCOUTEZ-LES :

08

a. дружная семья → ...

b. новая книга → ...

c. моя мама → ...

d. чёрная собака → ...

e. дешёвая роза → ...

f. эта передача → ...

g. синяя куртка → ...

7. CONVERSATION
БЕСЕДА

OBJECTIFS

- PROPOSER/REFUSER
- PARLER DES ÉTATS PASSAGERS
- LIER LES MOTS

NOTIONS

- LE PLURIEL DES MASCULINS ET DES NEUTRES
- LES ADJECTIFS COURTS
- L'ADJECTIF POSSESSIF *СВОЙ*
- LE VERBE *БЫТЬ*

09 РАЗОЧАРОВАНИЕ
LA DÉCEPTION

<u>Валентин</u>: Катя, привет! Будешь эклеры? Они чудесны!
vali-nti-n : katia, pRiviét! boudiéch' êkliéRy? ani tchoudiésny!
Valentin : Salut, Katia ! Veux-tu (Seras) des éclairs ? Ils sont merveilleux !

<u>Катя</u>: Привет, Валентин! Нет, спасибо. Не буду.
katia: pRiviét, vali-nti-n! niét, spassiba. niboudou.
Katia : Salut, Valentin ! Non, merci. Je n'en prendrai pas (Ne serai pas).

– Ты не больна ли?
ty nibalna li?
– Ne serais-tu pas malade ?

– Да здорова я. Просто на диете…
dazdaRova ia. pRosta na di-iétié…
– [Mais si, je suis] (Oui) en bonne santé (moi). Simplement [je suis] au régime…

– Зачем? Ты отлично выглядишь: стройные ноги, бёдра, талия.
zatchié-m? ty atlitchna vyglidich': stRoïny-ié noguï, biodRa, tali-ia.
– Pourquoi faire ? Tu es superbe : les jambes sveltes, les hanches, la taille.

– У меня завтра встреча с Игорем Красиным – журналистом из "Эха Москвы".
ouminia zaftRa fstRiétcha sygaRié-m kRassiny-m – jouRnalista-m izêHa mas-k-vy.
– (Chez moi) Demain, [j'ai] un rendez-vous avec Igor Krassine – le journaliste de l'Écho de Moscou.

Хочу надеть своё любимое платье, а оно мне и так мало.
Hatchou nadiéts s-va-io lioubima-ié pLatié, a ano mnié itak maLo.
Je veux porter (mettre) ma robe préférée mais elle (m')est déjà trop petite.

Игорь мне нравится. Обожаю его интервью.
igaR¹ mnié nRavitsa. abaja-iou yivo intêRv¹-iou.
Igor me plaît. [J'] adore ses interviews.

В них всегда интересные сюжеты и герои.
vniH fsigda i-n-tiRiésny-ié sioujêty i guiRo-i.
(Dans eux) [Il y a] toujours des sujets et des héros intéressants.

Я так рада - у него завтра будут гости, и я тоже иду.
ia tak Rada – ounivo zaftRa boudout gosti, i ia tojê idou.
Je suis si contente – (chez lui) demain, il y aura (seront) des invités et j'y vais aussi.

– А я его знаю! Его жена - моя коллега.
a ia yivo zna-iou! yivo jyna – ma-ia kaliéga.
– Mais je le connais ! Sa femme [est] ma collègue.

– Он женат! Мир несправедлив... Почему все симпатичные парни женаты?
o-n jynat! miR nispRavidlif... patchimou fsié si-mpatitchny-ié paRni jynaty?
– Il [est] marié ! Le monde [est] injuste... Pourquoi tous les beaux garçons sont [-t-ils] mariés ?

– Так, без паники! По-моему, у Игоря есть братья. И они свободны...
tak, bispaniki! pamo-iémou ou igaRia iést⁵ bRatia. i ani s-vabodny...
– Allez, pas (Ainsi, sans) de panique ! Je crois (à mon avis), [que] Igor a des frères. Et ils sont libres...

COMPRENDRE LE DIALOGUE
REMARQUES GÉNÉRALES

- L'expression **отлично выглядеть**, atl*i*tchna v*y*glidiét[s], se traduit par *avoir l'air, paraître* mais aussi *être superbe, en forme.*
- Le mot **нога**, nag*a*, signifie *jambe* et *pied.*
- L'adjectif dur **любимый,** lioub*i*myï, signifie *aimé* mais aussi *préféré.*
- La préposition ne se lie pas avec la voyelle molle **и** et **с** continue de se prononcer de manière dure : **с Игорем**, s*y*gaRié-m.
- Le mot **коллега**, kal*ié*ga, *collègue* peut désigner une personne au masculin aussi bien qu'au féminin. Le mot va se décliner et se changer comme un féminin, avec la terminaison en **а**.
- L'adjectif court **женат**, jyn*a*t, *marié*, s'utilise uniquement pour les hommes et les couples. Pour les femmes, on utilise l'adverbe **замужем**, z*a*moujê-m, *mariée.*
- Attention aux faux-amis : **симпатичный**, si-mpat*i*tchnyï, ne se traduit pas par *sympa* mais par *mignon.*
- Le mot **так**, tak, a plusieurs sens selon le contexte : *si, allez, ainsi*, etc.
- Retenez que la particule négative **не** s'écrit séparément du verbe mais se prononce le plus souvent en un seul mot et en perdant son accent : **не буду**, niboudou, **не хочу**, niHatch*o*u.
- Parfois le **я** en position non-accentuée se prononce i : **выгляжу**, v*y*glijou. Remarquez que dans certaines régions de Russie, l'accent régional persiste et ce son se prononce ia : v*y*gliajou.

◆ GRAMMAIRE
LE PLURIEL DES NOMS MASCULINS

Au pluriel, les noms masculins durs se terminent en **ы** et les mous en **и** : **фильм**, fil'm, *film* - **фильмы** ; **гость**, gost[s], *invité* - **гости** ; **герой**, guiRoï, *héros* - **герои**. Rappelez-vous qu'en cas d'incompatibilité orthographique, **ы** sera remplacé par **и** : **репортаж**, RipaRtach, *reportage* - **репортажи**.

Parfois les mots masculins (surtout les mots courts) perdent leur voyelle au pluriel : **день**, diégne, *jour* - **дни**.

Certains noms forment un pluriel irrégulier : **друг**, dRouk, *ami* - **друзья**, dRouzia ; **брат**, bRat, *frère* - **братья**, bRatia.

Il existe également une catégorie de masculins qui ont le pluriel en **a** accentué : **ве́чер**, viétchiR, *soir* - **вечера́**, vitchiRa. Consultez la liste des plus répandus d'entre eux à la fin de cet ouvrage.

LE PLURIEL DES NOMS NEUTRES

Les noms neutres durs (ceux qui se terminent en **o**) forment leur pluriel en **a** et les mous (ceux qui se terminent en **e/ë**) en **я** : **окно**, akno, *fenêtre* - **окна** ; **море**, moRié, *mer* - **моря**. Remarquez que dans certains mots, **ë** (toujours accentué) apparaît à la place de **e** : **бедро**, bidRo, *hanche* - **бёдра**.

Il existe également un petit groupe de neutres se terminant en **мя** qui ont le pluriel irrégulier : **время**, vRiémia, *temps* - **времена**, vRimina.

Retenez que les mots neutres empruntés sont invariables, ce qui signifie qu'ils gardent la même forme au pluriel (ainsi que lors de la déclinaison que nous verrons bientôt) : **интервью**, intêRvi-iou, *interview* (emprunté à la langue anglaise) ; **пальто**, pal'to, *manteau* (emprunté à la langue française), etc.

LES ADJECTIFS COURTS

Les adjectifs courts s'utilisent en tant qu'attribut du sujet. Ils se forment sur la base des adjectifs longs (« normaux ») en enlevant la terminaison : **здоровый**, zdaRovyï, *sain* - **здоров**, zdaRof. Pour former le féminin on ajoute la terminaison **a**, pour le neutre **o** et pour le pluriel **ы** : **здорова**, *saine*, **здорово**, *sain*, **здоровы**, *sains*. N'oubliez pas la règle d'incompatibilité orthographique (voir pages 48 et 65) : **дорогой** - **дорог**, *cher*, **дороги**, *chers*.

Si la base du mot change – une voyelle ou un signe mou apparaît – nous vous le signalerons dans le vocabulaire : **болен**, bolié-n, **больна**, bal'na, les autres formes seront identiques – **больны**, bal'ny.

Tous les adjectifs ne peuvent pas former des adjectifs courts. Pour le moment, apprenez à les reconnaître. Souvent un adjectif court marque l'état passager par opposition à un état permanent : **У них здоровые дети**, ouniH zdaRovy-ié diéti, *Ils ont des enfants en bonne santé* (donnée permanente) – **Их дети здоровы**, iH diéti zdaRovy, *Leurs enfants sont en bonne santé* (en ce moment).

Certains adjectifs ne s'utilisent qu'à la forme courte : **рад**, Rat, *content, heureux*, **рада**, Rada, **радо**, Rado, **рады**, Rady.

L'ADJECTIF POSSESSIF *СВОЙ*

L'adjectif possessif **свой**, s-voï, *son,* remplace d'une manière inattendue les adjectifs possessifs que vous connaissez déjà **мой/твой/его** dans le cas où le sujet de la phrase est le possesseur de l'objet. Comparez : **Миша знает его жену,** micha zn**a**-iét yiv**o** jyn**ou**, *Micha connaît sa femme.* (Il connaît la femme de quelqu'un). **Миша знает свою жену,** micha zn**a**-iét s-va-**iou** jyn**ou**, *Micha connaît sa femme.* (Il connaît la femme, à lui). Il a les mêmes terminaisons que **мой** et **твой** – **свой, своя, своё, свои.**

▲ CONJUGAISON
LE VERBE *БЫТЬ*

Vous savez déjà que le verbe **быть**, byt[s], *être,* peut être omis au présent. Le système verbal russe est assez simple. Il a un présent, un passé et deux futurs – un simple et un composé. Le futur du verbe *être* est utilisé dans la formation du futur composé, nous le verrons plus tard. En revanche, profitons-en pour voir la conjugaison du verbe **быть** au futur simple. Notez que le futur utilise les mêmes terminaisons que le présent, facile !

быть, byt[s], *être,* verbe du 1er groupe :

Я буду, ia b**ou**dou, *je serai*	**Мы будем**, my b**ou**di-m, *nous serons*
Ты будешь, ty b**ou**diéch', *tu seras*	**Вы будете**, vy b**ou**di-tié, *vous serez*
Он/ она/ оно будет, o-n/an**a**/an**o** b**ou**diét, *il/elle sera*	**Они будут**, ani b**ou**dout, *ils/elles seront*

D'AUTRES VERBES

выглядеть, v**y**glidiét[s], *avoir l'air, paraître* : **я выгляжу**, ia v**y**glijou, *je parais* ; **ты выглядишь**, ty v**y**glidich', *tu parais* ; **они выглядят**, ani v**y**glidiat, *ils/elles paraissent*.

обожать, abaj**a**t[s], *adorer* : **я обожаю**, ia abaj**a**-iou, *j'adore* ; **ты обожаешь**, ty abaj**a**-iéch', *tu adores* ; **они обожают**, ani abaj**a**-iout, *ils/elles adorent*.

VOCABULAIRE

беседа (f), biss**ié**da, *conversation*
разочарование (n), RazatchiRav**a**ni-ié, *déception*
быть (v, 1ʳᵉ conjug.), byt^s, *être*
эклер (m), êkl**ié**R, *éclair*
чудесен, -сна (adj. court), tchoud**ié**ss-ié-n, s-na, *merveilleux*
болен, -льна (adj. court), b**o**lié-n, bal'na, *malade*
ли, li, *particule de conditionnel*
здоров (adj. court), zdaR**o**f, *sain, en bonne santé*
просто, pR**o**sta, *simplement*
на, na, *sur, à*
диета (f), di-**ié**ta, *régime*
выглядеть (v, 2ᵉ conjug.), v**y**glidiét^s, *avoir l'air, paraître*
стройный, ая, ое (adj), stR**o**-ïnyï, a-ia, a-ié, *svelte*
бедро (n), bidR**o**, *hanche*
талия (f), t**a**li-ia, *taille*
встреча (f), fstR**ié**tcha, *rendez-vous*
с, s, *avec*
эхо (n), ê**H**a, *écho*
надеть (v, 1ʳᵉ conjug.), nad**ié**t^s, *mettre*
свой, я, ё, и (adj. possessif), s-v**o**ï, a-**ia**, i-**io**, **i**, *son*
платье (n), pL**a**tié, *robe*
мал (adj. court), ma**L**, *trop petit*

нравиться (v, 2ᵉ conjug.), nR**a**vitsa, *plaire*
обожать (v, 1ʳᵉ conjug.), abaj**a**t^s, *adorer*
интервью (n), intêRv**ⁱ-iou**, *interview*
всегда, fsigd**a**, *toujours*
сюжет (m), sioujêt, *sujet*
рад (adj. court), R**a**t, *content, heureux*
завтра, z**a**ftRa, *demain*
гость (m), gost^s, *invité*
так, tak, *si, allez, ainsi*
а, a, *mais*
жена (f), jyn**a**, *femme (épouse)*
коллега (m ou f), kal**ié**ga, *collègue*
мир (m), miR, *monde*
несправедлив (adj. court), nispR**a**vidlif, *injuste*
почему, patchim**ou**, *pourquoi*
парень (m), p**a**Riégne, *jeune homme, garçon*
без, biess, *sans*
паника (f), p**a**nika, *panique*
по-моему, pamo-**ié**mou, *à mon avis*

● EXERCICES

1. FORMEZ LES ADJECTIFS COURTS :

a. Хороший словарь – словарь _____

b. Здоровый сын – сын _____

c. Красивое платье – платье _____

d. Дорогая шляпа – шляпа _____

2. METTEZ LES PHRASES SUIVANTES AU PLURIEL :

a. Мой друг – _____

b. Этот герой – _____

c. Редкий репортаж – _____

d. Любимое платье – _____

e. Документальный фильм – _____

f. Интересное интервью – _____

3. TRADUISEZ EN RUSSE LES RÉPONSES AUX QUESTIONS ET ÉCOUTEZ-LES :

09

a. Кто это? → *Ce sont des frères.*

b. Что это? → *Ce sont des livres.*

c. Что это? → *Ce sont des fenêtres.*

d. Кто это? → *Ce sont des collègues.*

e. Что это? → *Ce sont des imperméables.*

4. ACCORDEZ LE VERBE ENTRE PARENTHÈSES AU PRÉSENT :

a. Ты хорошо (выглядеть) _____.

b. Они вместе (идти) _____ на концерт.

c. Я (обожать) _____ эклеры!

d. Вы (знать) _____ его жену?

e. Я (любить) _____ своих детей.

II

LA

VIE

QUOTIDIENNE

8. PROJETS POUR LA JOURNÉE
ПЛАНЫ НА ДЕНЬ

OBJECTIFS	**NOTIONS**

- CONNAÎTRE LES NOMBRES
- EMPRUNTER LES MOYENS DE TRANSPORT
- RACONTER SES PROJETS
- DÉTAILLER SON EMPLOI DU TEMPS

- LE LOCATIF
- LES PAIRES VERBALES
- LE PASSÉ

10

РАСПИСАНИЕ ДНЯ
L'EMPLOI DU TEMPS

Лев: Сегодня ложимся спать рано! В девять вечера.
liéf: sivodnia Lajy-msia spat^s Rana! vdiévit^s viétchiRa.
Léon : Ce soir (Aujourd'hui), on se couche tôt ! À neuf [heures] du soir.

Завтра у меня сложный день.
zaftRa ouminia sLojnyï diégne.
Demain, j'ai une journée difficile.

Надо встать в семь утра, умыться, одеться, часов в восемь – завтрак.
nada fstat^s fsiém^j outRa, oumytsa, adiét-tsa, tchissof vvossiém^j - zaftRak.
Il faut se lever à sept heures du matin, faire sa toilette, s'habiller, vers huit heures – le petit-déjeuner.

В десять мне надо быть на работе.
vdiéssit^s mnié nada byt^s naRabotié.
À dix [heures] je dois (à moi il faut) être au travail.

Ирина: Ух ты! Мне нужно быть в офисе только в два, до этого буду дома.
iRina : ouH ty! mnié noujna byt^s vofissié tol^{j}ka vdva, da-êtava boudou doma.
Irina : Ah oui ! Je dois (à moi il faut) être au bureau seulement à deux [heures], avant (jusque ça) je serai à la maison.

Ты на чём поедешь? На автобусе?
ty natchio-m pa-iédiéch'? naaftoboussié?
Tu (sur quoi) iras [comment] ? En bus ?

– Нет, боюсь, в час пик будут пробки, поэтому поеду на велосипеде.
niét, ba-iouss^j, ftchass pik boudout pRopki, pa-êtamou pa-iédou naviLassipiédié.
– Non, je crains qu'à l'heure de pointe il y ait (aura) des bouchons, c'est pourquoi j'irai à vélo.

– Я на трамвае номер три. На его пути никогда не бывает пробок.

ia natRa-mva-ié nomiR tRi. na yivo pouti nikagda nibyva-iét pRobak.

– [En ce qui me concerne,] j'[irai] avec (sur) le tramway numéro trois. Sur son chemin, il n'y a jamais de bouchons.

Ой, мы забыли погладить детям форму!

oï, my zabyli pagLadit⁵ diétia-m foRmou!

Oh, nous avons oublié de repasser l'uniforme des (aux) enfants !

– Я уже погладил свою рубашку и брюки.

ia oujê pagLadiL s-va-iou Roubachkou i bRiouki.

– J'ai déjà repassé ma chemise et [mon] pantalon.

Утюг в шкафу, гладить дети и сами умеют, а мне некогда.

outiouk fchkafou, gLadit⁵ diéti i sami oumié-iout, a mnié niékagda.

Le fer à repasser est dans le placard, les enfants savent repasser eux-mêmes et je n'ai pas le temps [moi].

О, уже шесть. Я видел, что на ужин ты приготовила рагу. Это вкусно! Ням-ням!

o, oujê chêst⁵. ia vidiéL, chto na oujy-n ty pRigatoviLa Ragou, êta fkous-na! nia-mnia-m!

Oh, il est déjà six [heures]. J'ai vu que pour le dîner, tu as préparé un ragoût. C'est bon ! Miam-miam !

COMPRENDRE LE DIALOGUE
REMARQUES GÉNÉRALES

- **Расписание** peut se traduire par *planning* et **расписание дня**, Raspissani-ié dnia, signifie *emploi du temps*.
- **В восемь часов**, vvossié-mⁱ tchissof, à *huit heures,* se transforme en horaire plus approximatif si l'on change de place les mots : **часов в восемь**, tchissof vvossié-mⁱ, *vers huit heures*.
- La préposition **на**, na, se traduit par *à* ou *sur,* selon le contexte.
- **Пробка**, pRopka, *bouchon d'une bouteille* mais aussi *de la circulation*.
- L'exclamation **ух ты!** ouH ty, exprime la surprise, l'admiration ou un jugement.
- Certains mots en russe n'existent qu'au pluriel. Ainsi le mot **брюки**, bRiouki, *pantalon*, n'a pas de singulier.
- **Сами** s'accorde en genre et en nombre avec la personne à laquelle il se rapporte et signifie *soi-même* ou souligne l'identité de la personne : **сами дети**, sami diéti, *les enfants eux-mêmes* ; **сам президент**, sa-m pRizidié-nt, *le président lui-même*.
- Le mot neutre **рагу**, Ragou, *ragoût*, est accentué à la fin car il est emprunté au français.

LES NOMBRES

Dans le dialogue, vous avez rencontré quasiment tous les nombres de 1 à 10. Consultez l'annexe pour compléter ce qui vous manque.

Remarquez que *deux* s'accorde en genre avec le masculin et le féminin : **два стола**, dva staLa, *deux tables*, mais **две лампы**, dvié La-mpy, *deux lampes*.

LES TRANSPORTS

En Russie, les transports en commun sont assez variés : les bus, les trolleybus, les tramways et le métro pour les villes les plus grandes. À côté des autobus municipaux qui font les trajets réguliers, d'autres bus et mini-bus des réseaux privés sillonnent les villes. Ils sont appelés **маршрутка**, maRchRoutka. Les taxis s'ajoutent à ce réseau en ville. Aujourd'hui, comme partout, vous pouvez commander un taxi sur une application dédiée ou en passant par un opérateur téléphonique.

Dans certaines villes, comme Saint-Pétersbourg, Moscou, Khabarovsk, de petits bateaux effectuent également les services de transports au quotidien.

◆GRAMMAIRE
LE LOCATIF (PRÉPOSITIONNEL)

Pour le moment, nous avons vu en détails le nominatif singulier et pluriel des noms et des adjectifs. Ce sont les mots tels que vous les retrouvez dans un dictionnaire. Nous nous attaquons maintenant à la déclinaison avec ses autres cas. Dans ce Module, vous avez vu plusieurs fois l'emploi du locatif. C'est un cas qui est utilisé pour situer ou « localiser » les objets. Autrement dit, c'est le lieu où l'on se trouve. On l'appelle parfois « prépositionnel » car les mots au locatif sont toujours utilisés avec des prépositions.

Pour former le locatif singulier, et ceci est valable pour tous les genres, il faut changer la terminaison en **e** : **парк**, *parc* – **я в парке**, ia fp**a**Rkié, *Je suis au parc.*

Évidemment, il y a quelques exceptions à la règle.

Vous avez rencontré une exception très particulière – pour dire *à la maison*, un seul mot suffit : **дома**, d**o**ma.

Les noms féminins en signe mou **ь** prennent la terminaison **и** : **кровать**, *lit* – **на кровати**, na kRav**a**ti, *sur le lit.*

Les noms féminins en **ия** et les neutres en **ие** prennent la terminaison **ии** : **талия**, *taille* – **на талии**, na t**a**li-i, *sur la taille* ; **издание**, *édition* – **в издании**, vyzd**a**ni-i, *dans l'édition.*

Certains masculins prennent la terminaison **у** (**ю** pour les mous) quand ils désignent l'endroit où l'on se trouve : **шкаф**, *armoire* – **в шкафу**, fchkaf**ou**, *dans l'armoire.* (Consultez la liste des mots les plus répandus à la fin de ce livre.) Attention, s'ils ne désignent pas l'endroit où l'on se trouve, ils retrouvent la terminaison **e** : **в шкафу**, fchkaf**ou**, *dans l'armoire,* mais **книга о шкафе**, kn**i**ga o chk**a**fié, *le livre sur (qui parle de) l'armoire.*

Le pluriel locatif est très simple : les mots à terminaison dure ont le locatif en **ах** et les mous en **ях** : **в шкафах**, fchkaf**a**H, *dans les armoires,* **на кроватях**, na kRav**a**tiaH, *sur les lits.*

Pour indiquer le moyen de déplacement en transport (ou même à cheval ou à patins à glace !), on utilise le locatif avec la préposition **на** : **на велосипеде**, naviLassi-pi**é**dié, *à vélo,* **на такси**, natak**s**i, *en taxi,* etc.

85

▲ CONJUGAISON
LES PAIRES VERBALES

Le système verbal russe est assez simple et est « compensé » par la distinction entre deux aspects des verbes – imperfectif et perfectif. Pour le moment, nous attirons votre attention sur des verbes synonymes mais appartenant à deux catégories différentes : **гладить**, gLadit[s], *repasser* (imperfectif) – **погладить**, pagLadit[s], *repasser* (perfectif). On verra cette notion plus tard.

LE PASSÉ

Le passé russe est extrêmement simple ! Il suffit d'ajouter les terminaisons suivantes à la base du verbe (l'infinitif sans terminaison) : **л** pour le masculin, **ла** pour le féminin, **ло** pour le neutre et **ли** pour le pluriel de tous les genres. Observez le verbe perfectif **забыть**, zab**y**t[s], *oublier* : **он забыл**, o-n zab**y**L, *il a oublié* ; **она забыла**, an**a** zab**y**La, *elle a oublié* ; **оно забыло**, an**o** zab**y**La, *il a oublié* (au neutre) ; **они забыли**, an**i** zab**y**li, *elles/ils ont oublié*. Bien sûr, il y a quelques exceptions à cette règle simple, sinon, cela ne serait pas drôle… on le verra le moment venu !

D'AUTRES VERBES

Le verbe **уметь**, oum**ié**t[s], *savoir-faire*, pose souvent un problème d'usage aux francophones. Ne le confondez pas avec le verbe **знать**, znat[s], *savoir*, qui ne fait pas partie de la structure *savoir-faire*. On emploie le verbe du 1er groupe **уметь** conjugué, suivi de l'infinitif du verbe d'action (ce dernier est le plus souvent imperfectif même si les structures avec le verbe perfectif sont possibles) : **ты умеешь читать**, ty oum**i**é-iéch' tchit**a**t[s], *tu sais lire*.

Vous avez déjà vu le verbe imperfectif **идти** signifiant le déplacement à pied. En voici un autre avec le sens de déplacement « en moyen de locomotion » – le perfectif **поехать**, pa-**ié**Hat[s], *aller*. Gardez à l'esprit que le Russe opère une distinction en fonction du moyen de déplacement utilisé. Ainsi, pourrez-vous utiliser ce verbe avec tous les types de transports terrestres, comme le vélo, le bus ou le taxi. Pour un bateau ou un avion vous aurez besoin d'un autre verbe que l'on verra plus tard.

VOCABULAIRE

план (m), pLa-n, *projet*
расписание (n), Raspissani-ié, *planning*
сегодня, sivodnia, *aujourd'hui*
ложиться (v, 2ᵉ conjug.), Lajytsa, *se coucher*
спать (v, 2ᵉ conjug.), spatˢ, *dormir*
рано, Rana, *tôt*
встать (v, 1ʳᵉ conjug.), fstatˢ, *se lever*
умыться (v, 1ʳᵉ conjug.), oumytsa, *faire sa toilette, se laver*
одеться (v, 1ʳᵉ conjug.), adiétsa, *s'habiller*
завтрак (m), zaftRak, *petit-déjeuner*
нужно, noujna, *il faut*
работа (f), Rabota, *travail*
офис (m), ofiss, *bureau*
поехать (v, 1ʳᵉ conjug.), pa-iéHatˢ, *aller (en moyen de locomotion)*
автобус (m), aftobouss, *autobus*
бояться (v, 2ᵉ conjug.), ba-iatsa, *craindre, avoir peur*
час пик, tchaspik, *heure de pointe*
пробка (f), pRopka, *bouchon*
поэтому, pa-êtamou, *c'est pourquoi*
велосипед (m), viLassipiét, *vélo*
трамвай (m), tRa-mvaï, *tramway*
номер (m), nomiR, *numéro*
путь (m), poutˢ, *chemin*
никогда, nikagda, *jamais*

забыть (v, 1ʳᵉ conjug.), zabytˢ, *oublier*
форма (f), foRma, *uniforme*
рубашка (f), Roubachka, *chemise*
брюки (pl) bRiouki, *pantalon*
утюг (m), outiouk, *fer à repasser*
шкаф (m), chkaf, *armoire*
погладить (v, 2ᵉ conjug.), pagLaditˢ, гладить (v, 2ᵉ conjug.), gLaditˢ, *repasser*
уметь (v, 1ʳᵉ conjug.), oumiétˢ, *savoir faire*
некогда, niékagda, *pas de temps*
видеть (v, 2ᵉ conjug.), vidiétˢ, *voir*
ужин (m), oujy-n, *dîner*
приготовить (v, 2ᵉ conjug.), pRigatovitˢ, *préparer*
рагу (n), Ragou, *ragoût*
вкусно, fkous-na, *bon, délicieux*
маршрутка (f), maRchRoutka, *taxi à itinéraire fixe*

◆ EXERCICES

1. METTEZ LES NOMS SUIVANTS AU LOCATIF. OBSERVEZ LES PRÉPOSITIONS :

a. трамвай → На …

b. офис → В …

c. ужин → На …

d. метро → В …

e. дыня → В …

f. словарь → В …

g. шкаф → В …

h. работа → На …

i. книга → В …

j. диета → На …

2. METTEZ LE NOMINATIF PLURIEL AU LOCATIF PLURIEL :

a. семьи → В …

b. бёдра → На …

c. музеи → В …

d. парки → В …

e. моря → На …

3. DONNEZ LA FORME DU PASSÉ EN L'ACCORDANT AVEC LE SUJET (PARFOIS PLUSIEURS VARIANTES SONT POSSIBLES) :

a. забыть : Он ....

b. приготовить : Они ....

c. поехать : Ты ....

d. быть : Оно ....

e. гладить : Мы ....

f. спать : Я ....

g. видеть : Вы ....

4. ACCORDEZ LE VERBE ENTRE PARENTHÈSES AU PRÉSENT AVEC LE SUJET ET VÉRIFIEZ VOS RÉPONSES EN ÉCOUTANT L'ENREGISTREMENT :

a. Мой брат (уметь) _____ гладить.

b. Я (знать) _____ город.

c. Мы (уметь) _____ читать.

d. Я (любить) _____ эклеры. А ты что (любить) _____ ?

e. Аня (хотеть) _____ пить, я тоже (хотеть) _____, а дети не (хотеть) _____.

9. PROMENADE
ПРОГУЛКА

OBJECTIFS

- DEMANDER LE CHEMIN
- S'ORIENTER

NOTIONS

- LES ADVERBES
- LE FUTUR SIMPLE
- LE CHANGEMENT DE LA RACINE DES VERBES
- LE TYPE -ЙТИ

11 НАЙТИ ДОРОГУ
TROUVER SON CHEMIN

<u>Туристка</u>: Я ищу вокзал. Не подскажете, где он?
touRistka: ia isch**iou** vagz**a**L. nipatsk**a**jytié gdié o-n?
<u>La touriste</u> : Je cherche la gare. Pourriez-vous me dire (Ne soufflerez pas) où elle [se trouve] ?

<u>Прохожий</u>: Вам надо идти прямо, потом повернуть налево,
pRaH**o**jyï : va-m n**a**da itt**i** pR**i**ama, pat**o**-m paviRn**ou**t⁵ nal**ié**va,
<u>Le passant</u> : Il faut que vous alliez (A vous il faut aller) tout droit, ensuite [il faut] tourner à gauche,

когда увидите парк и гигантский фонтан.
kagd**a** ouv**i**ditié paRk i guig**a**-nskïï fa-nt**a**-n.
quand vous verrez un parc et une immense fontaine.

Потом пройдёте ещё чуть-чуть и – направо.
pat**o**-m pRaïd**io**tié yisch**io** tchout⁵tch**ou**t⁵ i napR**a**va.
Ensuite [vous] marcherez (passerez) encore un petit peu et – à droite.

Там как раз справа будет сквер, а слева – вокзал.
ta-m kak Rass spR**a**va b**ou**diét skviéR, a s-li**é**va – vagz**a**L.
Là-bas justement (comme une fois) à droite, il y aura (sera) un square et à gauche – la gare.

– Слишком сложно…
s-l**i**chka-m s-L**o**jna…
– Trop compliqué…

– Да всё просто! У нас такой маленький город, не потеряетесь.
dafs**io** pR**o**sta! oun**a**ss tak**o**ï m**a**ligne-kïï g**o**Rat, nipatiR**ia**-itiéss^j.
Mais tout [est] simple ! Notre ville est si (chez nous telle) petite, vous ne vous perdrez pas.

Вот – главный проспект, а там, где церковь, – очень милая улица.

vot gL**a**vnyï pRasp**ié**kt, a ta-m gdié ts**ê**Rkaf¹ – **o**tchigne m**i**La-ia **ou**litsa.

Voici l'avenue principale, et là-bas, où [il y a] une église – une rue très sympa.

Там все кафе и рестораны.

ta-m fsié kaf**ê** i RistaR**a**ny.

Là-bas, [il y a] tous les cafés et restaurants.

Если вы по этой улице пойдёте вниз, то там будет река.

iés-li vy pa-**ê**taï **ou**litsê païd**io**tié vniss, to ta-m b**ou**dit Rik**a**.

Si vous descendez (sur) cette rue (irez en bas), vous [verrez] (alors là-bas, sera) un fleuve.

– Вы просто, наверное, очень хорошо знаете город, а я не найду дорогу.

vy pR**o**sta, nav**ié**Rna-ié, **o**tchigne HaRach**o** zn**a**-itié g**o**Rat, a ia ninaïd**ou** daR**o**gou.

– Vous (simplement) connaissez sûrement bien la ville [mais moi], je ne trouverai pas la route.

– Не беда! Я вас провожу.

nibid**a**! ia vass pRavaj**ou**.

– Ce n'est pas grave (Pas un malheur) ! [Je vous accompagnerai.]

■ COMPRENDRE LE DIALOGUE
REMARQUES GÉNÉRALES

→ **Не подскажете…**, nipatsk**a**jytié, *pourriez-vous* [me] dire… ou bien **вы не знаете, где…**, vy nizn**a**-ité gdié, *savez-vous où…* sont des phrases utilisant la négation. Souvent le russe recourt à la négation pour poser une question polie ce qui est très différent du français. Il faut juste savoir reconnaître cette « formule ».

→ Le nom masculin **прохожий**, pRaH**o**jyï, *passant,* vient d'un adjectif. Ainsi, ses formes féminine et plurielle auront également la forme d'un adjectif : **прохожая**, pRaH**o**ja-ia, *passante* et **прохожие**, pRaH**o**jy-ié, *passants.*

→ Le **o** final se prononce très atténué car il n'est pas accentué : **прямо**, pR**ia**ma, **налево**, nal**ié**va, **направо**, napR**a**va, **сложно**, s-L**o**jna.

→ Parfois le mot **чуть-чуть**, tchout[s]tchout[s], se réduit dans la langue parlée à tchoutchout[s].

→ **Туристка**, le féminin de **турист**, touR**i**st, *touriste,* ainsi que **кафе**, kaf**ê**, *café* sont des mots empruntés à la langue française. Le neutre **кафе** est invariable, ce qui veut dire qu'au pluriel ou lors de la déclinaison, il ne change pas de forme. Ainsi, dira-t-on, **одно кафе**, adn**o** kaf**ê**, *un café* ou **пять кафе**, piat[s] kaf**ê**, *cinq cafés*. Le **e** final se prononce dur, comme si c'était un **э** : **кафе**, kaf**ê**, *café.*

→ Vous avez déjà compris qu'une consonne sonore s'assourdit au contact d'une consonne sourde : **и**д**ти**, i**tt**i.

→ Voici un exemple plus rare mais important aussi d'une sourde qui devient sonore au contact d'une sonore : **во**к**зал**, va**gz**aL.

→ Dans **церковь**, le **e** se prononce comme **э** après la lettre **ц** qui est toujours dure. Le **в** s'assourdit à la fin du mot mais en plus il est ramolli par le signe mou **ь**. Cela donne la prononciation d'un i extrêmement bref à la fin : tsê**R**kaf[i].

◆ GRAMMAIRE
LES ADVERBES

Les adverbes russes sont invariables, ils n'ont ni déclinaison ni conjugaison. Ils se terminent par **o** ou **a** mais d'autres ont des terminaisons différentes : **никогда**, nikagd**a**, *jamais* ; **рано**, R**a**na, *tôt.*

Essayez de bien saisir la nuance entre ces deux adverbes qui ont la même traduction *à gauche* : **налево**, nal**ié**va, *à gauche avec mouvement (tourner, aller)* et **слева**, s-li**é**va, *à gauche sans mouvement (être, se situer, marcher à la gauche de qqn)*. Eh oui, la notion de mouvement est présente même ici.

▲ CONJUGAISON
LE FUTUR SIMPLE

Nous vous avons déjà signalé que le russe possède deux futurs – un futur simple et un composé (structure avec le verbe **быть**, byt[s], *être* au futur simple). Voyons d'abord le futur simple.

Surprise ! Vous le connaissez déjà ! En effet, les terminaisons sont identiques à celles du présent. On les ajoute aux verbes perfectifs tandis que le présent est formé sur la base des verbes imperfectifs et dans ce Module, vous avez rencontré surtout les verbes perfectifs.

Vous avez vu dans le Module 8, les deux verbes « en paire » - imperfectif **гладить**, gL**a**dit[s], *repasser* et perfectif **погладить**, pagL**a**dit[s], *repasser*. Ainsi, avec les mêmes terminaisons, l'imperfectif formera le présent et son perfectif formera le futur simple :

гладить - imperfectif/présent	**погладить** - perfectif/futur
Я гляжу, ia gL**a**jou, *je repasse*	**Я поглажу**, ia pagL**a**jou, *je repasserai*
Ты гладишь, ty gl **a**dich' *tu repasses*	**Ты поглад**ишь, ty pagL**a**dich' *tu repasseras*
Он/ она/ оно гладит, o-n, an**a**, an**o** gL**a**dit *il/elle repasse*	**Он/ она/ оно поглад**ит, o-n, an**a**, an**o** pagL**a**dit *il/elle repassera*
Мы гладим, my gL**a**di-m, *nous repassons*	**Мы поглад**им, my pagL**a**di-m, *nous repasserons*
Вы гладите, vy gL**a**ditié, *vous repassez*	**Вы поглад**ите, vy pagL**a**ditié, *vous repasserez*
Они гладят, ani gL**a**diat, *ils/elles repassent*	**Они поглад**ят, ani pagL**a**diat, *ils/elles repasseront*

Notez qu'après **если**, i**é**s-li, *si*, on utilise le futur.

LE CHANGEMENT DE LA RACINE DES VERBES

La consonne finale de la racine de certains verbes change lors de la conjugaison. Souvent seulement à la première personne du singulier, pour les suivantes le verbe récupère sa consonne « initiale » : **увидеть**, ouv**i**diét[s], *voir* : **я увижу**, ia ouv**i**jou, *je verrai*, **ты увидишь**, ty ouv**i**dich', *tu verras*, **они увидят**, an**i** ouv**i**diat, *ils/elles verront.*

Le même changement de consonne est observé dans plusieurs verbes : **видеть**, v**i**diét[s], *voir* ; **гладить**, g**L**adit[s], *repasser* ; **погладить**, pag**L**adit[s], *repasser* ; **выглядеть**, v**y**glidiét[s] *paraître* ; **проводить**, p**R**avadit[s] *accompagner*, etc.

Un autre changement concerne le verbe **искать**, **i**sk**a**t[s], *chercher* mais cette fois-ci, il touche toute la conjugaison au présent : **я ищу**, ia isch**i**o**u**, *je cherche*, **ты ищешь**, ty **i**schiéch', *tu cherches*, **он/она ищет**, o-n, ana **i**schiét, *il/elle cherche*, **мы ищем**, my **i**schié-m, *nous cherchons*, **вы ищете**, vy **i**schiétié, *vous cherchez*, **они ищут**, an**i** **i**schiout, *ils/elles cherchent*. Attention : l'accent tonique est sur la dernière syllabe uniquement à la première personne du singulier.

LE TYPE - *ЙТИ*

Remarquez que les verbes **пойти**, **пройти**, **найти** se conjuguent comme le verbe **идти** que vous avez vu dans le Module 2 : **я пройду**, ia pRaïd**ou**, *je passerai* ; **ты пойдёшь**, ty païd**i**och', *tu iras* ; **они найдут**, an**i** naïd**ou**t, *ils/elles trouveront*.

VOCABULAIRE

турист (m), touRist, *touriste*
искать (v, 1ʳᵉ conjug.), iskatˢ, *chercher*
вокзал (m), vagzaL, *gare*
подсказать (v, 1ʳᵉ conjug.), patskazatˢ, *souffler (dire à qqn)*
прохожий (m), pRaHojyï, *passant*
прямо, pRiama, *tout droit*
потом, patô-m, *ensuite*
повернуть (v, 1ʳᵉ conjug.), paviRnoutˢ, *tourner*
налево, naliéva, *à gauche (avec mouvement)*
когда, kagda, *quand*
увидеть (v, 2ᵉ conjug.), ouvidiétˢ, *voir*
гигантский, **ая**, **ое** (adj), guiganskiï, a-ia, a-ié, *gigantesque*
фонтан (m), fa-nta-n, *fontaine*
пройти (v, 1ʳᵉ conjug.), pRaïti, *passer, marcher*
чуть-чуть, tchoutˢtchoutˢ, *un petit peu*
направо, napRava, *à droite (avec mouvement)*
как раз, kakRass, *justement, précisément*
справа, spRava, *à droite (sans mouvement)*
сквер (m), skviéR, *square*
слева, s-liéva, *à gauche (sans mouvement)*
слишком, s-lichka-m, *trop*
сложно, s-Lojna, *compliqué*
просто, pRosta, *simple*
город (m), goRat, *ville*
маленький, **ая**, **ое** (adj), malignekiï, a-ia, a-ié, *petit*
потеряться (v, 1ʳᵉ conjug.), patiRiatsa, *se perdre*
главный, **ая**, **ое** (adj), gLavnyï, a-ia, a-ié, *principal*
проспект (m), pRaspiékt, *avenue*
церковь (f), tsêRkafˢ, *église*
милый, **ая**, **ое** (adj), miLyï, a-ia, a-ié, *sympa, charmant*
улица (f), oulitsa, *rue*
ресторан (m), RistaRa-n, *restaurant*
если, iés-li, *si*
пойти (v, 1ʳᵉ conjug.), païti, *aller*
вниз, vniss, *en bas (avec mouvement)*
река (f), Rika, *fleuve, rivière*
наверное, naviéRna-ié, *probablement, sûrement*
найти (v, 1ʳᵉ conjug.), naïti, *trouver*
дорога (f), daRoga, *chemin, route*
беда (f), bida, *malheur*
проводить (v, 2ᵉ conjug.), pRavaditˢ, *accompagner, conduire*

● EXERCICES

1. RELIEZ LES DEUX COLONNES POUR OBTENIR UNE PHRASE :

a. Она не...   1. пройду до метро.

b. Там вы...   2. найдёте книги.

c. Я...   3. пойдут на концерт.

d. Они...   4. пойдёт на концерт.

2. CHOISISSEZ LE MOT QUI CONVIENT :

Хорошо - приятно - хороший – вкусно - приятная - сложно

a. Она очень ... девочка.

b. Как это ... !

c. Идём вместе? – ... !

d. Вы Катя? Очень ... .

e. Как это ... . – Нет всё просто!

f. Какой ... фильм!

3. RETROUVEZ L'ADJECTIF LONG SUR LA BASE DES ADVERBES ET ADJECTIFS COURTS. DONNEZ SA FORME AU MASCULIN SINGULIER :

a. **дорого** → ...   e. **отлично** → ...

b. **интересен** → ...   f. **добр** → ...

c. **дёшево** → ...   g. **сложно** → ...

d. **симпатичен** → ...

4. ÉCOUTEZ ET TROUVEZ L'INTRUS :

a. Фонтаны – вокзал – парки – рестораны.

b. Знать – ждать – увидел – идти.

c. Глупость – кровать – парень – церковь.

d. Хорошо – гигантский – маленький – главный.

10. APPEL TÉLÉPHONIQUE
ТЕЛЕФОННЫЙ РАЗГОВОР

OBJECTIFS

- TÉLÉPHONER
- LEXIQUE DU TÉLÉPHONE
- INVITER À SORTIR

NOTIONS

- LE DATIF DES NOMS ET DES PRONOMS
- LES PRÉPOSITIONS DU DATIF
- LES PRÉFIXES ET LES VERBES
- LE VERBE *МОЧЬ*

ПРИГЛАШЕНИЕ
INVITATION

Лёша: Алло! Могу я поговорить с Инной?
liocha: alo! magou ia pagavaRit[s] synnaï?
Liocha : Allô ! Pourrais (peux) [-je] parler à (avec) Inna ?

Инна: Я слушаю. Алексей, это ты?
inna: ia sLoucha-iou. aliksei-ï, êta ty?
Inna : J'écoute. Alekseï, c'est toi ?

– Да. Я тебя всё утро набирал – у тебя то занято, то никто трубку не брал...
da. ia tibia fsio outRa nabiRaL – outibia to zanita, to nikto tRoupkou nibRaL...
– Oui. Je t'ai téléphoné (composé) toute la matinée – ça sonnait occupé ou personne ne décrochait (chez toi tantôt occupé, tantôt personne le combiné ne prenait)...

Поехали к родителям на дачу?
paiéHali k-Raditilia-m nadatchou?
[Et si nous] allions chez [mes] parents à la datcha ?

К отцу брат приехал, будет семейный обед.
katsou bRat pRi-iéHaL, boudiét simié-ïnyï abiét.
Le frère de mon père est arrivé (Chez le père le frère est arrivé), il y aura un déjeuner familial.

Да и на улице снег, такая красота!
da i na-oulitsê sniék, taka-ia kRassata!
Et dehors (dans la rue) [il y a] la neige, c'est magnifique (telle beauté) !

Мы на лыжах по лесу погуляем, потом погреемся у камина!
my naLyjaH poliéssou pagoulia-ié-m, pato-m pagRié-i-msia oukamina!
On se promènera dans la forêt avec les skis [et] après, on se réchauffera auprès de la cheminée !

– Как заманчиво... Когда ехать?

kak zam**a**-ntchiva... kagd**a ié**Hat⁵?

– Que c'est tentant... On y va quand (Quand aller) ?

– Сейчас я еду к бабушке – обещал ей помочь повесить картину...

sitch**a**ss ia **ié**dou k-b**a**bouchkié – abisch**ia**L yéï pam**o**tchⁱ pav**ié**ssitˢ kaRt**i**nou...

– Je suis en train d'aller chez ma grand-mère – je lui ai promis d'aider à accrocher un tableau...

- Алло, Лёша, ты пропал. Я тебя не слышу.

aL**o** li**o**cha, ty pRap**a**L. ia tib**ia** nis-L**y**chou.

– Allô, Liocha, tu as disparu. Je ne t'entends pas.

- Подожди, мне кто-то параллельно звонит.

padajd**i**, mnié kt**o**ta paRali**é**lⁱna zvan**i**t.

– Attends, j'ai un double appel (à moi quelqu'un parallèlement téléphone).

Я тебе перезвоню через пять минут!

ia tib**ié** piRizvan**iou** tchiR**i**sₛ piatˢ min**ou**t!

Je te rappellerai dans cinq minutes !

COMPRENDRE LE DIALOGUE
REMARQUES GÉNÉRALES

→ **Лёша**, l**io**cha, est le diminutif de **Алексей**, aliks**iéï**.

→ L'expression **набирать тебя** appartient à la langue parlée et se réfèrent à **набирать номер**, nabiRat^s n**o**miR, *composer le numéro*.

→ **Сейчас я еду**, sitch**a**ss ia **ié**dou, *je suis en train d'aller* : le verbe au présent avec le mot **сейчас** peut se traduire par *être en train de faire quelque chose*.

→ **Совсем** : vous avez déjà vu la traduction *tout à fait*. Ici, le mot se traduit par *absolument*.

→ Vous le verrez, les prépositions de manière générale auront plusieurs significations qui dépendront du contexte. Vous avez déjà rencontré **y**, ou, *chez*, ici, il a pour sens : *auprès de, près de, à côté de*.

→ La préposition **по**, po, peut avoir de multiples significations selon le contexte. Dans le dialogue, **по** signifie l'action ou le mouvement sur la surface de quelque chose, dans la limite de cette surface. La préposition est suivie dans ce cas par un datif : **мы идём по городу**, my id**io**-m pa g**o**Radou, *on marche dans/à travers la ville*.

→ Normalement une préposition perd son accent en se liant dans la prononciation avec un nom ou un pronom. En combinant la préposition **по**, po, avec un nom au datif exprimant le sens du mouvement sur une surface dans la limite de cette surface, l'accent reste sur la préposition (surtout dans la littérature, dans la poésie ou textes d'auteur) : **по лесу**, p**o**liéssou, **по морю**, p**o**moRiou. Mais attention, souvent, l'accent ne se déplace pas sur le nom même dans ce cas de figure et parfois les deux prononciations seront acceptables : **погуляем по лесу**, pagoul**ia**-ié-m p**o**liéssou/pal**ié**ssou, *on se promènera dans la forêt*. Et si avec le même mot on change de sens de la préposition, l'accent reste obligatoirement sur le mot principal : **тоска по морю**, task**a** pam**o**Riou, *la nostagie de la mer* (pas de mouvement sur la surface).

→ **Ты пропал**, ty pRap**a**L, *tu as disparu*, signifie que Inna n'entend plus son correspondant.

→ **поехали**, pa-**ié**Hali, **лыжах**, L**y**jaH, **ехать**, **ié**Hat^s : la lettre **x** est difficile à prononcer pour un Français mais vous l'appriviserez bientôt. Répétez-la intensément et ne l'omettez pas !

→ **Инна**, **i**nna, **параллельно**, paRal**ié**l'na : remarquez que toutes les consonnes doubles ne se prononcent pas comme telles. Parfois elles sont plus marquées et parfois très légères, comme si ce n'était qu'une seule.

NOTE CULTURELLE

Une **дача**, d**a**tcha, *datcha*, est une résidence secondaire, avec un petit terrain que les habitants des villes aménagent en jardinet ou en potager. Les datchas ont été décrites dans la littérature par les grands auteurs classiques russes comme Tchékov, Tolstoi ou Bounine. Cette maisonnette modeste (ou plus chic !), a toujours été un lieu de rencontre des amis et de la famille, fuyant l'agitation de la ville. Les datchas sont souvent situées non loin de cette dernière, à côté d'une forêt ou d'une rivière, permettant au **дачник**, d**a**tchnik, *habitant d'une datcha*, de s'échapper pour une bouffée d'oxygène ou pour le remplissage du panier avec les fruits et légumes du jardin.

◆ GRAMMAIRE
LE DATIF DES NOMS

Le datif est un cas d'attribution : **я дам тебе картину**, ia da-m tib**ié** kaRt**i**nou, *je te donnerai un tableau*. Certains verbes et prépositions nécessitent également l'emploi du datif : **еду к бабушке**, **ié**dou k b**a**bouchkié, *je vais chez* [ma] *grand-mère* ; **он поможет маме**, o-n pam**o**jêt m**a**mié, *il aidera maman* (attention, en français, nous utilisons un COD mais un COI en russe).

La formation de ce cas est simple.

Au singulier, les noms masculins et neutres durs prennent la terminaison **у**, les mous des deux genres prennent **ю** : **лес**, liéss, *la forêt* – **лесу**, li**é**ssou ; **гость**, gost^s, *l'invité* – **гостю**, gostiou ; **дело**, di**é**La, *l'affaire* – **делу**, d**é**Lou.

Les féminins durs et mous se terminent par **е**, tous, sauf les féminins en signe mou **ь** qui ont la terminaison **и** et ceux en **ия** qui prennent la terminaison **ии** : **сестра**, sist-Ra, *la sœur* – **сестре**, sist-Ri**é** ; **семья**, simi**a**, *la famille* – **семье**, simi-i**é** ; **глупость**, gL**ou**past^s, *la bêtise* – **глупости**, gL**ou**pasti ; **талия**, t**a**li-ia, *la taille* – **талии**, t**a**li-i.

Au pluriel, les durs de tous les genres ont la terminaison **ам**, et le mous **ям** : **планы**, pL**a**ny, *les plans* – **планам**, pL**a**na-m ; **родители**, Rad**i**tili, *les parents* – **родителям**, Rad**i**tilia-m. Attention à l'incompatibilité orthographique : **дачники**, d**a**tchniki, *les habitants d'une datcha* – **дачникам**, d**a**tchnika-m.

Les prépositions qui suivent le datif indiquent le mouvement vers un objet, un être animé ou un lieu : **к**, k, *chez, vers,* et **по**, po, *sur, dans*. D'autres prépositions sont beaucoup plus rares : **вслед**, fsliét, *derrière, à la suite de* ; **навстречу**, nafs-tRié-tchou, *à la rencontre de* ; **подобно**, padobna, *de même que, comme* ; **согласно**, sagLas-na, *selon, d'après*.

LE DATIF DES PRONOMS

Les pronoms se déclinent aussi en russe et vous avez déjà rencontré plusieurs pronoms personnels au datif, complétons-les : **мне**, mnié, *à moi* ; **тебе**, tibié, *à toi* ; **ей**, yéï, *à elle* ; **ему**, yimou, *à lui* ; **нам**, na-m, *à nous* ; **вам**, va-m, *à vous* ; **им**, i-m, *à eux, à elles*.

▲ CONJUGAISON
LES PRÉFIXES ET LES VERBES

Le préfixe verbal est très important en russe car il peut modifier le sens d'un verbe. Mais pas toujours. Parfois, il fait passer le verbe de l'imperfectif au perfectif sans en modifier son sens : **говорить**, gavaRit^s, *parler* (imperfectif) ; **поговорить**, pagavaRit^s, *parler* (perfectif). Notez que les verbes qui se différencient uniquement par leur préfixe auront la même conjugaison. Ainsi, la conjugaison des verbes **ехать**, iéHat^s, *aller* (imperfectif) ; **поехать**, pa-iéHat^s, *aller* (perfectif) ; **приехать**, pRi-iéHat^s, *arriver* (perfectif) sera identique sur la base de **ехать** : **я еду**, ia iédou, *je vais* ; **ты едешь**, ty iédiéch', *tu vas* ; **они едут**, ani iédout, *ils/elles vont*.

Les verbes suivants auront tous une conjugaison similaire en **-йд-** avec accent final : **пойти**, païti, *aller* (perfectif) ; **пройти**, pRaïti, *passer* (perfectif) ; **найти**, naïti, *trouver* (perfectif) : **я пройду**, ia pRaïdou, *je passerai* ; **ты пойдёшь**, ty païdioch', *tu iras* ; **они найдут**, ani naïdout, *ils/elles trouveront*.

LE VERBE *МОЧЬ*

Le verbe **мочь**, motch^j, *pouvoir* (imperfectif du 1er groupe) a une conjugaison particulière. Non seulement sa racine change de consonne mais il ne la retrouve pas dans toutes les formes : **я могу**, ia magou, *je peux*, **ты можешь**, ty mojêch', *tu peux*, **он/она может**, o-n/ana mojêt, *il/elle peut*, **мы можем**, my mojê-m, *nous pouvons*, **вы можете**, vy mojêtié, *vous pouvez*, **они могут**, ani mogout, *ils/elles peuvent*. Le verbe **помочь**, pamotch^j, *aider*, se conjugue de la même manière.

VOCABULAIRE

телефонный, ая, ое (adj), tilifonnyï, a-ia, a-ié, *téléphonique*
разговор (m), RazgavoR, *conversation*
приглашение (n), pRigLachêni-ié, *invitation*
мочь (v, 1re conjug.), motch^i, *pouvoir*
поговорить (v, 2e conjug.), pagavaRit^s, *parler*
слушать (v, 1re conjug.), sLouchat^s, *écouter*
набирать (v, 1re conjug.), nabiRat^s, *composer*
то... то..., to... to..., *tantôt... tantôt...*
занят (adj. court), zaniat, *occupé*
никто, nikto, *personne*
трубка (f), tRoupka, *combiné*
брать (v, 1re conjug.), bRat^s, *prendre*
родители (pl), Raditili, *parents*
дача (f), datcha, *datcha*
отец (m), atiét^s, *père*
приехать (v, 1re conjug.), pRiiéHat^s, *arriver (en moyen de locomotion)*
семейный, ая, ое (adj), simié-ïnyï, a-ia, a-ié, *familial*
обед (m), abiét, *déjeuner*
снег (m), sniék, *neige*
красота (f), kRassata, *beauté*
лыжи (m), Lyjy, *skis*
лес (m), liéss, *forêt*
погулять (v, 1re conjug.), pagouliat^s, *se promener*
погреться (v, 1re conjug.), pagRiétsa, *se réchauffer*
камин (m), kami-n, *cheminée*
заманчиво, zama-ntchiva, *tentant, alléchant*
ехать (v, 1re conjug.), iéHat^s, *aller (en moyen de locomotion)*
обещать (v, 1re conjug.), abischiat^s, *promettre*
помочь (v, 1re conjug.), pamotch^i, *aider*
повесить (v, 2e conjug.), paviéssit^s, *accrocher*
картина (f), kaRtina, *tableau*
пропасть (v, 1re conjug.), pRapast^s, *disparaître*
слышать (v, 2e conjug.), sLychat^s, *entendre*
подождать (v, 1re conjug.), padajdat^s, *attendre*
кто-то, ktota, *quelqu'un*
параллельно, paRaliél'na, *parallèlement, en parallèle*
звонить (v, 2e conjug.), zvanit^s, *téléphoner, appeler*
перезвонить (v, 2e conjug.), piRizvanit^s, *rappeler*
через, tchiéRiss, *dans*
минута (f), minouta, *minute*

EXERCICES

1. METTEZ LES MOTS SUIVANTS AU DATIF SINGULIER OU PLURIEL ET VÉRIFIEZ VOS RÉPONSES EN ÉCOUTANT L'ENREGISTREMENT :

a. фамилия → …

b. снег → …

c. картина → …

d. ощущение → …

e. глупость → …

f. родители → …

g. тётя → …

h. гость → …

i. девочки → …

j. окно →

2. COMPLÉTEZ AVEC LES MOTS DE LA LISTE EN ACCORDANT AU DATIF :

семья – гость – отец – Лилия – мама – друг – дети – брат

a. Звонить _____. *Téléphoner à un ami.*

b. Сказать _____. *Dire aux enfants.*

c. Помочь своей _____. *Aider sa famille.*

d. Обещать _____. *Promettre à Lilia.*

e. Приехать к _____. *Arriver chez maman.*

f. Дать _____. *Donner à un invité.*

g. Нравиться её _____. *Plaire à son frère.*

h. Подсказать своему _____. *Souffler à son père.*

3. LIEZ LE MOT À SA TRADUCTION :

a. найти

b. мочь

c. пройти

d. пойти

e. помочь

1. *aider*
2. *aller*
3. *pouvoir*
4. *trouver*
5. *passer*

4. RETROUVEZ LES MOTS QUE VOUS ENTENDEZ DANS L'ENREGISTREMENT :

Ехать – ехал – помогу – пошёл – поможешь – лыжи – приеду – звонишь – минуту – минута – кто-то – погуляем – погуляют

11.
PROVISIONS
ПРОДУКТЫ

OBJECTIFS

- **CONNAÎTRE LES ALIMENTS**
- **FAIRE LES COURSES**
- **EXPRIMER LES MESURES**

NOTIONS

- **LE GÉNITIF SINGULIER**
- **LES INDÉNOMBRABLES**
- **LE VERBE *ЗАБЫТЬ***

🔊 13   В СУПЕРМАРКЕТЕ
AU SUPERMARCHÉ

Вася: Так, что купить?
vassia: tak, chto koupit^s?
Vassia : Alors (ainsi), qu'est-ce que je dois (quoi) acheter ?

Маша: Я же тебе дала список, там всё написано.
macha: ia jê tibié daLa spissak, ta-m fsio napissana.
Macha : Mais je t'ai donné la liste, tout y [est] écrit.

- Ах, точно! Я уже положил его в карман.
aH totchna! ia oujê paLajyL yivo fkaRma-n.
– Ah, exact ! Je l'ai déjà mise dans [ma] poche.

- Не забудь, пожалуйста, купить буханку хлеба, литр молока и пачку масла.
nizabout^s, pajaLousta, koupit^s bouHa-nkou Hliéba, litR maLaka i patchkou mas-La.
– N'oublie pas, s'il te plaît, d'acheter un pain, un litre de lait et une plaquette (paquet) de beurre.

- Вижу... Ещё сыра, килограмм мяса, две курицы и банку майонеза.
vijou... yischio syRa, kiLagRa-m miassa, dvié kouRitsy i ba-nkou ma-inêza.
– [Je] vois... [Et] aussi (encore) du fromage, un kilo de viande, deux poulets (encore) et un pot de mayonnaise.

- А зелень купи на рынке: немного укропа, пучок петрушки и два килограмма лука.
a zéligne koupi na Ry-nkié: ni-mnoga oukRopa, poutchok pitRouchki i dva kiLagRama Louka.
– Et [pour] les herbes fraîches (verdure), achète [la] au marché : un peu d'aneth, une botte de persil et deux kilos d'oignons.

- И пять килограммов картошки?
i piat^s kiLagRamaf kaRtochki?
– Et cinq kilos de patates ?

Зачем нам так много еды? Гости придут?
zatchié-m na-m tak mnoga yidy? gos'ti pRidout?
Pourquoi autant (à nous si beaucoup) de nourriture ? On attend des invités (viendront) ?

- Вася! Ну вспомни! Мы же завтра едем на шашлыки.
vassia! nou fspo-mni! my jê zaftRa iédié-m na chachLyki.
– Vassia ! Mais rappelle-toi ! Demain, nous allons [faire des] (sur) chachlyks.

- О! Правда, забыл. Подожди, ты не записала две важные вещи…
o! pRavda, zabyL. padajdi, ty nizapissaLa dvié vajnyH viéschi…
– Oh ! C'est vrai (Vérité), j'ai oublié. Attends, tu n'as pas noté deux choses importantes…

Ты забыла пиво и бутылку вина! Какие же без них шашлыки?
ty zabyLa piva i boutyLkou vina! kaki-ié jê bizniH chachLyki?
Tu as oublié la bière et une bouteille de vin ! Ce n'est pas possible de faire (Quels donc sans eux chachlyks ?) les chachlyks sans ça !

COMPRENDRE LE DIALOGUE
REMARQUES GÉNÉRALES

→ Le mot **продукт**, pRad**ou**kt, signifie *produit* mais au pluriel, le mot désigne *les provisions*.

→ Vous avez déjà rencontré **так**, tak, *si, allez, ainsi*. Le voici avec une nouvelle signification *alors, donc*.

→ **Всё написано**, fsio nap**i**ssana, *tout est écrit* : la terminaison **o** signifie que c'est accordé au neutre. Si c'était au passé, le verbe serait accordé au neutre également : **всё было написано**, fsio b**y**La nap**i**ssana, *tout était écrit*.

→ **Масло**, m**a**s-La, signifie en russe non seulement le *beurre* mais également *l'huile* ! Nous séparons **с** et **л** pour vous rappeler que le s ne devient pas sonore au contact du L : m**a**s-La.

→ **Курица**, k**ou**Ritsa, est une *poule* mais aussi du *poulet* en parlant de la nourriture.

→ **Правда**, pR**a**vda, *vérité*, signifie également dans la langue parlée *c'est vrai*. En Union Soviétique, **Правда** était le journal officiel du Parti.

→ Remarquez que **немного**, nimn**o**ga, *un peu*, est formé de **много**, mn**o**ga, *beaucoup*, et de la particule négative **не**.

→ **Буханка хлеба**, bouH**a**-nka Hli**é**ba, *miche de pain* ou *un pain* ; **банка майонеза**, b**a**-nka ma-in**ê**za, *pot de mayonnaise* ; **пачка масла**, p**a**tchka m**a**s-La, *paquet de beurre* ; **пучок укропа**, poutch**o**k oukR**o**pa, *botte d'aneth* ; **бутылка вина**, bout**y**Lka vin**a**, *bouteille de vin* : on utilise le génitif après toutes ces mesures de quantité.

→ Attention, **его** se prononce yiv**o**.

NOTE CULTURELLE

Шашлык, chachL**y**k, était initialement une viande préparée au barbecue. Aujourd'hui, on appelle ainsi la viande, la volaille, le poisson ou les légumes préparés en brochettes. Souvent, les chachlyks sont marinés et saupoudrés d'épices. Vous pouvez les commander au restaurant ou les préparer vous-mêmes. Aller faire des chachlyks est un moment convivial passé avec des amis ou la famille en plein air ou à la datcha, on y refait le monde, avec des toasts et des chansons à la guitare. Les chachlyks sont généralement accompagnés de salades fraîches (concombres, tomates, toutes sortes de verdures).

◆ GRAMMAIRE
LE GÉNITIF SINGULIER

Le génitif est un cas du complément du nom. Il s'utilise dans les phrases pour marquer l'appartenance d'un objet, la provenance, pour remplacer l'article partitif français qui n'existe pas en russe, ou pour marquer l'absence totale de quelque chose.

Il est utilisé après certaines prépositions qu'il faut retenir : **до**, do, *jusqu'à* ; **без**, biéss, *sans* ; **из**, iss, *de* (provenance) ; **у**, ou, *chez* ; **для**, dlia, *pour* ; **от**, ot, *de* (provenant de chez quelqu'un). Observez ces exemples : **до свидания**, das-vid**a**ni-ia, *au revoir* ; **без хлеба**, bisHli**é**ba, *sans pain* ; **из Москвы**, izmask-v**y**, *de Moscou* ; **у папы**, oup**a**py, *chez papa*.

La formation du génitif singulier est très simple.

Les masculins et les neutres durs prennent la terminaison **а**, les mous **я** : **обед**, ab**ié**t, *déjeuner* – **до обеда**, da-ab**ié**da, *jusqu'au déjeuner* ; **музей**, mouz**ié**-ï, *musée* – **из музея**, izmouz**ié**-ia, *du musée* ; **мясо**, m**ia**ssa, *viande* – **много мяса**, mn**o**ga m**ia**ssa, *beaucoup de viande* ; **море**, m**o**Rié, *mer* – **из моря**, izm**o**Ria, *de la mer*.

Le génitif singulier des féminins durs se termine en **ы** et des mous en **и**. N'oubliez pas la règle de l'incompatibilité orthographique : **еда**, yid**a**, *nourriture* – **нет еды**, niét yid**y**, *il n'y a pas de nourriture* ; **семья**, sim**ia**, *famille* – **без семьи**, bis-sim¹-yi, *sans famille* ; **коллега**, kali**é**ga, *collègue* – **от коллеги**, atkali**é**guï, *d'un (ou de chez un) collègue*.

LES INDÉNOMBRABLES

Certains mots ne s'utilisent qu'au singulier et ils sont indénombrables (on ne peut pas les compter) : **зелень**, zi**é**ligne, *verdure* ; **еда**, yid**a**, *nourriture*. Ainsi, après **много** on mettra un génitif singulier : **много зелени**, mn**o**ga zi**é**ligni, *beaucoup de verdure*.

▲ CONJUGAISON
L'IMPÉRATIF

Vous avez rencontré plusieurs formes de l'impératif : **забудь**, zab**ou**t[s], *oublie* ; **купи**, koup**i**, *achète* ; **вспомни**, fsp**o**-mni, *rappelle-toi* ; **подожди**, padajd**i**, *attends*. Nous étudierons l'impératif un peu plus tard.

D'AUTRES VERBES

Le verbe perfectif du 1er groupe **забыть**, zab**y**t[s], *oublier,* se conjugue sur la base de **быть**, b**y**t[s], *être,* au futur simple, seul le préfixe change : **я забуду**, ia zab**ou**dou, *j'oublierai,* **ты забудешь**, ty zab**ou**diéch', *tu oublieras,* **он/она забудет**, o-n/ana zab**ou**diét, *il/elle oubliera,* **мы забудем**, my zab**ou**dié-m, *nous oublierons,* **вы забудете**, vy zab**ou**ditié, *vous oublierez,* **они забудут**, an**i** zab**ou**dout, *ils/elles oublieront.*

Le verbe perfectif du 1er groupe **записать**, zapiss**a**t[s], *noter,* change de consonne de base lors de la conjugaison : **я запишу**, ia zap**i**ch**ou**, *je noterai,* **ты запишешь**, ty zap**i**chêch', *tu noteras,* **он/она запишет**, o-n/ana zap**i**chêt, *il/elle notera,* **мы запишем**, my zap**i**chê-m, *nous noterons,* **вы запишете**, vy zap**i**chêtié, *vous noterez,* **они запишут**, an**i** zap**i**chout, *ils/elles noteront.*

Astuce ! Si vous enlevez le préfixe **за**, vous aurez le verbe imperfectif **писать**, piss**a**t[s], *écrire,* avec exactement la même conjugaison : **я пишу**, ia pich**ou**, *j'écris,* **ты пишешь**, ty p**i**chêch', *tu écris,* **они пишут**, an**i** p**i**chout, *ils/elles écrivent.*

VOCABULAIRE

продукт (m), pRadoukt, *produit*
супермаркет (m), soupiéRmaRkiét, *supermarché*
список (m), spissak, *liste*
написан (adj. court), napissa-n, *écrit*
положить (v, 2ᵉ conjug.), paLajyt[s], *mettre*
карман (m), kaRma-n, *poche*
буханка (f), bouHa-nka, *pain, miche*
хлеб (m), Hliép, *pain*
литр (m), litR, *litre*
молоко (n), maLako, *lait*
пачка (f), patchka, *paquet, plaquette*
масло (n), mas-La, *beurre, huile*
сыр (m), syR, *fromage*
килограмм (m), kiLagRa-m, *kilo*
мясо (n), miassa, *viande*
курица (f), kouRitsa, *poule, poulot*
банка (f), ba-nka, *pot*
майонез (m), ma-inêss, *mayonnaise*
зелень (f), ziéligne, *verdure*
рынок (m), Rynak, *marché*
немного, nimnoga, *un peu*
укроп (m), oukRop, *aneth*
пучок (m), poutchok, *botte (de verdure)*
петрушка (f), pitRouchka, *persil*
лук (m), Louk, *oignon*
картошка (f), kaRtochka, *patate*

много, mnoga, *beaucoup*
еда (f), yida, *nourriture*
прийти (v, 1ʳᵉ conjug.), pRiïti, *arriver (à pied)*
вспомнить (v, 1ʳᵉ conjug.), fspomnit[s], *se rappeler*
шашлык (m), chachLyk, *chachlyk, brochette*
записать (v, 1ʳᵉ conjug.), zapissat[s], *noter*
важный, ая, ое (adj), vajnyï, a-ia, a-ié, *important*
вещь (f), viésch[i], *chose*
пиво (n), piva, *bière*
бутылка (f), boutyLka, *bouteille*
вино (n), vino, *vin*
писать (v, 1ʳᵉ conjug.), pissat[s], *écrire*

● EXERCICES

1. AJOUTEZ LES TERMINAISONS DU GÉNITIF SINGULIER :

a. сестра → две сестр_

b. рагу → много раг_

c. пиво → бутылка пив_

d. лук → пучок лук_

e. плащ → два плащ_

f. чай → немного ча_

g. картошка → киллограмм картошк_

h. майонез → банка майонез_

2. ACCORDEZ LES MOTS ENTRE PARENTHÈSES AU GÉNITIF :

a. Дай мне (вино). _____. *Donne-moi du vin.*

b. Здесь нет (снег). _____. *Ici, il n'y a pas de neige.*

c. Вот куртка (мама). _____. *Voici la veste de maman.*

d. После (река) налево. _____. *Après le fleuve, à gauche.*

e. Я не могу до (вечер). _____. *Je ne peux pas jusqu'au soir.*

f. Это собака (гость). _____. *C'est le chien de l'invité.*

3. REMPLISSEZ LA GRILLE AVEC LES TRADUCTIONS :

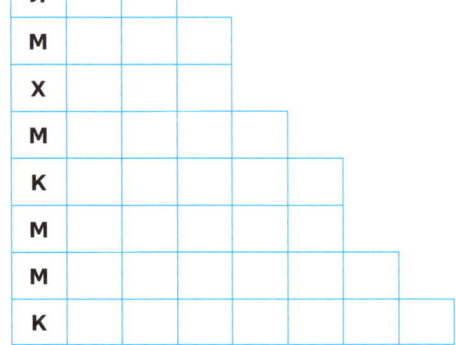

a. *oignon* — Л
b. *viande* — М
c. *pain* — Х
d. *beurre* — М
e. *poulet* — К
f. *lait* — М
g. *mayonnaise* — М
h. *patate* — К

13

4. COMPLÉTEZ PAR LA TERMINAISON QUE VOUS ENTENDEZ :

a. запиш____   c. забы____   e. ед____   g. вид____

b. виж____   d. прид____   f. пиш____

12.
À L'HÔTEL
В ГОСТИНИЦЕ

OBJECTIFS

- RÉSERVER UNE CHAMBRE
- ARRIVER À L'HÔTEL
- SOUHAITER BONNE NUIT

NOTIONS

- LE GÉNITIF PLURIEL
- LA VOYELLE MOBILE
- LE SUFFIXE -*BA* ET -*OBA*

ПРЕБЫВАНИЕ
LE SÉJOUR

Гость: Добрый вечер! Я бронировал номер.
gost[s]: d**o**bRyï v**ié**tchiR! ia bRan**i**RavaL n**o**miR.
Visiteur : Bonsoir (Bon soir) ! J'ai réservé une chambre (un numéro).

Администратор: Добро пожаловать! Можно ваш паспорт?
administR**a**taR: dabR**o** paj**a**Lavat[s]! m**o**jna vach p**a**spaRt?
Réceptionniste : Bienvenue ! Puis-je avoir (On peut) votre passeport [s'il vous plaît] ?

Боюсь, произошла ошибка. У нас нет такой брони.
ba-**iou**ss[i], pRa-izachL**a** ach**y**pka. oun**a**ss niét tak**oï** bR**o**ni.
J'ai peur [qu'] une erreur se soit produite. Nous n'avons pas votre (telle) réservation.

– И, мне жаль, но свободных одноместных номеров не осталось...
i, mnié jal[i], no s-vab**o**dnyH adnam**ié**s-nyH namiR**o**f ni-astaLass[i]...
— Et, je suis désolée (à moi dommage), mais nous n'avons plus de (libres d'une place) chambres [pour une personne] (n'est pas resté)...

– Ну что делать, давайте тогда двухместный.
nou chto d**ié**Lat[s], dava**ï**tié tagd**a** dvouHm**ié**s-nyï.
— Que faire, donnez-moi (alors) [une chambre] de deux (de deux places).

– Сколько вам ключей? Два ключа?
sk**o**l[i]ka va-m klioutch**ié**ï? dva klioutch**a**?
— Combien (à vous) de clés ? Deux clés ?

– Один ключ, пожалуйста, я ведь один...
ad**i**-n klioutch, paj**a**Lousta, ia vi**é**t[s] ad**i**-n...
— Une clé, s'il vous plaît, puisque je [suis] seul...

– Ах да… Зато у вас в номере будет всё для двух человек:

aH da… zat**o** ouv**a**ss vn**o**miRié b**ou**diét fsio dlia dvouH tchiLav**ié**k:

– Ah oui… En revanche, dans votre (chez vous dans) chambre il y aura tout pour deux personnes :

несколько одеял, подушек и полотенец.

n**ié**skal'ka adi-**ia**L, pad**ou**chêk i paLat**ié**niéts.

plusieurs couvertures, oreillers et serviettes.

Вам помочь с багажом?

va-m pam**o**tch' zbagaj**o**m?

– On vous aide (A vous aider) avec le[s] bagage[s] ?

– Нет, благодарю. У меня немного вещей.

niét, bLagadaR**iou**. oumin**ia** nimn**o**ga visch**ié**ï.

– Non, [je vous] remercie. Je n'ai (Chez moi) pas beaucoup d'affaires.

– Тогда желаю вам спокойной ночи и приятных снов!

tagd**a** jyL**a**-iou va-m spak**o**ïnaï n**o**tchi i pRi-**ia**tnyH s-nof!

– Alors [je] vous souhaite une bonne (calme) nuit et de beaux (agréables) rêves !

■ COMPRENDRE LE DIALOGUE
REMARQUES GÉNÉRALES

- → **Номер**, n**o**miR, signifie non seulement *numéro* mais également *chambre* dans un hôtel.
- → **Добро пожаловать**, dabR**o** paj**a**Lavat⁵, *bienvenue,* est invariable pour tous les genres et nombres.
- → Vous le savez désormais, l'accent tonique est extrêmement important en russe. Voici un exemple parlant : **брони** a une traduction bien différente en fonction du placement de l'accent tonique : bR**o**ni, *réservation* ou bien bRan**i**, *armure* (du mot **броня**, bRan**i**a, *armure, carapace*).
- → Dans **двухместный**, dvouHmi**é**s-nyï, on sous-entend **двухместный номер**, dvouHmi**é**s-nyï n**o**miR, *chambre pour deux personnes (à deux places)*. Dans les mots **одноме**с**тный**, adnami**é**s-nyï, et **двухме**с**тный**, dvouHmi**é**s-nyï, le **т** ne se prononce pas.
- → **Желаю спокойной ночи и приятных снов**, *Je (vous) souhaite une bonne nuit et de beaux rêves* : attention, après **желать**, jyLat⁵, *souhaiter*, le français utilise le COD tandis que le russe utilise le génitif dans sa fonction de partitif.
- → **добрый**, d**o**bRyï, **вещей**, visch**ié**ï, **спокойной**, spak**o**ïnaï : rappelez-vous que la prononciation proposée est une béquille pédagogique pour faciliter les débuts de votre apprentissage. Écoutez bien les enregistrements pour saisir la mélodie de la langue et la vraie prononciation de **й** final.

NOTE CULTURELLE

Les hôtels en Russie sont comme partout ailleurs, de tous horizons : petits, grands, modestes, de luxe, boutiques hôtels, motels... Les hôtels luxueux peuvent être assez accessibles, en dehors des grandes villes où les prix sont souvent très élevés. À Moscou et Saint-Pétersbourg, il faut se méfier des descriptions « près du centre » car les villes sont immenses et vous pouvez facilement vous retrouver à 30 min à pied... non du centre-ville mais de la station du métro la plus proche !

◆ GRAMMAIRE
LE GÉNITIF PLURIEL

Le génitif pluriel des masculins durs a la terminaison -**ов**. Les masculins se terminant en **й** prennent la terminaison -**ев**. Les autres mous – en signe mou et en chuintante – prennent la terminaison **-ей** accentuée : **номер**, n**o**miR, *chambre* – **нет номеров**, niét namiR**o**f, *pas de chambres* ; **музей**, mouz**i**é-ï, *musée* – **нет музеев**, niét mouz**i**é-iéf, *pas de musées* ; **день**, diégne, *jour* – **много дней**, mn**o**ga dn**i**éï, *beaucoup de jours* ; **ключ**, klioutch[i], *clé* – **нет ключей**, niét klioutch**i**éï, *pas de clés* ; **плащ**, pLasch[i], *imperméable* – **пять плащей**, piat[s] pLasch**i**éï, *cinq imperméables*.

Le génitif pluriel des neutres en **o** a la terminaison zéro. Une voyelle mobile peut s'insérer entre les consonnes finales pour faciliter la prononciation : **вино**, vin**o**, *vin* – **много вин**, mn**o**ga vi-n, *beaucoup de vins* ; **окно**, akn**o**, *fenêtre* – **пять окон**, piat[s] **o**ka-n, *cinq fenêtres*.

Les neutres en **e/ë** prennent la terminaison **-ей** et ceux se terminant en **-ие** – prennent la terminaison **-ий** : **море**, m**o**Rié, *mer* – **пять морей**, piat[s] maR**i**éï, *cinq mers* ; **приглашение**, pRigLachêni-ié, *invitation* – **нет приглашений**, niét pRigLachênïï, *pas d'invitations*.

Le génitif pluriel des féminins en **a** prend la terminaison zéro, comme les neutres durs, et des féminins en **я** – signe mou : **шляпа**, chl**i**apa, *chapeau* – **пять шляп**, piat[s] chliap, *cinq chapeaux* ; **ошибка**, ach**y**pka, *erreur* – **пять ошибок** (une voyelle mobile apparaît), piat[s] ach**y**bak, *cinq erreurs* ; **дыня**, d**y**nia, *melon* – **нет дынь**, niét dygne, *pas de melons*.

Les féminins en signe mou **ь** prennent la terminaison **-ей** : **вещь**, viésch[i], *affaire* – **нет вещей**, niét visch**i**éï, *pas d'affaires*.

Ceux qui se terminent en **ия** ont la terminaison **-ий** et ceux en **ея** – la terminaison **-ей** : **фамилия**, fam**i**li-ia, *nom de famille* – **пять фамилий**, piat[s] fam**i**lïï, *cinq noms de famille* ; **идея**, id**é**-ia, *idée* – **нет идей**, niét id**i**éï, *pas d'idées*.

Certains mots ont le génitif pluriel irrégulier : **брат**, bRat, *frère* – **братьев**, bRat[i]iéf ; **дерево**, d**i**éRiva, *arbre* – **деревьев**, diRiév[i]-iéf ; **цветок**, ts-vit**o**k, *fleur* – **цветов**, ts-vit**o**f ; **друг**, drouk, *ami* – **друзей**, dRouz**i**éï.

▲ CONJUGAISON
LES VERBES AVEC LE SUFFIXE *-BA* ET *-OBA*

Un groupe de verbes en **-ва-**, comme le verbe imperfectif **давать**, davat[s], *donner*, perd le suffixe **ва** lors de la conjugaison au présent : **я даю**, ia da-**iou**, *je donne*, **ты**

117

даёшь, ty da-**io**ch', *tu donnes*, **они дают**, ani da-**iou**t, *ils/elles donnent*. Retenez que le suffixe réapparaît au passé : **мы давали**, my dav**a**li, *nous donnions*.

Le verbe imperfectif du premier groupe **бронировать**, bRan**i**Ravat[s], *réserver*, se comporte de la même manière ; il perd le suffixe **ова** au présent (mais à la différence de **давать** un **у** s'insère entre la racine et la terminaison) et se retrouve au passé : **я бронирую**, ia bRan**i**Rou-iou, *je réserve*, **ты бронируешь**, ty bRan**i**Rou-iéch', *tu réserves*, **они бронируют**, ani bRan**i**Rou-iout, *ils/elles réservent* ; **она бронировала**, an**a** bRan**i**RavaLa, *elle réservait*, **вы бронировали**, vy bRan**i**Ravali, *vous réserviez*.

D'AUTRES VERBES

Le verbe perfectif du 1er groupe **произойти**, pRa-izaït**i**, *arriver, survenir*, a une conjugaison en -**йд**- que vous avez vue dans le Module 10 : **это произойдёт**, ê**t**a pRa-ïzaïd**io**t, *cela arrivera*.

Le verbe imperfectif du 1er groupe **делать**, diéL**a**t[s], *faire,* et le verbe imperfectif du 2e groupe **благодарить**, bLagadaR**i**t[s], *remercier*, ont une conjugaison régulière avec l'accent tonique fixe (identique à l'infinitif et qui ne se déplace pas lors de la conjugaison) : **я делаю**, ia di**é**La-iou, *je fais*, **ты делаешь**, ty di**é**La-iéch', *tu fais*, **они делают**, an**i** di**é**La-iout, *ils/elles font* ; **я благодарю**, ia bLagadaR**iou**, *je remercie*, **ты благодаришь**, ty bLagadaR**i**ch', *tu remercies*, **они благодарят**, an**i** bLagadaR**ia**t, *ils/elles remercient*.

VOCABULAIRE

гостиница (f), gastinitsa, *hôtel*
пребывание (n), pRibyvani-ié, *séjour*
бронировать (v, 1ʳᵉ conjug.), bRaniRavatˢ, *réserver*
добро пожаловать!, dabRo pajaLavatˢ, *bienvenue*
можно, mojna, *on peut*
паспорт (m), paspaRt, *passeport*
произойти (v, 1ʳᵉ conjug.), pRaizaïti, *arriver, survenir*
ошибка (f), achypka, *erreur, faute*
бронь (f), bRogne, *réservation*
жаль, jalʲ, *dommage, désolé*
одноместный, **ая**, **ое** (adj), adnamiés-nyï, a-ia, a-ié, *d'une place*
остаться (v, 1ʳᵉ conjug.), astatsa, *rester*
делать (v, 1ʳᵉ conjug.), diéLatˢ, *faire*
давать (v, 1ʳᵉ conjug.), davatʲᵉ, *donner*
двухместный, **ая**, **ое** (adj), dvouHmiés-nyï, a-ia, a-ié, *pour deux*
сколько, skolʲka, *combien*
ключ (m), klioutchʲ, *clé*
ведь, viétˢ, *puisque*
зато, zato, *en revanche*
для, dlia, *pour*
человек (m), tchiLaviék, *homme, personne*
несколько, niéskalʲka, *plusieurs*

одеяло (n), adi-**ia**La, *couverture*
подушка (f), pad**ou**chka, *oreiller*
полотенце (n), paLati**é**-ntsê, *serviette*
багаж (m), bag**a**ch, *bagages*
благодарить (v, 2ᵉ conjug.), bLagadaRitˢ, *remercier*
желать (v, 1ʳᵉ conjug.), jyLatˢ, *souhaiter*
спокойный, **ая**, **ое** (adj), spakoïnyï, a-ia, a-ié, *calme, tranquille*
ночь (f), notchʲ, *nuit*
приятный, **ая**, **ое** (adj), pRi-**ia**tnyï, a-ia, a-ié, *agréable*
сон (m), so-n, *rêve*
броня (f), bRan**ia**, *armure, carapace*
идея (f), idi**é**-ia, *idée*
цветок (m), ts-vitok, *fleur*

◆ EXERCICES

1. METTEZ LES MOTS SUIVANTS AU GÉNITIF PLURIEL :

a. вечер → …

b. окно → …

c. собака → …

d. музей → …

e. ключ → …

f. словарь → …

g. подушка → …

h. стол → …

2. CHOISISSEZ LA FORME CORRECTE DU GÉNITIF PLURIEL :

a. ошибка → ошибок/ошибков

b. пирог → пирогов/пирог

c. одеяло → одеялов/одеял

d. брат → братов/братьев

e. нога → ног/ногь

f. окно → окон/окн

3. ACCORDEZ LES MOTS ENTRE PARENTHÈSES AU GÉNITIF :

a. Он говорит много (глупость)_____. *Il dit beaucoup de bêtises.*

b. Я смотрел много старых (фильм)_____. *J'ai vu beaucoup de vieux films.*

c. Здесь нет (совпадение)_____. *Ici, il n'y a pas de coïncidences.*

d. У него нет (книга)_____. *Il n'a pas de livres.*

e. В магазине есть 5 (энциклопедия)_____. *Au magasin, il y a 5 encyclopédies.*

f. У меня слишком много (вещь)_____. *J'ai trop d'affaires.*

g. У неё совсем нет (ощущение)_____. *Elle n'a pas du tout de sensations.*

4. ÉCOUTEZ ET COMPLÉTEZ LE DIALOGUE :

a. – Алло, _____ Катя?

b. – Да, я _____. _____ это?

c. – Это говорит Олег. Как _____?

d. – _____ хорошо. А у _____?

e. – _____! Всё отлично.

12. À l'hôtel

13.
AU RESTAURANT
В РЕСТОРАНЕ

OBJECTIFS	NOTIONS
• CHOISIR UN PLAT • ÉTABLIR UN MENU • LES PLATS COURANTS	• L'ACCUSATIF • LE FUTUR COMPOSÉ • LES PAIRES DES VERBES IMPERFECTIFS ET PERFECTIFS

15

МЕНЮ
LA CARTE

Дарья: Позвать официанта, чтобы он нам что-нибудь посоветовал?

daRia: pazv**a**t⁵ afits**a**-nta, cht**o**by o-n na-m cht**o**nibout⁵ passav**ié**tavaL?

Daria : J'appelle (Appeler) le serveur pour qu'il nous conseille quelque chose ?

Антон: Давай посмотрим меню и сами выберем.

a-nt**o**-n: dava**ï** pasm**o**tRi-m min**iou** i s**a**mi v**y**biRiém.

Anton : Regardons (Donne regarderons) la carte et choisissons nous-mêmes.

На первое предлагаю заказать суп или окрошку.

na p**ié**Rva-ié pRidLag**a**-iou zakaz**a**t⁵ soup **i**li akR**o**chkou.

En entrée (Sur premier), je propose de commander une soupe ou une okrochka.

На второе я взял бы картошку фри и индейку.

naftaR**o**-ié ia vz**ia**L by kaRt**o**chkou fRi i i-nd**ié**-ïkou.

Ensuite (Sur deuxième), je prendrais des frites et de la dinde.

– А я хотела бы рыбу с картофелем… или нет, с рисом.

a ia Hat**ié**La by R**y**bou skaRt**o**filié-m… **i**li niét, s-R**i**ssa-m.

– Et moi, je voudrais du poisson avec des pommes de terre… euh (ou) non, avec le riz.

– Что ты будешь на десерт?

chto ty b**ou**diéch' nadiss**ié**Rt?

– Qu'est-ce que tu veux (seras) en (sur) dessert ?

Я бы попробовал ватрушку или их фирменный торт.

ia by papR**o**bavaL vatR**ou**chkou **i**li iH f**i**Rmiénÿi toRt.

Je goûterais [bien] leur vatrouchka ou leur gâteau spécial (de marque).

– Я десерт не буду.

ia diss**ié**Rt nib**ou**dou.

– Je ne prendrai pas de dessert (Je dessert ne serai).

– Так, что мы будем пить?
tak, chto my b**ou**di-m pit[s]?
– Bon (Ainsi) qu'est-ce qu'on boit (nous serons boire) ?

– Можно взять сок или воду с газом. Нет, лучше без газа.
m**o**jna vziat[s] sok **i**li v**o**dou zg**a**za-m. niét, L**ou**t-ch**ê** bizg**a**za.
– [On] peut prendre le jus ou l'eau gazeuse (avec gaz). Non, plutôt (mieux) plate (sans gaz).

– Давай пока закажем блюда, а с напитками разберёмся позже.
dav**a**ï pak**a** zak**a**jê-m bl**iou**da, a s-nap**i**tkami razbiR**io**-msia p**o**j-jê.
– Commandons (Donne pour l'instant commanderons) les plats [en attendant] et on verra pour (et avec) les boissons (nous débrouillerons) plus tard.

А то я с голоду умру!
a t**o**ia zg**o**Ladou oumR**ou**!
Sinon je vais mourir de faim !

COMPRENDRE LE DIALOGUE
REMARQUES GÉNÉRALES

→ **Меню**, min**iou**, *carte,* est un neutre invariable avec accent tonique final, emprunté à la langue française.

→ **Первое**, p**ié**Rva-ié, *premier,* et **второе**, ftaR**o**-ié, *second,* sont des ordinaux au neutre. Le mot **блюдо**, bl**iou**da, *plat,* est sous-entendu, seuls, ils sont utilisés également pour désigner le *plat de résistance*.

→ **Окрошка**, akR**o**chka, est difficile à traduire car en France, il n'y a pas d'équivalent pour cette soupe froide à base de **квас**, k-vass, *kvas* (boisson faite avec du pain fermenté) ou de **кефир**, kif**i**R, *kéfir*.

→ Vous avez déjà rencontré le mot **картошка**, kaRt**o**chka, *patate, pomme de terre,* qui appartient plutôt à la langue parlée, et voici son frère **картофель**, kaRt**o**fiél[i], *pomme de terre,* emprunté à la langue allemande. **Картошка фри**, kaRt**o**chka fRi, *frites,* est un emprunt, seul le premier mot se décline, **фри** reste invariable.

→ Le mot **индейка**, i-nd**ié**-ïka, *dinde,* a une variante appartenant à la langue parlée : **индюшка**, i-nd**iou**chka.

→ **Ватрушка**, vatR**ou**chka, est une brioche russe fourrée avec la pâte « ouverte » au milieu, de sorte qu'on voie avec quoi elle est garnie. Le plus souvent, elle est fourrée au fromage blanc mais parfois aussi avec de la confiture ou de la purée de pomme de terre.

→ **Что-нибудь**, cht**o**nibout[s], *quelque chose,* se réfère à un objet indéfini. Attention à la prononciation de la combinaison des lettres **чт** dans ce mot.

→ Le deuxième **и** de **официант** ne se prononce pas : afits**a**-nt.

→ **С газом** : **с** devient sonore au contact du **г** et sa prononciation change zg**a**za-m.

→ **десерт**, diss**ié**Rt : n'oubliez pas que le **с** russe même en position entre deux voyelles, se prononcera s.

NOTE CULTURELLE

Le petit-déjeuner russe est assez différent du nôtre. Les Russes mangent des plats consistants – kachas (bouillies d'avoine, de millet ou encore riz et sarrasin), saucisses, jambon, fromage, œufs au plat ou omelettes, crêpes ou petits pâtés fourrés. Le repas du midi est également copieux. En entrée, on sert le plus souvent une soupe (plutôt épaisse – aux légumes, à la viande, aux champignons). Le plat de résistance se présente sous forme de poisson ou de viande avec des garnitures (pommes de terre, kachas et légumes). Le dessert est généralement accompagné par du thé ou une boisson froide : **kompote** (*jus de fruits bouillis*), **mors** (*jus d'airelles*), et autres. Le soir, on mange à peu près les mêmes plats que le plat de résistance du midi.

Et si vous vous posez cette fameuse question… non, les Russes, ne boivent pas de vodka à chaque repas !

◆ GRAMMAIRE
L'ACCUSATIF

L'accusatif est un cas du COD. C'est un cas très facile car il reprend les formes du nominatif et du génitif (n'hésitez pas à les revoir !).

L'accusatif des masculins animés, au singulier et pluriel, a la même forme que leur génitif : **вижу героя и журналистов**, v**i**jou gui**R**o-ia i jou**R**nal**i**staf, *je vois le héros et les journalistes.*

Pour les masculins inanimés ainsi que pour les neutres, au singulier et au pluriel, la forme reprend leur nominatif : **хочу сок и эклеры**, Hatch**ou** sok i êkl**ié**Ry, *je veux le jus et les éclairs.*

L'accusatif des féminins durs au singulier se termine en **у** : **я буду воду**, ia b**ou**dou v**o**dou, *je prendrai l'eau.*

L'accusatif singulier des féminins mous en **я** a la terminaison **ю** et des mous en signe mou **ь**, reprend la forme du nominatif : **он купил дыню и зелень**, o-n koup**i**L d**y**niou i z**ié**ligne, *il a acheté un melon et des herbes fraîches.* Remarquez que les langues sont différentes et parfois l'accusatif russe se traduira par un partitif en français.

L'accusatif pluriel des féminins se comporte comme celui des masculins – les animés reprennent la forme du génitif et les inanimés celle du nominatif : **я знаю его сестёр**, ia zn**a**-iou yiv**o** sist**io**R, *je connais ses sœurs ;* **купи эти книги**, koup**i** ê**t**i kn**i**gui, *achète ces livres.*

Remarquez que les noms masculins « logiques » comme **папа**, p**a**pa, *papa,* **дядя**, d**ia**dia, *oncle,* suivront la déclinaison des féminins par leur forme : **я вижу дядю**, ia v**i**jou d**ia**diou, *je vois l'oncle.*

▲ CONJUGAISON

LE FUTUR COMPOSÉ

Vous avez déjà vu que le futur simple se forme de la même manière que le présent à la seule différence qu'il s'agit de la base d'un verbe perfectif pour le futur et imperfectif pour le présent. Le futur des verbes imperfectifs est formé à l'aide du verbe **быть**, byt[s], *être*, conjugué au futur (n'hésitez pas à revoir sa conjugaison dans le Module 7), auquel on ajoute l'infinitif imperfectif : **я буду есть мясо**, ia b**ou**dou iést[s] m**ia**ssa, *je vais manger la viande*. Il est intéressant d'observer que dans la langue parlée, le verbe principal peut être omis si la situation est évidente. La même chose se produit dans les réponses à des questions avec **быть** : **Будешь (есть) мясо?** b**ou**diéch' (iést[s]) m**ia**ssa, *Vas-tu manger la viande ?* – **Да, спасибо, буду**, da spassiba, b**ou**dou, *Oui merci, j'en mangerai*.

LES PAIRES DES VERBES IMPERFECTIFS ET PERFECTIFS

Vous avez sûrement déjà retenu qu'en russe, les verbes se divisent en imperfectifs et perfectifs. Ils peuvent être exprimés par un verbe modifié par un préfixe : **звать**, zvat[s], *appeler* (imperfectif) - **позвать**, pazvat[s], *appeler* (perfectif) mais aussi par un verbe différent et qui ne ressemble même pas à la forme imperfective : **давать**, davat[s], *donner* (imperfectif) - **дать**, dat[s], *donner* (perfectif) ; **брать**, bRat[s], *prendre* (imperfectif) - **взять**, vziat[s], *prendre* (perfectif).

D'AUTRES VERBES

посоветовать, passav**ié**tavat[s], *conseiller* ; **попробовать**, papR**o**bavat[s], *essayer, goûter* : n'oubliez pas que les verbes en **овать** que vous avez vus dans le module précédent, perdent leur suffixe au présent et au futur simple et un **y** s'ajoute.

Le verbe perfectif du 1ᵉʳ groupe **выбрать**, v**y**bRat[s], *choisir,* se conjugue sur la base du verbe imperfectif **брать**, bRat[s], *prendre* : **я выберу**, ia v**y**biRou, *je choisirai* ; **ты выберешь**, ty v**y**biRiéch', *tu choisiras* ; **они выберут**, ani v**y**biRout, *ils/elles choisiront.*

Attention au changement de la consonne dans la racine du verbe perfectif **заказать**, zakazat[s], *commander*. Au futur simple, **з** change pour **ж** qu'il garde lors de sa conjugaison à toutes les formes : **я закажу**, ia zakaj**ou**, *je commanderai*, **ты закажешь**, ty zak**a**jiéch', *tu commanderas*, **они закажут**, ani zakajout, *ils/elles commanderont.* Le verbe retrouve **з** au passé : **она заказала**, ana zak**a**zaLa, *elle a commandé.*

VOCABULAIRE

меню (n), mini**ou**, *carte (restaurant)*
официант (m), afits**a**-nt, *serveur*
чтобы, cht**o**by, *pour que*
что-нибудь, cht**o**nibout^s, *quelque chose*
посоветовать (v, 1re conjug.), passav**ié**tavat^s, *conseiller*
посмотреть (v, 2e conjug.), pasmatR**ié**t^s, *regarder*
выбрать (v, 1re conjug.), v**y**bRat^s, *choisir*
первое (n), pi**é**Rva-ié, *entrée (plat)*
предлагать (v, 1re conjug.), pRidLag**a**t^s, *proposer*
заказать (v, 1re conjug.), zakaz**a**t^s, *commander*
суп (m), soup, *soupe*
окрошка (f), akR**o**chka, *okrochka (soupe froide)*
второе (n), ftaR**o**-ié, *plat de résistance*
взять (v, 1re conjug.), vziat^s, *prendre*
картошка фри (f), kaRt**o**chka fRi, *frites*
индейка (f), i-ndi**é**-ïka, *dinde*
рыба (f), R**y**ba, *poisson*
картофель (m), kaRt**o**fil^i, *pomme de terre*
рис (m), Riss, *riz*
десерт (m), diss**ié**Rt, *dessert*
попробовать (v, 1re conjug.), papR**o**bavat^s, *essayer, goûter*
ватрушка (f), vatR**ou**chka, *vatrouchka (brioche russe fourrée)*
фирменный, ая, ое (adj), fiRmi**é**n-yï, a-ia, a-ié, *spécial, de marque*
сок (m), sok, *jus*
вода (f), vad**a**, *eau*
газ (m), gass, *gaz*
блюдо (n), bli**ou**da, *plat*
напиток (m), n**a**pitak, *boisson*
разобраться (v, 1re conjug.), RazabR**a**tsa, *se débrouiller*
позже, p**o**j-jê, *plus tard*
а то, at**o**, *sinon*
голод (m), g**o**Lat, *faim*
умереть (v, 1re conjug.), oumiR**ié**t^s, *mourir*
квас (m), k-vass, *kvas (boisson fermenté à la base de pain)*
кефир (m), kifiR, *kéfir*
индюшка (f), i-nd**iou**chka, *dinde*

⬢ EXERCICES

1. METTEZ LES MOTS SUIVANTS À L'ACCUSATIF :

a. рыба → ...

b. сок → ...

c. папа → ...

d. идея → ...

e. друг → ...

f. пачка → ...

2. CHOISISSEZ LA BONNE FORME :

a. Я вижу девочка/девочку. *Je vois une fille.*

b. Вы знаете Олега/Олег? *Connaissez-vous Oleg ?*

c. Он купит дом/домы. *Il achètera une maison.*

d. Ты любишь курица/курицу? *Aimes-tu le poulet ?*

3. ÉCOUTEZ ET COMPLÉTEZ AVEC LA BONNE FORME DU VERBE ÊTRE :

🔊 15

a. Она _____ там. *Elle sera là-bas.*

b. Они _____ вам звонить. *Ils vont vous téléphoner.*

c. Ты _____ есть один. *Tu vas manger seul.*

d. Мы _____ с вами. *Nous serons avec vous.*

e. Я _____ пить сок. *Je boirai le jus.*

f. Вы _____ бронировать номер. *Vous allez réserver une chambre.*

4. ACCORDEZ LE VERBE ENTRE PARENTHÈSES AU FUTUR :

a. Я (помочь-perf.)_____ тебе. *Je t'aiderai.*

b. Он (говорить-imperf.)_____ о вас. *Il parlera de vous.*

c. Вы всё (увидеть-perf.)_____ сами. *Vous verrez tout vous-mêmes.*

d. Ты (пить-imperf.)_____ чай? *Tu prendras du thé ?*

e. Я (приехать-perf.)_____ завтра. *J'arriverai demain.*

14. PROBLÈMES DE SANTÉ
ПРОБЛЕМЫ СО ЗДОРОВЬЕМ

OBJECTIFS

- LES PARTIES DU CORPS
- DÉTAILLER SES SYMPTÔMES
- PARLER DE LA SANTÉ

NOTIONS

- LES PHRASES IMPERSONNELLES
- LES VERBES RÉFLÉCHIS
- LE VERBE *БОЛЕТЬ*

🔊 16 У ВРАЧА
CHEZ LE MÉDECIN

<u>Врач</u>: Антонина Ивановна, на что сегодня жалуетесь?

vRatch: a-ntan**i**na iv**a**navna, na chto siv**o**dnia j**a**Lou-itiéss^i ?

Médecin : Antonina Ivanovna, qu'est-ce qui ne va pas (sur quoi) aujourd'hui (plaignez-vous) ?

<u>Пациентка</u>: Ох, ноги и руки болят, спину не чувствую, шею не повернуть.

patsy-**ê**-ntka: oH, n**o**gui i R**ou**ki bal**ia**t, sp**i**nou nitch**ou**st-vou-iou, ch**ê**-iou nipaviRn**ou**t^s.

Patiente : Oh, les jambes et les bras [me] font mal, [je] ne sens pas le dos, [je n'arrive pas à] tourner le cou (ne pas tourner).

В глазах режет, в ушах шумит, голова кружится.

vgLaz**a**H R**ié**jêt, vouch**a**H choum**i**t, gaLav**a** kR**ou**jitsa.

(Dans) Les yeux [me] piquent (coupe), [j'ai un bourdonnement dans] les oreilles (fait du bruit), [ma] tête tourne.

Видно, смерть моя пришла...

v**i**dna, smiéRt^s ma-**ia** pRichL**a**...

Sûrement (ça se voit), ma mort est proche (arrivée)...

– Давайте измерим пульс и давление... Так, чуть выше нормы.

dav**a**ïtié izm**ié**Ri-m poul^ss i davl**ié**ni-ié... tak, tchout^s v**y**chê n**o**Rmy.

– Mesurons [votre] pouls et la tension... D'accord (ainsi), un peu élevée (plus haut de la norme).

А вчера вас ничего не беспокоило?

a ftchiR**a** vass nitchiv**o** nibispak**o**-iLa?

Et hier, rien ne vous dérangeait ?

– Я отлично себя чувствовала.

ia atl**i**tchna sib**ia** tch**ou**st-vavaL**a**.

– Je me sentais parfaitement bien.

На огороде была, копала, поливала...
na agaRodié byLa, kapaLa, palivaLa...
J'étais au potager, [je] bêchais, [j'] arrosais...

– Понятно! Весь день на ногах – переутомление.
paniatna! viéssⁱ diègne nanagaH, piRi-outa-mliéni-ié.
– [Alors c'est] clair ! Toute la journée debout (sur les jambes) - [c'est du] surmenage.

Знаете, хотел бы я в вашем возрасте так бегать!
zna-itié, HatiéL by ia v-vachê-m vozRastié tak biégat[s]!
Vous savez, je voudrais avoir votre forme à votre âge (ainsi courir) !

С мазью для суставов и таблетками от повышенного давления всё будет хорошо.
s-mazⁱyou dlia soustavaf i tabliétkami at-pavychynava davliéni-ia fsio boudit HaRacho.
Avec une pommade pour les articulations et les comprimés pour l'hypertension (de la tension élevée) tout ira (sera) bien.

Но, пожалуйста, больше никакого огорода, только покой!
no pajaLousta, bolʲchê nikakova agaRoda, tolʲka pakoï!
Mais s'il vous plaît, plus (aucun) de potager, seulement [du] repos !

COMPRENDRE LE DIALOGUE
REMARQUES GÉNÉRALES

- **пациентка**, patsy-ê-ntka, *patiente,* est le féminin de **пациент**, patsy-ê-nt, *patient.* Faites attention à la prononciation dure du **e**. Remarquez que **и** après **ц** se prononce également dur car la lettre **ц** est toujours dure.
- **уши**, **ou**chy, est le pluriel irrégulier du neutre **ухо**, **ou**Ha, *oreille.*
- **кружится** : dans la combinaison de lettres **тся** malgré le **я** final, la terminaison se prononce tsa.
- **чуть**, tchout^s, *un peu,* est une variante de **чуть-чуть**, tchout^{s}tchout^s, que vous avez déjà vu et qui se traduit de la même manière.
- **рука**, Rouk**a**, signifie *main* mais aussi *bras*.
- Dans les mots **чувствую**, tch**ou**st-vou-iou, et **чувствовала**, tch**ou**st-vavaLa, le premier **в** ne se prononce pas.
- **выше**, v**y**chê, *plus haut,* est une forme comparative que nous étudierons plus tard.
- **От давления**, addavl**ié**ni-ia, *de la tension* : la préposition **от**, ot, *de, contre,* doit être suivie du génitif.
- Nous avons divisé ce mot long en plusieurs parties pour faciliter sa prononciation. Entraînez-vous : **переутомление**, piRi-outa-ml**ié**ni-ié.

NOTE CULTURELLE

La Fédération de Russie possède un système d'assurance de santé obligatoire (**OMC**, o-êm-êss, ou **обязательное медицинское страхование**, abizatilna-ié midits**y**-n-ska-ié stRaHav**a**ni-ié, *l'assurance médicale obligatoire*) : tous les citoyens russes ont le droit d'être soignés gratuitement dans le cadre de cette assurance par un médecin généraliste ou spécialiste, se faire opérer et avoir un suivi dans un hôpital (**поликлиника**, palikl**i**nika) auquel ils sont rattachés, selon le lieu de résidence. Les hôpitaux proposent également des services payants pour les non-résidents (par exemple, les étrangers) ou les soins qui ne rentrent pas dans la liste du système du **OMC**. Il existe un autre système, correspondant à notre mutuelle et s'appelant **ДМС,** dê-êm-êss ou **добровольное медицинское страхование**, dabRav**o**l'na-ié midits**y**-n-ska-ié stRaHav**a**ni-ié, *l'assurance médicale libre* qui est assez coûteuse et est généralement fournie aux employés des grandes entreprises par ces dernières. Les possesseurs de **ДМС** peuvent consulter dans les hôpitaux du réseau, indépendamment de leur lieu de résidence.

◆ GRAMMAIRE
LES PHRASES IMPERSONNELLES

Les phrases **в глазах режет**, vgLazaH Riéjêt, *cela pique les yeux (les yeux piquent)* et **в ушах шумит**, vouchaH choumit, *il y a un bourdonnement dans les oreilles*, n'ont pas de sujet. Ce sont des phrases impersonnelles. Le verbe indique une action qui se passe aux endroits (organes) mentionnés. Le verbe est mis à la troisième personne du singulier au présent. Au passé, on le mettra au neutre. Pour indiquer « l'appartenance » de l'action, nous mettons le datif du nom ou du pronom ou la préposition **y** accompagnée du génitif : **весь день у меня резало в глазах**, viéss[i] diègne ouminia RiézaLa vgLazaH, *cela me piquait dans les yeux toute la journée ;* **мне было хорошо**, mnié byLa HaRacho, *je me sentais bien.*

▲ CONJUGAISON
LES VERBES RÉFLÉCHIS

Les verbes réfléchis se conjuguent exactement comme les autres verbes du même groupe, à la seule différence qu'on ajoute au verbe conjugué au présent, futur simple ou passé la terminaison **ся** si la forme conjuguée du verbe se termine par une consonne et **сь** si elle se termine par une voyelle : **он чувствует**, o-n tchoust-vou-iét, *il sent*, – **это чувствуется**, êta tchoust-vou-iétsa, *cela se sent.*

Observez : **я жалуюсь**, ia jaLou-iouss[i], *je me plains*, **ты жалуешься**, ty ja-Lou-iéchsia, *tu te plains*, **они жалуются**, ani jal ou-ioutsa, *ils/elles se plaignent* ; **он жаловался**, o-n jaLavaLsia, *il se plaignait*, **мы жаловались**, my jaLavaliss[i], *nous nous plaignions.*

LE VERBE *БОЛЕТЬ*

En réalité, il y a deux verbes **болеть**, baliét[s].

Le premier appartenant à la première conjugaison signifie *être malade* : **я болею**, ia balié-iou, *je suis malade*, **ты болеешь**, ty balié-iéch', *tu es malade*, **они болеют**, ani balié-iout, *ils/elles sont malades.*

Le verbe qui appartient à la 2e conjugaison, signifie *faire mal* (en parlant d'une partie du corps, ou organe où l'on a mal). Ce verbe est utilisé à la 3e personne du singulier et du pluriel : **у меня болит голова**, ouminia balit gaLava, *j'ai mal à la tête*, **как у меня болят ноги!** kak ouminia baliat nogui, *que j'ai mal aux pieds !*

D'AUTRES VERBES

Les verbes imperfectifs du 1ᵉʳ groupe **жаловаться**, jaLavatsa, *se plaindre* et **чув-ствовать**, tchoust-vavat[s], *sentir*, changent leur suffixe **ова** en **у** lors de la conjugaison au présent mais le retrouvent au passé : **я жалуюсь**, ia jaLou-iouss[j], *je me plains*, **ты чувствуешь**, ty tchoust-vou-iéch', *tu sens*, **они жаловались**, ani jaLavaliss[j], *ils/elles se plaignaient*.

Le verbe imperfectif du 1ᵉʳ groupe **резать**, Riézat[s], *couper*, change **з** en **ж** lors de la conjugaison au présent mais le retrouve au passé : **я режу**, ia Riéjou, *je coupe*, **ты режешь**, ty Riéjêch', *tu coupes*, **они режут**, ani Riéjout, *ils/elles coupent*, mais **они резали**, ani Riézali, *ils/elles coupaient*.

Le verbe imperfectif du 2ᵉ groupe **шуметь**, choumiét[s], *faire du bruit, bourdonner*, prend un **л** à la première personne du singulier au présent mais ne le garde pas dans les autres formes : **я шумлю**, ia choumliou, *je fais du bruit*, **ты шумишь**, ty choumich', *tu fais du bruit*, **они шумят**, ani choumiat, *ils/elles font du bruit*.

VOCABULAIRE

проблема (f), pRabliéma, *problème*
здоровье (n), zdaRov^i-ié, *santé*
врач (m), vRatch, *médecin*
жаловаться (v, 1re conjug.), jaLavatsa, *se plaindre*
пациент (m), patsy-ê-nt,
пациентка (f), patsy-ê-ntka, *patient, -te*
рука (f), Rouka, *main, bras*
болеть (v, 1re conjug.), baliét^s, *être malade* ; (v, 2e conjug.) *faire mal*
спина (f), spina, *dos*
чувствовать (v, 1re conjug.), tchoust-vavat^s, *sentir*
шея (f), chê-ia, *cou*
повернуть (v, 1re conjug.), paviRnout^s, *tourner*
глаз (m), gLass, *œil*
резать (v, 1re conjug.), Riézat^s, *couper*
ухо (n), ouHa, *oreille*
шуметь (v, 2e conjug.), choumiét^s, *faire du bruit, bourdonner*
голова (f), gaLava, *tête*
кружиться (v, 2e conjug.), kRoujytsa, *tourner*
видно, vidna, *ça se voit*
смерть (f), smiéRt^s, *mort*
измерить (v, 2e conjug.), izmiéRit^s, *mesurer*
пульс (m), poul^iss, *pouls*
давление (n), davliéni-ié, *tension*
выше, vychê, *plus haut*
норма (f), noRma, *norme*
вчера, ftchiRa, *hier*
беспокоить (v, 2e conjug.), bispako-it^s, *déranger*
огород (m), agaRot, *potager*
копать (v, 1re conjug.), kapat^s, *bêcher*
поливать (v, 1re conjug.), palivat^s, *arroser*
понятно, paniatna, *c'est clair*
переутомление (n), piRi-outamliéni-ié, *surmenage, épuisement*
возраст (m), vozRast, *âge*
бегать (v, 1re conjug.), biégat^s, *courir*
мазь (f), mass^i, *pommade*
сустав (m), soustaf, *articulation*
таблетка (f), tabliétka, *comprimé*
повышенный, ая, ое (adj), pavychên-yï, a-ia, a-ié, *élevé*
больше, bol^ichê, *plus*
никакой, ая, ое (adj), nikak-oï, a-ia, o-ié, *aucun*
покой (m), pakoï, *repos*

⬢ EXERCICES

1. ACCORDEZ LE VERBE ENTRE PARENTHÈSES :

a. Они (резать) _____ дыню. *Ils coupent le melon.*

b. Ты всё время (жаловаться) _____. *Tu te plains tout le temps.*

c. У меня (болеть) _____ голова. *J'ai mal à la tête.*

d. Мы (пить) _____ чай. *Nous buvons du thé.*

e. Он мне (нравиться) _____. *Il me plaît.*

2. CHOISISSEZ LE BON VERBE :

a. Олег болеет/болит.

b. У мамы болеет/болит рука.

c. Наш врач болеет/болит.

d. У нас дети болеют/болят.

3. TRADUISEZ LES MOTS SUIVANTS :

a. *cou*

b. *oreille*

c. *main*

d. *pied*

e. *dos*

f. *tête*

4. CHOISISSEZ LA FORME QUE VOUS ENTENDEZ :

a. кружу/кружусь

b. жалуется/жалуетесь

c. нравится/нравятся

d. боюсь/боимся

e. осталась/остались

15. DÉMÉNAGEMENT
ПЕРЕЕЗД

OBJECTIFS	NOTIONS
• VISITER UN APPARTEMENT	• L'INSTRUMENTAL
• LES PIÈCES D'UNE MAISON	• LES VERBES ET LES CAS
• LES APPAREILS MÉNAGERS	• LE CONDITIONNEL

В АГЕНТСТВЕ
À L'AGENCE

<u>Клиентка</u>: Я бы хотела снять однокомнатную или двухкомнатную квартиру.

kli-**ié**n-tka: ia by Hati**é**La sn**ia**t^s adnak**o**m-natnou-iou **i**li dvouHk**o**m-natnou-iou k-vaRt**i**Rou.

Cliente : Je voudrais louer un appartement d'une ou deux pièces.

<u>Агент по недвижимости</u>: Вы можете ознакомиться с несколькими вариантами.

agu**ié**-nt panidv**i**jymasti: vy m**o**jêtié aznak**o**mitsa s-ni**é**skal'kimi vaRi-**a**ntami.

Agent immobilier : Vous pouvez consulter (prendre connaissance avec) plusieurs options (variantes).

Вот, например, двухкомнатная квартира с приличной площадью,

vot, napRim**ié**R, dvouHk**o**m-natna-ia k-vaRt**i**Ra spRil**i**tchnaï pL**o**schidyou,

Voici, par exemple, un (appartement de) deux pièces [et] (avec décente) une bonne superficie,

высокими потолками и балконом.

vyss**o**kimi pataLk**a**mi i baLk**o**na-m.

hauts plafonds et un balcon.

Есть парковка и совсем рядом – парк с озером.

iést^s paRk**o**fka i safs**ié**-m R**ia**da-m – paRk s**o**zi**Ra**-m.

Il y a un parking et tout près – un parc avec un lac.

Третий этаж, светлая гостиная, спальня с окнами во двор.

tR**ié**tiï it**a**ch, s-v**ié**tLa-ia gast**i**na-ia, spal'nia s**o**knami vadv**o**R.

Deuxième (troisième) étage, un séjour lumineux (clair), chambre avec les fenêtres sur (dans) cour.

– Квартира сдаётся с мебелью?

k-vaRt**i**Ra zda-**io**tsa s-mi**é**bilyou?

– L'appartement est[-il] loué meublé (avec meubles) ?

– Да: со стиральной и посудомоечной машинами,
da: sastiRaI'naï i passoudamo-itchnaï machynami,
– Oui : avec un lave-linge et un lave-vaisselle (de lavage et de vaisselle-lavage machines),

газовой плитой и холодильником на кухне.
gazavaï plitoï i HaLadiI'nika-m nakouHnié.
une gazinière (de gaz plaque) et un frigidaire dans la cuisine.

Ванная комната с ванной и душем, есть раздельный туалет.
va-nna-ia ko-mnata s-va-nnaï i douchê-m, iést^s Razdiél'nyï tou-aliét.
La salle de bains avec une baignoire et douche, (il y a) les WC séparés.

– Ну, эта квартира соответствует всем моим критериям!
nou, êta k-vaRtiRa sa-at-viéts-t-vou-iét fsié-m ma-i-m kRitêRi-ia-m!
– Eh bien, cet appartement correspond à tous mes critères !

– Хотите её посмотреть?
Hatitié yi-io pas-matRiét^s?
– Voulez[-vous] le voir ?

■ COMPRENDRE LE DIALOGUE
REMARQUES GÉNÉRALES

→ Attention, la première lettre **т** dans le mot **агентство**, aguié-nst-va, *agence,* ne se prononce pas mais on l'entend clairement dans le mot de la même racine **агент** : aguié-nt, *agent.*

→ Ne liez pas la prononciation de **иа** dans le mot **вариант**, à la française : va-Ri-**a**n-t.

→ Retenez que **а** dans le mot **площадь**, se prononce comme un léger **и** : pL**o**schit^s.

→ **Третий этаж**, tRiétiï itach, littéralement « troisième étage », se traduit par *deuxième étage,* comme le rez-de-chaussée n'existe pas en Russie. En effet, les Russes comptent à partir du premier étage (notre RDC). Remarquez que l'adjectif ordinal **третий**, tRiétiï, *troisième,* a les formes du féminin, neutre et pluriel, légèrement atypiques. En effet, un signe mou apparaît dans la terminaison : **третья**, tRiétia, **третье**, tRiétié, **третьи**, tRiét'-yi.

→ Dans le mot **сдаётся**, **с** devient sonore au contact du **д** : zda-**io**tsa. Remarquez que la terminaison se prononce dure tsa malgré la présence de **я**.

→ Le mot **мебель**, miébil', *meubles,* s'utilise uniquement au singulier mais signifie bel et bien l'ensemble des meubles.

→ **ванная комната**, va-nna-ia ko-mnata, *salle de bains,* dans la langue parlée donne le raccourci – **ванная**, va-nna-ia, à ne pas confondre avec **ванна**, va-nna, *baignoire.* Par ailleurs, **комната**, ko-mnata, signifie *salle* ou *chambre.*

→ Pour ne pas rendre **с** sonore, nous la séparons par un trait d'union : **светлая**, s-viétLa-ia, et **с ванной**, s-va-nnaï.

→ Vous pensiez qu'il ne pouvait pas y avoir autant de consonnes à la suite ? Pas de panique ! Il suffit de diviser le mot en syllabes pour bien le prononcer : **соответствует**, sa-at-viéts-t-vou-iét.

→ Attention, **е** se prononce dur dans le mot **критериям**, kRitêRi-ia-m.

NOTE CULTURELLE

En Russie, vous pouvez louer un appartement en passant par un agent immobilier ou via des annonces de particuliers, tout comme chez nous. Attention, la différence est assez importante : assez souvent, le propriétaire ne vous fera pas de bail, donc, nous vous conseillons vivement de passer par une agence…

Il vous faudra absolument un « enregistrement » (**прописка**, pRapiska) en Russie. Pendant un court séjour, les hôtels enregistrent automatiquement leurs hôtes. Si vous louez un appartement, il faudra penser à vous enregistrer auprès des autorités locales. La loi prévoit même une amende si vous manquez à cette formalité.

◆ GRAMMAIRE
L'INSTRUMENTAL

L'instrumental est le cas du complément circonstanciel, il indique le moyen de l'action. Ce cas est utilisé après certaines prépositions, par exemple **c**, s, *avec*.

L'instrumental des masculins et des neutres durs a la terminaison **ом** : **балкон**, baLko-n, *balcon* – **балконом**, baLkona-m ; **озеро**, oziRa, *lac* – **озером**, oziRa-m.

Les masculins et les neutres mous et ceux qui se terminent en chuintante (**ж, ч, ш, щ**), prennent la terminaison **ем** : **гость**, gost[s], *invité* – **гостем**, gostié-m ; **душ**, douch, *douche* – **душем**, douchê-m. Attention, le mot **этаж**, itach, *étage* aura la terminaison **ом** accentuée à la fin : **этажом**, itajo-m.

Les féminins durs ont la terminaison **ой**, les mous et ceux qui se terminent en chuintante, prennent la terminaison **ей** : **ванна**, va-nna, *bain* – **ванной**, va-nnaï ; **кухня**, kouHnia, *cuisine* – **кухней**, kouHniéï.

Attention, les féminins mous en signe mou **ь**, prennent la terminaison **ю** : **мебель**, mlébil[i], *meubles* – **мебелью**, miébilyou.

Le pluriel des durs de tous les genres se terminent en **ами** et celui des mous en **ями** : **окно**, akno, *fenêtre* – **окнами**, oknami ; **критерий**, kRitêRiï, *critère* – **критериями**, kRitêRi-iami.

LES VERBES ET LES CAS

Après certains verbes, on doit employer un cas particulier. Ainsi, après **соответствовать**, sa-at-viéts-t-vavat[s], *correspondre*, on utilise le datif, ce qui correspond à un COI : **это соответствует всем критериям**, êta sa-at-viéts-t-vou-iét fsié-m kRitêRi-ia-m, *cela correspond à tous les critères*. D'autres verbes sont plus évidents car ils reprennent la même logique qu'en français, comme par exemple **снять**, sniat[s], *louer*, **посмотреть**, pas-matRiét[s], *voir* : le COD vient après ces verbes et par conséquent, on utilise l'accusatif.

▲ CONJUGAISON
LE CONDITIONNEL

Le conditionnel russe se forme avec la particule **бы**, by, placée devant ou après le verbe au passé : **хотеть** – **Я хотел бы воды**, ia Hati**é**L by vad**y**, *je voudrais de l'eau* ; **пойти** – **Он бы пошёл с вами, но ему некогда**, o-n by pach**o**L s-v**a**mi, no yim**ou** ni**é**kagda, *Il irait avec vous mais il n'a pas de temps.*

D'AUTRES VERBES

Le verbe du premier groupe **соответствовать**, sa-at-v**ié**ts-t-vavat[s], *correspondre*, a la conjugaison des verbes avec le suffixe **ова** (ils changent leur suffixe **ова** en **у** lors de la conjugaison au présent mais le retrouvent au passé) : **я соответству́ю**, ia sa-at-v**ié**ts-t-vou-iou, *je corresponds*, **ты соответству́ешь**, ty sa-at-v**ié**ts-t-vou-iéch', *tu corresponds*, **она соответств**о́**ва**ла, an**a** sa-at-v**ié**ts-t-vav́aLa, *elle correspondait.*

VOCABULAIRE

переезд (m), piRi-**ié**st, déménagement
агентство (n), agu**ié**n-st-va, agence
клиент (m), kli-**ié**n-t, client
снять (v, 1ʳᵉ conjug.), sniatˢ, louer
однокомнатный, **ая**, **ое** (adj), adnak**o**m-nat-n-yï, a-ia, a-ié, d'une pièce
двухкомнатный, **ая**, **ое** (adj), dvouHk**o**m-nat-n -yï, a-ia, a-ié, de deux pièces
квартира (f), k-vaRt**i**Ra, appartement
агент (m) **по недвижимости**, agu**ié**-nt panidv**i**jymasti, agent immobilier
ознакомиться (v, 2ᵉ conjug.), aznak**o**mitsa, consulter, prendre connaissance
вариант (m), vaRi-**a**-nt, variante
например, napRim**ié**R, par exemple
приличный, **ая**, **ое** (adj), pRil**i**tchn-yï, a-ia, a-ié, décent
площадь (f), pL**o**schitˢ, superficie
высокий, **ая**, **ое** (adj), vyss**o**k-ïï, a-ia, a-ié, haut
потолок (m), pataL**o**k, plafond
балкон (m), baLk**o**-n, balcon
парковка (f), paRk**o**fka, parking
рядом, R**i**ada-m, à côté
озеро (n), **o**ziRa, lac
третий, **ья**, **ье** (adj), tRi**é**tïï, -ia, -ié, troisième
этаж (m), it**a**ch, étage
светлый, **ая**, **ое** (adj), s-vi**é**tL-yï, a-ia, a-ié, lumineux, clair
гостиная (f), gast**i**na-ia, séjour
спальня (f), spalʲnia, chambre
двор (m), dvoR, cour
сдаваться (v, 1ʳᵉ conjug.), zdav**a**tsa, se louer
мебель (f), mi**é**bilʲ, meubles
стиральная машина (f), stiRalʲna-ia mach**y**na, lave-linge
посудомоечная машина (f), passoudam**o**-itchna-ia mach**y**na, lave-vaisselle
газовая плита (f), g**a**zava-ia plit**a**, gazinière
холодильник (m), HaLadilʲnik, frigidaire
кухня (f), k**o**uHnia, cuisine
ванная комната (f), v**a**n-na-ia k**o**-mnata, salle de bains
ванна (f), v**a**n-na, baignoire
душ (m), douch, douche
раздельный, **ая**, **ое** (adj), Razdi**é**lʲn-yï, a-ia, a-ié, séparé
туалет (m), tou-ali**é**t, WC
соответствовать (v, 1ʳᵉ conjug.), sa-at-vi**é**ts-t-vavatˢ, correspondre
критерий (m), kRitêRïï, critère
комната (f), k**o**-mnata, salle, chambre
прописка (f), pRap**i**ska, enregistrement, domiciliation

● EXERCICES

1. METTEZ LE NOM À L'INSTRUMENTAL :

a. окно → …

b. чай → …

c. брат → …

d. встреча → …

e. море → …

f. роза → …

g. гость → …

h. дыня → …

2. ACCORDEZ LE NOM ENTRE PARENTHÈSES À L'INSTRUMENTAL :

a. Знакомиться с (родители) _____. *Faire connaissances avec les parents.*

b. Эта комната с (душ) _____. *Cette chambre est avec douche.*

c. Мы идём в кино с (мама) _____. *Nous allons au cinéma avec maman.*

d. Он любит чай с (торт) _____. *Il aime le thé avec le gâteau.*

3. RETROUVEZ LES PIÈCES D'UN APPARTEMENT ET ÉCOUTEZ LEUR PRONONCIATION :

17

a. *douche*

b. *cuisine*

c. *WC*

d. *salle de bains*

e. *chambre à coucher*

f. *séjour*

4. TRANSFORMEZ LA PHRASE AU CONDITIONNEL :

a. Она хочет воды. *Elle veut de l'eau.* →
Она _____ воды. *Elle voudrait de l'eau.*

b. Мы с удовольствием поедем с вами. *Nous irons avec vous avec plaisir.* →
Мы с удовольствием _____ с вами. *Nous irions avec vous avec plaisir.*

c. Он поговорит с учителем завтра. *Il parlera à l'instituteur demain.* →
Он _____ с учителем завтра. *Il parlerait à l'instituteur demain.*

d. Вы снимете эту квартиру. *Vous louerez cet appartement.* →
Вы _____ эту квартиру. *Vous loueriez cet appartement.*

16.
AU TRAVAIL
НА РАБОТЕ

OBJECTIFS	NOTIONS
• SE SITUER DANS LE TEMPS • LES JOURS DE LA SEMAINE • LEXIQUE DE LA VIE PROFESSIONNELLE	• LES PRÉPOSITIONS • LES DÉCLINAISONS DES INDICATIFS TEMPORELS • LE VERBE *ЗАВИСНУТЬ*

В ОФИСЕ
AU BUREAU

<u>Директор</u>: Артур, у меня не работает принтер и завис компьютер.

diRiéktaR: aRtouR, ouminia niRabota-iét pRi-ntêR i zaviss ka-mpioutêR.

Directrice : Artour, (chez moi) [mon] imprimante ne fonctionne pas et [mon] ordinateur a planté.

Пожалуйста, вызовите системного администратора. Пусть посмотрит.

pajaLousta, vyzavitié sistié-mnava administ-RataRa. pousts pas-motRit.

S'il vous plaît, appelez l'IT (l'administrateur de systèmes). (Soit) Qu'il regarde.

Далее: вот флешка, на ней – договор.

dali-ié: vot fLêchka, na niéï dagavoR.

Ensuite, voici une clé USB, (sur elle) [il y a] un contrat.

Распечатайте его и приложите к остальным документам.

Raspitchataïtié yivo i pRiLajytié kastal'ny-m dakoumié-nta-m.

Imprimez-le et joignez [le] aux autres documents.

Вы уже подготовили отчёт на вторник?

vy oujê padgatovili at-tchiot na ftoRnik?

Avez-vous déjà préparé le compte-rendu pour (sur) mardi ?

<u>Секретарь</u>: Готовлю. К понедельнику всё закончу.

sikRitaRj: gatovliou. kpanidiél'nikou fsio zako-ntchou.

Assistant (secrétaire) : Je suis en train de le préparer (prépare). Je finirai tout pour lundi.

Час назад звонили из главного офиса:

tchass nazat zvanili izgLavnava ofissa:

Il y a une heure, on [nous] a téléphoné du siège :

просят перенести сегодняшнюю видеоконференцию на утро четверга.
pRossiat piRiniésti sivodnichni-iou ka-nfiRié-ntsy-iou na ouTra tchitviRga.

ils demandent de reporter la vidéoconférence d'aujourd'hui, au jeudi matin (sur matin du jeudi).

В четверг у вас совещание с десяти до двенадцати.
ftchitviéRk ouvass savischiani-ié zdissiti da dvinatsati.

Jeudi, vous avez une réunion de dix [heures] à midi (douze).

– Давайте попробуем вечером в среду или в любое время в пятницу.
davaïtié papRobou-ié-m viétchiRa-m fsRiédou ili vlioubo-ié vRiémia fpiatnitsou.

– Essayons (Donnons essayerons) mercredi soir ou à n'importe quelle heure (temps) vendredi.

Вы заказали новую мебель в конференц-зал?
vy zakazali novou-iou miébil' fka-nfiRié-nts-zaL?

Avez-vous commandé les nouveaux meubles pour la salle de réunion (conférence) ?

– Да. Стол и стулья привезли ещё утром, а шкафы будут к трём часам.
da. stoL i stoul'-ia pRiviézli yischio ouTra-m, a chkafy boudout kt-Rio-m tchissa-m.

– Oui. La table et les chaises ont été livrées (ils-ont apporté encore) [ce] matin et [ils apporteront] les placards (seront) vers trois heures.

– Отлично. Спасибо! Что бы я без вас делала?
atlitchna. spassiba! chtoby ia bizvass diéLaLa?

– Parfait. Merci ! Qu'est-ce que je ferais sans vous ?

■ COMPRENDRE LE DIALOGUE
REMARQUES GÉNÉRALES

→ **директор**, diRiéktaR, *directeur* mais aussi *directrice*. En effet beaucoup de noms de professions ont une forme masculine même dans le cas où il s'agit d'une femme.

→ Le verbe imperfectif **работать**, Rabotat[s], *travailler* s'utilise également au sens figuré *fonctionner* en parlant des machines ou appareils : **телевизор не работает**, tilivizaR niRabota-iét, *la télé ne fonctionne pas*.

→ **Системный администратор** est un *technicien de maintenance informatique (IT)*.

→ **подготовили** : le pluriel est utilisé même si l'on s'adresse à une seule personne quand on la vouvoie.

→ Dans la langue parlée **секретарь** donne le féminin **секретарша**, sikRitaRcha, *secrétaire*.

→ L'adverbe **назад** est équivalent à l'expression *il y a* pour situer un événement dans le passé. Il se met après l'indicateur temporel : **два дня назад**, dva dnia nazat, *il y a deux jours*.

→ La 3ᵉ personne du pluriel au présent et au passé est utilisée pour traduire l'expression impersonnelle française contenant le pronom *on* : **вам звонили из офиса**, va-m zvanili izofissa, *on vous a appelé du bureau*.

→ Mot composé, **видеоконференция**, a deux accents toniques. Pour prononcer correctement, comme d'habitude, scindez-le en plusieurs parties : vidi-o-ka-nfiRié-ntsy-ia.

→ Le mot masculin **стул**, stouL, *chaise*, a une forme irrégulière du pluriel : **стулья**.

NOTE DE CIVILISATION – LA SEMAINE

Неделя, nidiélia, *la semaine*, commence un lundi. Le plus souvent les jours de repos sont **суббота**, soubota, *samedi* et **воскресенье**, vask-Rissién[i]-ié, *dimanche*. En revanche, la plupart des commerces sont ouverts le week-end !

Attention : 3 jours de la semaine sont du masculin (**понедельник, вторник, четверг**), 3 du féminin (**среда, пятница, суббота**) et un seul du neutre (**воскресенье**).

◆ GRAMMAIRE
LES PRÉPOSITIONS

Les prépositions russes exigent l'emploi de certains cas après elles. Nous allons les lister au fur et à mesure pour vous.

у, *chez, à côté de* : signifier l'endroit où se trouve un objet ou un être, nécessite l'emploi du génitif ;

к, *chez, à côté de, vers* est suivi du datif pour désigner l'endroit vers lequel on se dirige ou on déplace un objet, peut également s'utiliser pour une limite temporelle ;

из, *de* (provenance) : cette préposition est suivie du génitif ;

с, *de* (provenance ou début temporel) : cette préposition est suivie du génitif ;

до, *jusqu'à* : déjà vue dans le Module 3 dans l'expression **до свидания**, *au revoir*, peut exprimer une limite temporelle ou d'espace, la préposition est suivie du génitif ;

без, *sans* : cette préposition est suivie du génitif.

Nous omettons sciemment deux prépositions (**в** et **на**) que vous avez rencontrées plusieurs fois, pour pouvoir aborder avec elles un autre sujet.

LES DÉCLINAISONS DES INDICATIFS TEMPORELS

Pour marquer le moment de la journée où se passe un événement, on utilise l'instrumental des mots que vous connaissez déjà : **утром**, *ou*tRa-m, *le matin* ; **днём**, dnio-m*, dans la journée* ; **вечером**, v**ié**tchiRa-m*, le soir, dans la soirée* ; **ночью**, n**o**tchⁱ-iou*, dans la nuit.*

Pour situer un événement avec un jour de la semaine, on utilise la préposition **в** suivie du jour de la semaine à l'accusatif. Attention, on utilisera la préposition **во** pour *mardi* afin de faciliter la prononciation : **во вторник**, vaft**o**Rnik*, mardi.*

▲ CONJUGAISON

Le verbe perfectif de la 1ʳᵉ conjugaison **зависнуть**, zav**i**s-nout[s], a plusieurs significations : *rester en l'air, traîner, planter*. Il a la conjugaison ordinaire du futur : **я зависну**, ia zav**i**s-nou, **ты зависнешь**, ty zav**i**s-niéch', **они зависнут**, an**i** zav**i**s-nout. Au passé, en revanche, le verbe ne prend pas de **л** au masculin mais le retrouve dans les autres formes : **я завис**, **она зависла**, **они зависли**.

Les verbes de la même racine de la 2ᵉ conjugaison **готовить**, gat**o**vit[s] (imperfectif), **подготовить**, padgat**o**vit[s] (perfectif), *préparer*, et, rencontré dans le Module 8, **приготовить**, pRigat**o**vit[s] (perfectif), prennent un **л** à la première personne du singulier au présent mais ne le gardent pas dans les autres formes : **я готовлю**, ia gat**o**vliou, *je prépare*.

Le verbe imperfectif de la 2ᵉ conjugaison **просить**, pRass**i**t[s], *demander*, change **с** en **ш** lors de la conjugaison au présent dans la forme de la 1ʳᵉ personne du singulier : **я прошу**, ia pRach**ou**, *je demande*. Il retrouve **с** dans toutes les autres formes.

VOCABULAIRE

директор (m), diRiéktaR, *directeur*
работать (v, 1ʳᵉ conjug.), Rabotatˢ, *travailler, fonctionner*
принтер (m), pRi-ntêR, *imprimante*
зависнуть (v, 1ʳᵉ conjug.), zavisnoutˢ, *planter (d'un ordinateur)*
компьютер (m), ka-mpioutêR, *ordinateur*
вызвать (v, 1ʳᵉ conjug.), vyzvatˢ, *appeler*
системный администратор (m), sistié-mnyï administRataR, *IT (technicien informatique)*
пусть, poustˢ, *soit, que*
далее, dali-ié, *ensuite*
флешка (f), fLêchka, *clé USB*
договор (m), dagavoR, *contrat*
распечатать (v, 1ʳᵉ conjug.), Raspitchatatˢ, *imprimer*
приложить (v, 2ᵉ conjug.), pRiLajytˢ, *joindre (qqch)*
остальной, ая, ое (adj), astalˡnoï, a-ia, o-ié, *autre, restant*
документ (m), dakoumié-nt, *document*
подготовить (v, 2ᵉ conjug.), padgatovitˢ, *préparer*
отчёт (m), at-tchiot, *compte-rendu*
вторник (m), ftoRnik, *mardi*
секретарь (m), sikRitaRˡ, *secrétaire, assistant*
готовить (v, 2ᵉ conjug.), gatovitˢ, *préparer*
понедельник (m), panidiélˡnik, *lundi*
закончить (v, 2ᵉ conjug.), zakontchitˢ, *finir*
главный офис (m), gLavnyï ofiss, *siège (social)*
просить (v, 2ᵉ conjug.), pRassitˢ, *demander*
перенести (v, 1ʳᵉ conjug.), piRiniésti, *reporter*
сегодняшний, яя, ее (adj), sivodnichn-ïï, i-ia, i-ié, *d'aujourd'hui*
видеоконференция (f), vidi-o-ka-nfiRié-ntsy-ia, *vidéoconférence*
четверг (m), tchitviéRk, *jeudi*
совещание (n), savischiani-ié, *réunion*
среда (f), sRida, *mercredi*
любой, ая, ое (adj), liouboï, a-ia, o-ié, *n'importe lequel*
пятница (f), piatnitsa, *vendredi*
конференц-зал (m), kanfiRié-ntszaL, *salle de réunion*
стул (m), stouL, *chaise*
неделя (f), nidiélia, *semaine*
суббота (f), soubota, *samedi*
воскресенье (n), vaskRiéssiénˡ-ié, *dimanche*

⬢ EXERCICES

1. TRADUISEZ LA PARTIE MANQUANTE :

a. Мы будем в офисе в _____. *Nous serons au bureau mercredi.*

b. Сегодня _____. *Aujourd'hui c'est lundi.*

c. Подожди до _____. *Attends jusqu'à vendredi.*

d. Перезвоните нам в _____. *Rappelez-nous dimanche.*

e. Я видел его в _____. *Je l'ai vu jeudi.*

f. Во _____ ты будешь занят. *Mardi, tu seras occupé.*

g. Пойдём в ресторан в _____? *Allons au restaurant samedi ?*

2. ACCORDEZ LE MOT APRÈS LA PRÉPOSITION :

a. ко (вторник) _____   d. из (школа) _____

b. у (секретарь) _____   e. до (ночь) _____

c. с (обед) _____

3. RETROUVEZ LE MOT MANQUANT. CHAQUE TRAIT CORRESPOND À UNE LETTRE :

a. Компьютер _ _ _ _ _. *L'ordinateur a planté.*

b. Стол и _ _ _ _ _ _ уже в офисе. *La table et les chaises sont déjà au bureau.*

c. Все _ _ _ _ _ _ перенести совещание. *Tout le monde demande de reporter la réunion.*

🔊 18 **4. NOTEZ LES MOTS QUE VOUS ENTENDEZ ET DONNEZ LEUR GENRE (MASCULIN, FÉMININ OU NEUTRE) :**

a. _____   d. _____

b. _____   e. _____

c. _____

17.
COURRIEL
ЭЛЕКТРОННАЯ ПОЧТА

OBJECTIFS

- LE LEXIQUE D'INTERNET
- LA LANGUE ÉCRITE OFFICIELLE
- RÉPONDRE À UNE OFFRE D'EMPLOI

NOTIONS

- LES NEUTRES EN *МЯ*
- LES NEUTRES EN *ИЕ*
- L'ACCUSATIF DES ADJECTIFS

19

ОБЪЯВЛЕНИЕ
L'ANNONCE

Антон: Маша, нужен твой ценный совет.
a-nto-n: macha, noujê-n t-voï tsênnyï saviét.
Antone : Macha, j'ai besoin de (nécessaire) ton précieux conseil.

Нашёл объявление в Интернете.
nachoL ab-yivliéni-ié vy-ntêRnêtié.
[J'] ai trouvé une annonce sur Internet.

Хочу ответить по и-мейлу, пока ещё вакансия открыта.
Hatchou at-viétit⁵ pa-imêïLou, paka yischio vaka-n-si-ia atkRyta.
[Je] veux répondre par e-mail, tant que (encore) le poste est à pourvoir (ouvert).

Я написал сопроводительное письмо для резюме. Посмотришь?
ia napissaL sapRavaditilʲna-ié pisʲmo dlia Rizioumê. pas-motRich'?
J'ai écrit une lettre de motivation (d'accompagnement) pour [mon] CV. Pourrais-tu regarder (regarderas) ?

Мария: О! Ты ищешь новую работу? Конечно посмотрю.
maRi-ia : o! ty ischiéch' novou-iou Rabotou? kaniéchna pas-matRiou.
Maria : Oh ! Tu cherches un nouveau travail ? Bien sûr [que je] regarderai.

Мне кажется, ты неправильно написал электронный адрес.
mnié kajêtsa, ty nipRavilʲna napissaL êliktRonnyï adRiéss.
Il me semble que tu n'as pas bien (incorrectement) écrit l'adresse électronique.

Точно: в нём не хватает "собаки".
totchna : vnio-m niHvata-iét sabaki.
Exact : (dans lui) il manque l'arobase (chien).

Здесь перед именем и отчеством надо поставить запятую.
zdiéssⁱ piRid**y**minié-m i **o**tchist-va-m n**a**da past**a**vit^s zapit**ou**-iou.
Ici, devant le prénom et nom patronymique il faut mettre une virgule.

Дальше лучше продолжить с новой строки.
dalⁱchê L**ou**t-chê pRad**o**Ljyt^s s n**o**vaï stRak**i**.
Ensuite (plus loin), [il vaut] mieux continuer sur (avec) une nouvelle ligne.

Я бы закончила фразой "с уважением", а после неё нужна запятая.
iaby zak**o**-ntchiLa fR**a**zaï « souvaj**ê**ni-ié-m », a p**o**s-lié ni-**io** noujn**a** zapita-ia.
Je terminerais [par] (la phrase) « respectueusement » (avec respect) et après ça (elle), il faut une virgule.

Твоё имя в конце – тоже пиши с красной строки.
t-va-**io i**mia fka-n-ts**ê** – t**o**jê pich**i** skR**a**s-naï stRak**i**.
Ton prénom à la fin – écris [le] également à la ligne (avec rouge ligne).

- Спасибо огромное! Отправляю.
sp**a**ss**i**ba agR**o**-mna-ié! at-pRavl**ia**-iou.
– Un grand merci (énorme) ! [J'] envoie.

- Не забудь прикрепить файл с резюме.
nizab**ou**t^s pRikRip**i**t^s faïL s-Rizioum**ê**.
– N'oublie pas d'attacher le fichier au (avec le) CV.

Ни пуха ни пера!
nip**ou**Ha nipiR**a**!
Bonne chance (Ni duvet ni plume) !

COMPRENDRE LE DIALOGUE
REMARQUES GÉNÉRALES

→ **Маша**, m**a**cha, est le diminutif de **Мария**, maR**i**-ia.

→ Vous avez rencontré à plusieurs reprises le signe mou. Voici le signe dur, beaucoup plus rare. Il sépare les lettres dans les mots en laissant la consonne qu'il suit dure. Ainsi, pour bien prononcer le mot **объявление**, *annonce,* il faut vraiment séparer la prononciation du préfixe de la suite : ab-yivl**ié**ni-ié.

→ Emprunté à la langue anglaise, **Интернет**, *Internet,* s'écrit avec une majuscule et se prononce avec les deux **e** durs : i-ntêRn**ê**t.

→ Le mot **и-мейл** est également emprunté à l'anglais et possède plusieurs orthographes mais une seule prononciation : **и-мэйл**, **имейл**, imêïL, *courrier électronique*. Par ailleurs, ce mot est surtout utilisé dans la langue parlée. La variante russe « correcte » est bien **электронная почта**.

→ Il est curieux de constater que le mot **резюме** a été emprunté au français (*résumé*) mais a trouvé dans la langue russe moderne un deuxième sens - un *CV*. Attention, le **e** final se prononce dur : Riziroum**ê**.

→ Le mot **адрес**, **a**dRiéss, *adresse,* est venu dans le russe de la langue française, du coup, très facile à retenir et à prononcer ! Juste l'accent tonique se déplace sur la première syllabe.

→ Le verbe **хватать** est très intéressant : il signifie *suffire* mais dans la forme négative – *manquer*.

→ Vous avez déjà rencontré le mot **собака**, *chien*. En voici une nouvelle signification – *arobase*.

→ Le mot **запятая**, *virgule,* se décline comme un adjectif au féminin dur. Ainsi, à l'accusatif singulier, on aura : **запят**у**ю**.

→ Comme beaucoup de lexique du domaine numérique, **файл** est arrivé en russe de l'anglais. Le russe aime bien calquer les mots étrangers. La prononciation est assez fidèle à l'original : faïL.

→ L'expression **Ни пуха ни пера!** exprime le souhait de réussite, s'apparentant à notre *bonne chance !* ou à *m…e !* de la langue parlée.

NOTE CULTURELLE - ALINÉA

Pour traduire notre *alinéa*, on utilise l'expression **писать с красной/новой строки** littéralement « écrire avec une ligne rouge/nouvelle ». L'origine de cette expression ne fait pas l'unanimité mais nous vous racontons l'histoire sympathique qui représente une des théories : on dit parfois que cette expression est venue de l'époque des livres manuscrits, quand on décorait la première lettre qui commençait une page et parfois une partie. Souvent, on la dessinait en ajoutant de la couleur, très souvent rouge, ou des éléments décoratifs. Peut-être même que cette belle lettre pouvait s'appeler *rouge* comme le mot **красный** dans l'ancien russe signifiait « beau »…

◆ GRAMMAIRE
LES DÉCLINAISONS DES NEUTRES

Les neutres en **ие** ont une déclinaison légèrement différente des neutres en **е**, le locatif singulier se terminant en **и** au lieu de **е** : **в море** mais **в объявлении**.

Les neutres en **мя** constituent un groupe à part entière. Leur déclinaison est atypique, il faut l'apprendre par cœur :

	Singulier	Pluriel
N	**имя**, imia	**имена**, imiéna
G	**имени**, imiéni	**имён**, imio-n
D	**имени**, imiéni	**именам**, imiéna-m
A	**имя**, imia	**имена**, imiéna
L	**имени**, imiéni	**именах**, imiénaH
I	**именем**, imiénié-m	**именами**, imiénami

Le mot neutre **перо** a une particularité dans la déclinaison – l'apparition d'un signe mou au pluriel dans toutes les formes et la forme du génitif particulière :

	Singulier	Pluriel
N	**перо**, piRo	**перья**, piéRia
G	**пера**, piRa	**перьев**, piéRiéf
D	**перу**, piRou	**перьям**, piéRia-m
A	**перо**, piRo	**перья**, piéRia
L	**пере**, piRié	**перьях**, piéRiaH
I	**пером**, piRo-m	**перьями**, piéRiami

Remarquez que le mot masculin **стул** que vous avez vu dans le Module précédent a la même déclinaison au pluriel !

L'ACCUSATIF DES ADJECTIFS

Au singulier, les adjectifs masculins et neutres forment l'accusatif en reprenant la forme du génitif pour les animés et celle du nominatif pour les inanimés. Les féminins durs se terminent en **ую** et les mous en **юю**.

Au pluriel, tous les adjectifs (masculins, neutres et féminins) forment l'accusatif en reprenant la forme du génitif pour les animés et celle du nominatif pour les inanimés.

▲ CONJUGAISON

Le verbe pronominal imperfectif du premier groupe **казаться**, kazatsa, *sembler, paraître*, change **з** en **ж** à toutes les formes au présent mais le retrouve au passé : **я кажусь**, ia kajouss[i], *je parais*, **ты кажешься**, ty kajêchsia, *tu parais*, **они кажутся**, ani kajoutsa, *ils/elles paraissent* ; **она казалась**, ana kazaLass[i], *elle paraissait*.

Pour donner un avis, on utilise le verbe avec un datif (de celui qui donne l'appréciation) : **Тебе не кажется, что ещё рано?** *Tu n'as pas l'impression qu'il est encore tôt ?* **Маме кажется, что это он.** *Maman a l'impression que c'est lui.*

Les verbes perfectifs de la 2e conjugaison **поставить**, pastavit[s], *mettre*, et **прикрепить**, pRikRipit[s], *attacher*, prennent un **л** à la première personne du singulier au futur mais pas à toutes les autres formes : **я поставлю**, ia pastavliou, *je mettrai*, **ты поставишь**, ty pastavich', *tu mettras*, **они прикрепят**, ani pRikRipiat, *ils/elles attacheront*.

VOCABULAIRE

электронная почта (f), êliktRonna-ia potchta, *courriel*
электронный, ая, ое (adj), êliktRonn-yï, a-ia, a-ié, *électronique*
объявление (n), ab-yivliéni-ié, *annonce*
ценный, ая, ое (adj), tsênn-yï, a-ia, a-ié, *précieux*
совет (m), saviét, *conseil*
Интернет (m), i-ntêRnêt, *Internet*
ответить (v, 2e conjug.), at-viétit^s, *répondre*
и-мейл (m), imêïL, *e-mail*
вакансия (f), vaka-nsi-ia, *poste*
открыт (adj. court), atkRyt, *ouvert*
написать (v, 1re conjug.), napissat^s, *écrire*
сопроводительное письмо (n), sapRavaditil'na-ié piss'mo, *lettre de motivation*
письмо (n), piss'mo, *lettre*
резюме (n), Rizioumê, *CV*
казаться (v, 1re conjug.), kazatsa, *sembler*
неправильно, nipRavil'na, *incorrectement*
адрес (m), adRiéss, *adresse*
хватать (v, 1re conjug.), Hvatat^s, *suffire, ne pas manquer*
собака (f), sabaka, *arobase*
перед, piérit, *devant*
имя (n), imia, *prénom*
отчество (n), otchist-va, *nom patronymique*
поставить (v, 2e conjug.), pastavit^s, *mettre*
запятая (f), zapita-ia, *virgule*
дальше, dal'chê, *ensuite*
лучше, Lout-chê, *mieux, il vaut mieux*
продолжить (v, 2e conjug.), pRadoLjyt^s, *continuer*
строка (f), stRaka, *ligne*
закончить (v, 2e conjug.), zakontchit^s, *terminer*
фраза (f), fRaza, *phrase*
уважение (n), ouvajêni-ié, *respect*
после, poslié, *après*
конец (m), kaniéts, *fin*
писать (v, 1re conjug.), pissat^s, *écrire*
красный, ая, ое (adj), kRas-n-yï, a-ia, a-ié, *rouge*
отправлять (v, 1re conjug.), atpRavliat^s, *envoyer*
прикрепить (v, 2e conjug.), pRikRipit^s, *attacher*
файл (m), faïL, *fichier*
пух (m), pouH, *duvet*
перо (n), piRo, *plume*

⬢ EXERCICES

1. METTEZ LES MOTS SUIVANTS AU CAS INDIQUÉ :

a. время → datif sing. : _____.

b. перо → instrumental pl. : _____.

c. имя → nominatif pl. : _____.

d. время → génitif pl. : _____.

e. имя → génitif sing. : _____.

2. METTEZ LES INFINITIFS À LA FORME VOULUE :

a. Ты (писать) _____ письмо. *Tu écris une lettre.*

b. Вы уже (посмотреть) этот _____ фильм? *Avez-vous déjà regardé ce film ?*

c. Здесь не (хватать) _____ запятой. *Ici, il manque une virgule.*

d. Что она (искать) _____ ? *Qu'est-ce qu'elle cherche ?*

e. Где он это (найти) _____ ? *Où a-t-il trouvé ça ?*

3. ACCORDEZ L'ADJECTIF AVEC LE NOM EN GENRE, NOMBRE ET CAS :

a. Я вижу (синий) _____ книга. *Je vois un livre bleu.*

b. Он ждёт (важный) _____ письмо. *Il attend une lettre importante.*

c. Ты купила (новый) _____ куртку. *Tu as acheté une nouvelle veste.*

d. Посмотрите эти (отличный) _____ фильмы! *Regardez ces excellents films !*

e. Вы нашли (дешёвый) _____ брюки. *Vous avez trouvé un pantalon bon marché.*

f. Она читает (интересный) _____ детектив. *Elle lit un roman policier intéressant.*

🔊 4. ÉCRIVEZ CE QUE VOUS ENTENDEZ :

19

a. _ _ _ _   _ _ _

b. _ _ _   _ _ _ _ _ _

c. _ _ _   _ _ _ _ _ _

d. _ _ _   _ _ _ _ _

III

EN

VILLE

18.
LE TEMPS
ПОГОДА

OBJECTIFS

- PARLER DU TEMPS
- LES SAISONS DE L'ANNÉE
- LES MOIS DE L'ANNÉE

NOTIONS

- L'EXPRESSION *POUR QUE*
- PHRASES IMPERSONNELLES
- LE VERBE *НРАВИТЬСЯ*

НА УЛИЦЕ
DEHORS

Лида: Наконец-то пришла настоящая зима: сугробы, мороз!
lida : nakaniéts-ta pRichLa nasta-iaschi-ia zima: sougRoby, maRoss!
Lida : Enfin, un vrai hiver a commencé (est arrivé) : des tas de neige, le froid !

А то январь месяц, а ощущение, что всё ещё осень – дожди, дожди…
ato yi-nvaRⁱ miéssits, a aschiou-schiéni-ié, chto fsio yischio ossigne – dajdi, dajdi…
[C'était déjà] le mois de janvier mais [on avait] l'impression que c'était encore l'automne – pluie, pluie…

Женя: Зато не холодно… Когда же опять лето придёт!
jênia: zato niHoLadna… kagdajê apiat^s liéta pRidiot!
Jénia : En revanche, [il ne faisait] pas froid… Vivement que (Quand donc de nouveau) l'été revienne (arrivera) !

Чтобы светило солнце и дул тёплый ветер.
chtoby s-vitiLa so-ntsê i douL tiopLyï viétiR.
Que le soleil brille (brillait) et (soufflait) qu'un doux vent souffle.

– Смеёшься? Не помнишь прошлые июнь, июль, август, да вплоть до конца сентября?
s-mi-iochsia? nipo-mnich' pRochLy-ié i-iougne, i-ioulⁱ, avgoust, da fpLot^s daka-ntsa si-ntibRia?
– [Tu] plaisantes ? [Tu] ne te souviens pas des mois de juin, juillet, août passés, même jusqu'à fin septembre ?

Жара была жуткая, душно, ни облака в небе.
jaRa byLa joutka-ia, douchna, ni oBLaka vniébié.
[Cette] horrible chaleur (La chaleur était horrible), [c'était] étouffant, pas un nuage (dans le ciel).

Мне вот нравится весна: в мае ещё не так жарко.
mnié vot nRavitsa vis-na: vma-ié yischio nitak jaRka.
Moi (voilà), j'aime le printemps : au mois de mai, il ne fait pas encore si chaud.

– Ладно, завтра обещают оттепель.
La dna, za ftRa abisch ia-iout ot-tipiél¹.
– Bon, demain, on annonce (promet) le dégel.

– Вот поэтому идите с детьми на улицу
vot pa-êtamou id itié zdit'mi na oulitsou
– C'est (Voilà) pourquoi allez avec les enfants dehors (sur la rue)

лепить снеговика, пока снег не растаял!
lip it ˢ s-nigavik a, pak a s-niék niRast a-iL!
faire (sculpter) un bonhomme de neige tant que la neige n'a pas fondu !

COMPRENDRE LE DIALOGUE
REMARQUES GÉNÉRALES

→ **Лида**, l**i**da, est le diminutif féminin de **Лидия**, l**i**di-ia. En revanche, le diminutif **Женя**, jênia, peut désigner fille et garçon : **Евгения**, yivgu-i**é**ni-ia, ou **Евгений**, yivgu-i**é**nïï. De la même manière, le diminutif **Саша**, s**a**cha, se rapporte à **Александра**, aliks**a**-ndRa (féminin) et **Александр**, aliks**a**-ndR (masculin).

→ Retenez que **то** dans **наконец-то**, nakan**i**ets-ta, *enfin, finalement,* s'écrit avec un trait d'union.

→ Vous avez rencontré les noms de plusieurs mois de l'année dans le dialogue. Vous trouverez leur liste complète en annexe.

→ Vous avez noté beaucoup de signes mous finaux dans ce dialogue. Observez bien la prononciation littérale, le signe mou est marqué différemment pour vous aider à vous rapprocher au maximum de la vraie prononciation : **январь**, yi-nva-R[i,] **осень**, ossigne, **опять**, ap**i**at[s], **помнишь**, po-mnich', **июль**, i-**i**oul[i.]

→ Le mot **ощущение** est assez compliqué à prononcer aschiou-schi**é**ni-ié (pensez à respecter l'accent tonique – la voyelle en gras).

→ Le verbe imperfectif du 1er groupe **смеяться**, s-mi-**ia**tsa, se traduit par *rire*, mais dans l'expression utilisée dans le dialogue, il prend le sens de *plaisanter*.

→ La particule **ни**, ni, s'utilise dans des phrases négatives pour souligner l'absence totale de quelque chose : **у меня нет ни минуты**, oumin**ia** niét niminou**ty**, *je n'ai pas une minute.*

→ **В небе**, vni**é**bié, mais on peut entendre également **на небе**, nani**é**bié.

NOTE CULTURELLE - LE CLIMAT

Bien évidemment, vous trouverez tous les types de climats en Russie, son territoire le plus grand du monde oblige… Le pays s'étend sur 11 fuseaux horaires et englobe des régions avec un été très court, les nuits « blanches » à Saint-Pétersbourg et un hiver interminable avec la nuit polaire au nord.

Sur une grande partie du territoire on constate une distinction nette entre les saisons avec une grande amplitude de températures : à Moscou, par exemple, il peut faire −30 (ou moins) en hiver et 30 (ou plus) en été. L'hiver russe vient avec le froid et la neige même si certaines régions du sud ne connaissent pas vraiment ces phénomènes naturels. Le mois de septembre annonce l'arrivée de l'automne avec les pluies et l'air se rafraîchit considérablement. Généralement, mi ou fin septembre, arrive une période ensoleillée et douce qu'on appelle **бабье лето**, b**a**byé l**ié**ta, ou **золотая осень**, zaLat**a**-ia **o**ssigne, *l'été indien*.

◆ GRAMMAIRE
L'EXPRESSION *POUR QUE*

Le subjonctif français dans l'expression « pour que » russe est remplacé par le verbe au passé ou par l'infinitif. Facile ! Pas de nouveau temps à apprendre. Nous vous l'avions promis : en russe, le système verbal est simple et ne contient que trois temps (le présent, le futur et le passé). Si dans la phrase qui suit **чтобы** il y a un sujet (nom ou pronom), le verbe sera accordé avec ce dernier au passé : **Скажи ему, чтобы он пошёл в магазин**, skaj**y** yim**ou** cht**o**by o-n pach**o**L vmagaz**i**-n, *Dis-lui qu'il aille au magasin* ; **Хочу, чтобы вы были с нами**, Hatch**ou**, cht**o**by vy b**y**Li s-n**a**mi, *Je veux que vous soyez avec nous.* En revanche, si le sujet est absent, le verbe suivant **чтобы** sera à sa forme infinitive (la traduction correspondra à l'infinitif français) : **Они поедут на автобусе, чтобы приехать рано**, an**i** pa-i**é**dout na aft**o**boussié, cht**o**by pRi-i**é**Hat[s] R**a**na, *Ils prendront le bus pour arriver tôt* ; **Надо купить картошку, чтобы приготовить рагу**, n**a**da koup**i**t[s] kaRt**o**chkou, cht**o**by pRigat**o**vit[s] Rag**ou**, *Il faut acheter des patates pour préparer un ragoût.*

Attention, quand il s'agit d'une structure impersonnelle, il n'y a pas de sujet par définition mais le verbe après **чтобы** est au passé : **Бери одеяло, чтобы было не холодно**, biR**i** adi-**ia**La, cht**o**by b**y**La niH**o**Ladna, *Prends une couverture pour ne pas avoir froid.*

▲ CONJUGAISON
LES PHRASES IMPERSONNELLES

Обещают, abisch**ia**-iout, se traduit par *ils promettent* mais aussi par *on promet, on annonce* (en parlant de la télé, de la radio ou d'une prévision météo). Il s'agit d'une structure impersonnelle : le sujet est absent et le verbe est à la troisième personne du pluriel. De la même manière on dira : **говорят**, gavaR**ia**t, *on dit*. Au passé, on le mettra au pluriel : **Обещали, что будет холодно**, abisch**ia**li, chto b**ou**diét H**o**Ladna, *on a promis qu'il ferait froid.*

LE VERBE *НРАВИТЬСЯ*

Le verbe pronominal imperfectif de la 2e conjugaison **нравиться**, nR**a**vitsa, *plaire,* peut se traduire par *aimer (bien)*. Dans ce type de phrases, il s'accorde avec le COD français qui est un sujet en russe. L'appartenance du sentiment est exprimée par un nom ou un pronom au datif : **Маме нравится эта книга**, m**a**mié nR**a**vitsa êta kn**i**ga, *Maman aime bien ce livre (à maman plaît ce livre).* Observez : le nom **мама** est au datif (**маме**), le COD français *ce livre* est le sujet de la phrase.

Quand le verbe est accordé avec un infinitif, il est mis à la troisième personne du singulier au présent et au neutre singulier au passé : **мне нравится читать**, mnié nR**a**vitsa tchit**a**t[s], *j'aime lire*, **ему нравилось говорить с папой**, yim**ou** nR**a**vi-Lass[j] gavaR**i**t[s] sp**a**paï, *il aimait bien parler avec papa.*

Lors de sa conjugaison au présent, à la première personne du singulier, le verbe change sa base en prenant un **л** : **я нравлюсь**, ia nR**a**vliouss[j], *je plais*, **ты нравишься**, ty nR**a**vichsia, *tu plais*, **они нравятся**, an**i** nR**a**viatsa, *ils/elles plaisent.*

D'AUTRES VERBES

Пришла зима, pRichL**a** zim**a**, *l'hiver est arrivé* ; **придёт лето**, pRid**io**t li**é**ta, *l'été viendra* : le russe utilise le verbe **прийти**, pR**ï**t**i**, *arriver* (perfectif) mais aussi son imperfectif **идти**, itt**i**, *aller à pied,* dans plusieurs expressions. Ainsi, le temps et la pluie « vont-ils à pied » : **время идёт**, vR**ié**mia id**io**t, *le temps passe*, **идёт дождь**, id**io**t docht[s], *il pleut.*

Le verbe imperfectif de la 2e conjugaison **лепить**, lip**i**t[s], *sculpter,* prend un **л** à la première personne du singulier mais le perd dans le reste de la conjugaison. Attention à l'accent tonique qui est différent à cette forme : **я леплю**, ia lipl**iou**, *je sculpte*, **ты лепишь**, ty li**é**pich', *tu sculptes*, **они лепят**, an**i** li**é**piat, *ils/elles sculptent.*

VOCABULAIRE

наконец-то, nakaniétsta, *enfin, finalement*
настоящий, **ая**, **ее** (adj), nasta-i**a**sch-ïï, i-ia, i-ié, *vrai*
зима (f), zima, *hiver*
сугроб (m), sougRop, *tas de neige*
мороз (m), maRoss, *froid*
январь (m), yi-nvaRⁱ, *janvier*
месяц (m), miéssits, *mois*
ощущение (n), aschiou-schiéni-ié, *impression*
осень (f), ossigne, *automne*
дождь (m), dochtˢ, *pluie*
холодно, HoLadna, *froid*
опять, apiatˢ, *de nouveau*
лето (n), liéta, *été*
светить (v, 2ᵉ conjug.), s-vititˢ, *briller*
солнце (n), so-ntsê, *soleil*
дуть (v, 1ʳᵉ conjug.), doutˢ, *souffler*
тёплый, **ая**, **ое** (adj), tiopL-yï, a-ia, a-ié, *doux, tiède*
ветер (m), viétiR, *vent*
смеяться (v, 1ʳᵉ conjug.), s-mi-iatsa, *plaisanter, rire*
прошлый, **ая**, **ое** (adj), pRochL-yï, a-ia, a-ié, *passé*
июнь (m), i-iougne, *juin*
июль (m), i-ioulⁱ, *juillet*
август (m), avgoust, *août*
вплоть до, fpLotˢ da, *jusqu'à*
сентябрь (m), si-ntiabRⁱ, *septembre*

жара (f), jaRa, *chaleur*
жуткий, **ая**, **ое** (adj), joutk-ïï, a-ia, a-ié, *horrible*
душно, douchna, *étouffant*
облако (n), obLaka, *nuage*
небо (n), niéba, *ciel*
весна (f), vis-na, *printemps*
май (m), maï, *mai*
жарко, jaRka, *chaud*
обещать (v, 1ʳᵉ conjug.), abischiatˢ, *promettre, annoncer*
оттепель (f), ottipiélⁱ, *dégel*
лепить (v, 2ᵉ conjug.), lipitˢ, *sculpter*
снеговик (m), s-nigavik, *bonhomme de neige*
пока, paka, *tant que, en attendant*
растаять (v, 1ʳᵉ conjug.), Rasta-itˢ, *fondre*

● EXERCICES

1. ACCORDEZ LE VERBE APRÈS *ЧТОБЫ* :

a. Нам сказали, чтобы мы (ехать) _____ к друзьям.

b. Я хочу, чтобы Олег (помочь) _____ мне.

c. Она едет в супермаркет, чтобы (купить) _____ продукты.

d. Я дал им сыр, чтобы они (положить) _____ его в холодильник.

e. Иди к камину, чтобы (погреться) _____.

2. METTEZ LE VERBE *НРАВИТЬСЯ* À LA BONNE FORME :

a. Ему _____ эта девочка. *Cette fille lui plaît.*

b. Детям _____ эти книги. *Les enfants aiment bien ces livres.*

c. Нам _____ слушать бабушку. *Nous aimons bien écouter la grand-mère.*

d. Мне _____ этот фильм. *J'aime bien ce film.*

e. Вы всем _____ ! *Vous plaisez à tout le monde !*

3. METTEZ LE MOT AU CAS VOULU :

a. Дети едут к (бабушка-datif) _____. *Les enfants vont chez la grand-mère.*

b. Повесь, пожалуйста, (картина-accusatif) _____. *Accroche le tableau, s'il te plaît.*

c. Они смотрят телевизор с их (семья-instrumental) _____. *Ils regardent la télé avec leur famille.*

d. Можешь погладить (рубашка-accusatif) _____ ? *Peux-tu repasser la chemise ?*

e. Помнишь моего (друг-accusatif) _____ ? *Te souviens-tu de mon ami ?*

f. У меня нет (одеяло-génitif) _____. *Je n'ai pas de couverture.*

4. ÉCOUTEZ. QUELS MOTS ONT LE SIGNE MOU À LA FIN ? CHAQUE TRAIT EST ÉGAL À UNE LETTRE :

🔊 20

пирог, спать, мороз, июль, зелень, шляпа, вещь, ветер

a. _ _ _ _ _   c. _ _ _ _ _ _

b. _ _ _ _   d. _ _ _ _

19.
À LA POSTE
НА ПОЧТЕ

OBJECTIFS

- ENVOYER UN COLIS
- ACHETER DES TIMBRES
- POSER UNE QUESTION POLIMENT

NOTIONS

- L'ACCORD DES CARDINAUX
- LES ORDINAUX
- LE GÉNITIF DES ADJECTIFS
- LES VERBES *ВЗВЕСИТЬ*, *ВЕСИТЬ*

ГЛАВПОЧТАМТ
LA POSTE CENTRALE

<u>Клиентка</u>: Я хотела бы отправить три посылки.
kli-**ié**-ntka: ia Hat**ié**La by atp**Ra**vit⁵ tRi pass**y**Lki.
<u>Cliente</u> : Je voudrais envoyer trois colis.

<u>Работник почты</u>: Вы не регистрировали их через приложение?
Rab**o**tnik p**o**tch-ty: vy niRiguist-RiRavali iH tch**ié**Riss pRiLajêni-ié?
<u>Employé de la poste</u> : (Ne) Les avez-vous (pas) enregistrés via l'application ?

Нет? Тогда давайте взвесим каждую посылку.
ni**é**t? tagd**a** dava**ï**tié vzv**ié**ssi-m k**a**jdou-iou pass**y**Lkou.
Non ? Alors, pesons (donnez pèserons) chaque colis.

Первая весит два килограмма, вторая – сто граммов, а третья – сто один грамм.
p**ié**Rva-ia v**ié**ssit dva kiLagr**a**ma, ftaR**a**-ia – sto gR**a**maf, a tRi**é**tia – sto ad**i**-n gRa-m.
Le premier pèse deux kilos, le deuxième cent grammes, et le troisième – cent et un gramme[s].

Для каждой посылки нужно заполнить отдельный бланк.
dlia k**a**jdaï pass**y**Lki n**ou**jna zap**o**Lnit⁵ add**ié**lʹnyï bLa-nk.
(Pour chaque colis) Il faut remplir un (séparé) formulaire par colis.

Здесь надо указать адрес отправителя и получателя, индекс.
zdi**é**ssʲ **na**da oukaz**a**t⁵ **a**dRi**é**ss atpRav**i**tilia i paL**ou**tch**a**tilia, **i**-ndekss.
Ici, il faut indiquer l'adresse de l'expéditeur et du destinataire, le code postal.

Посылки я зарегистрировал. Вот три трек-номера.
pass**y**Lki ia zaRiguist-RiRavaL. v**o**t tRi trêk-n**o**miRa.
J'ai enregistré les colis. Voici trois numéros de suivi.

– Спасибо. Ещё я хотела бы два конверта, три открытки и шесть марок.

spass**i**ba. yisch**io** ia Hat**ié**La by dva kanv**ié**Rta, tRi atkR**y**tki i chêst^s m**a**Rak.

– Merci. Je voudrais également deux enveloppes, trois cartes postales et six timbres.

– Марки по России?

m**a**Rki paRass**i**-i?

– Les timbres nationaux (sur la Russie) ?

– Четыре марки по России и две для заграницы.

tchit**y**Rié m**a**Rki paRass**i**-i i dv**i**é dlia zagRan**i**tsy.

– Quatre timbres nationaux et deux pour l'étranger.

А у вас нет юбилейных марок?

a-ouv**a**ss niét ioubil**ié**ïnyH m**a**Rak?

(N') Avez-vous (pas) des timbres commémoratifs ?

– Да, конечно. Я сейчас вам их покажу.

da, kan**ié**chna. ia sitch**a**ss va-m iH pakaj**ou**.

– Oui, bien sûr. Je (maintenant) vais vous les montrer.

■ COMPRENDRE LE DIALOGUE
REMARQUES GÉNÉRALES

→ Nous avons vu que, pour poser une question poliment, on utilise la phrase négative : **Вы не регистрировали ?** vy niRiguist-RiRavali, *Avez-vous enregistré ?* **У вас нет марок ?** ouvass niét maRak, *Avez-vous des timbres ?*

→ La préposition **по**, suivie du datif, exprime ici la circulation sur une surface définie que l'on couvre : **по России**, paRassi-i, *sur le territoire de la Russie*. Dans le dialogue, vous avez la traduction contextuelle, plus adaptée.

→ Le russe moderne continue à se ressourcer à partir des langues étrangères. Ainsi, le mot **трек-номер**, tRêk-nomiR, *numéro de suivi*, est emprunté à l'anglais (de **tracking number**).

→ La prononciation correcte de la combinaison des lettres **чн** dans le mot **конечно** est chn : kaniéchna.

NOTE CULTURELLE - LA POSTE

La poste russe est mentionnée dans des documents anciens à partir du Xe siècle ! Dans la Russie moderne, la poste propose un large éventail de services : envoi des lettres, colis, mais aussi les transferts d'argent et paiements des charges locatives.

Le territoire russe étant immense, l'envoi peut prendre de 3 jours à presque un mois dans les régions reculées et mal desservies. Les lettres « express », EMS, sont les plus rapides : un coursier (**курьер**, kouR[i]-iéR) vient les chercher chez vous et les dépose chez le destinataire. Si un colis est envoyé aux frais du destinataire, on l'enregistre avec **наложенный платёж**, naLojênnyï pLatioch, *port dû*.

Vous pouvez enregistrer le colis en avance via l'application de la poste ou directement sur place auprès d'un conseiller qui le pèse et vous indique le prix.

◆ GRAMMAIRE
L'ACCORD DES CARDINAUX

Les noms suivant les cardinaux s'accordent avec eux. Attention, la logique est différente du français, il faut retenir la règle.

Après le chiffre 1 et tous les nombres se terminant par 1 sauf le chiffre 11, on utilise le nominatif singulier (tel que le mot apparaît dans un dictionnaire). Rappelez-vous que **один** s'accorde en genre et nombre avec le nom : **один литр**, adi-n litR, *un litre* ; **сто одно блюдо**, sto adno bliouda, *cent et un plats* ; **сто одна роза**, sto adna Roza, *cent et une roses*.

Après les nombres se terminant par 2, 3 et 4 on utilise le génitif singulier : **два литра**, dva litRa, *deux litres* ; **три блюда**, tRi bliouda, *trois plats* ; **четыре розы**, tchityRié Rozy, *quatre roses*.

Après zéro, tous les chiffres entre 5 et 20, ainsi que les nombres se terminant par un chiffre entre 5 et 9, on utilise le génitif pluriel : **пять литров**, piat[s] litRaf, *cinq litres* ; **семь блюд**, siém[i] bliout, *sept plats* ; **одиннадцать роз**, adinatsat[s] Ross, *onze roses*.

Vous trouverez la liste des cardinaux en annexe.

LES ORDINAUX

Les ordinaux russes expriment l'ordre des objets tout comme en français. En revanche, en russe, les ordinaux reprennent les terminaisons des adjectifs et s'accordent avec le nom ou pronom en cas, genre et nombre. Au masculin singulier, ils ont la terminaison **ый** sauf **третий**, tRiétiï (que nous avons déjà rencontré dans le Module 15) et **второй**, ftaRoï, **шестой**, chystoï, **седьмой**, sid[i]moï, **восьмой**, vass[i]moï, qui ont la terminaison **ой** accentuée. Tous les autres ordinaux ont l'accent tonique sur la racine : **первый**, piéRvyï, *le premier*, **пятая**, piata-ia, *la cinquième*. Ils se déclinent de la même manière que les adjectifs. La liste des ordinaux se trouve en annexe. Dans les ordinaux composés, uniquement la deuxième partie se décline : **сто первому**, sto piéRvamou, *au cent-unième*.

LE GÉNITIF DES ADJECTIFS

Les adjectifs russes se déclinent de la même manière que les noms auxquels ils se rapportent et nous comptons pour les adjectifs, exactement les six mêmes cas. Le génitif des adjectifs se forme avec les terminaisons suivantes :

→ **-ого** (**-его** pour les mous) au masculin et neutre : **крёстный отец – без крёстного отца**, biskRios-nava atsa, *sans le parrain* ; **синее море – до синего моря**, da siniva moRia, *jusqu'à la mer bleue* ;

→ **-ой** (**-ей** pour les mous) au féminin : **каждая посылка – для каждой посылки**, dlia kajdaï passyLki, *pour chaque colis* ;

→ **-ых** (**-их** pour les mous) au pluriel : **юбилейные марки – нет юбилейных марок**, niét ioubiliéïnyH maRak, *il n'y a pas de timbres commémoratifs.*

▲ CONJUGAISON

LES VERBES *ВЗВЕСИТЬ, ВЕСИТЬ*

Le verbe imperfectif de la 2ᵉ conjugaison **весить**, viéssit[s], *peser*, et le verbe perfectif de la 2ᵉ conjugaison **взвесить**, vz-viéssit[s], *peser*, diffèrent dans la forme par deux lettres. La conjugaison est identique, ainsi que le changement de la consonne dans la racine à la première personne du singulier : **я вешу**, ia viéchou, *je pèse*, **ты весишь**, ty viéssich', *tu pèses*, **они весят**, ani viéssiat, *ils/elles pèsent* ; **я взвешу**, ia vz-viéchou, *je pèserai*, **ты взвесишь**, ty vz-viéssich', *tu pèseras*, **они взвесят**, ani vz-viéssiat, *ils/elles pèseront*. Mais attention au sens ! **Весить** signifie *peser* – avoir le poids, tandis que **взвесить** a le sens de *peser* – effectuer l'action de soupeser un objet.

D'AUTRES VERBES

Le verbe imperfectif de la 1ʳᵉ conjugaison **регистрировать**, RiguistRiRavat[s], *enregistrer*, a la conjugaison des verbes avec le suffixe **ова** que vous commencez à maîtriser : le suffixe **ова** change en **у** lors de la conjugaison au présent mais réapparaît au passé. Ainsi, on a : **я регистрирую**, ia RiguistRiRou-iou, *j'enregistre*, **ты регистрируешь**, ty RiguistRiRou-iéch', *tu enregistres*, mais **он регистрировал**, o-n RiguistRiRavaL, *il enregistrait*.

Le verbe perfectif de la 2ᵉ conjugaison **отправить**, atpRavit[s], *envoyer*, a un **л** qui apparaît à la première personne du singulier (tout comme le verbe **любить**, lioubit[s], *aimer* vu dans le Module 6) : **я отправлю**, ia atpRavliou, *j'enverrai* ; **ты отправишь**, ty atpRavich', *tu enverras* ; **они отправят**, ani atpRaviat, *ils/elles enverront*.

●VOCABULAIRE

почта (f), potchta, *poste*
главпочтамт (m), gLafpatchtam-t, *bureau de poste principal (de la ville)*
отправить (v, 1ʳᵉ conjug.), atpRavitˢ, *envoyer*
посылка (f), passyLka, *colis*
работник (m), Rabotnik, *employé, personnel*
регистрировать (v, 1ʳᵉ conjug.), RiguistRiRavatˢ, *enregistrer*
через, tchiéRiss, *via*
приложение (n), pRiLajêni-ié, *application*
взвесить (v, 2ᵉ conjug.), vz-viéssitˢ, *peser*
каждый, **ая**, **ое** (adj), kajd-yï, a-ia, a-ié, *chaque*
весить (v, 2ᵉ conjug.), viéssitˢ, *peser*
заполнить (v, 2ᵉ conjug.), zapoLnitˢ, *remplir*
отдельный, **ая**, **ое** (adj), addiélʲn-yï, a-ia, a-ié, *séparé*
бланк (m), bLa-nk, *formulaire*
указать (v, 1ʳᵉ conjug.), oukazatˢ, *indiquer*
отправитель (m), atpRavitiélʲ, *expéditeur*
получатель (m), paLoutchatiélʲ, *destinataire*
индекс (m), i-ndekss, *code postal*
зарегистрировать (v, 1ʳᵉ conjug.), zaRiguistRiRavatˢ, *enregistrer*
трек-номер (m), tRêk-nomiR, *numéro de suivi*
конверт (m), ka-nviéRt, *enveloppe*
открытка (f), atkRytka, *carte postale*
марка (f), maRka, *timbre*
заграница (f), zagRanitsa, *étranger*
юбилейный, **ая**, **ое** (adj), ioubiliéïn-yï, a-ia, a-ié, *commémoratif*
показать (v, 1ʳᵉ conjug.), pakazatˢ, *montrer*
курьер (m), kouRʲ-iéR, *coursier*
наложенный платёж (m), naLojênnyï pLatioch, *port dû*

● EXERCICES

1. ÉCRIVEZ LES MOTS QUE VOUS ENTENDEZ :

21

a. _____   e. _____

b. _____   f. _____

c. _____   g. _____

d. _____

2. ACCORDEZ LES NOMS AVEC LES NOMBRES :

a. Три (чай) _____. *Trois thés.*

b. Пять (книга) _____. *Cinq livres.*

c. Одиннадцать (шляпа) _____. *Onze chapeaux.*

d. Семь (кровать) _____. *Sept lits.*

e. Двадцать один (банан) _____. *Vingt-et-une bananes.*

f. Ноль (роза) _____. *Zéro rose.*

g. Десять (стол) _____. *Dix tables.*

3. METTEZ L'ADJECTIF AU GÉNITIF :

a. Без (большой) _____ выбор. *Sans grand choix.*

b. Нет (дешёвый) _____ продуктов. *Il n'y a pas de produits bon marché.*

c. Много (важный) _____ дел. *Beaucoup d'affaires importantes.*

d. Две (ванная) _____ комнаты. *Deux salles de bains.*

e. Совсем (никакой) _____ предложения. *Absolument aucune proposition.*

4. ACCORDEZ LE VERBE AVEC LE PRONOM :

a. взвесить → Вы _____. *Vous pèserez.*

b. регистрировать → Я _____. *J'enregistre.*

c. хотеть → Мы _____ бы. *Nous voudrions.*

d. отправить → Я _____. *J'enverrai.*

20.
BONNE SOIRÉE
ХОРОШИЙ ВЕЧЕР

OBJECTIFS

- LEXIQUE D'UN BAR
- COMMANDER UNE BOISSON
- CONTENANCES DES VERRES

NOTIONS

- LES ADJECTIFS EN *ОЙ*
- LA DÉCLINAISON DE *ЧТО*
- LA DÉCLINAISON EN CHUINTANTE

В БАРЕ
DANS UN BAR

<u>Барменша</u>: Добрый вечер!
baRmê-ncha: d**o**bRyï v**ié**tchiéR!
Barmaid : Bonsoir !

<u>Посетитель</u>: Добрый! Мне два стакана водки по сто пятьдесят граммов
passit**i**tiél': d**o**bRyï. mnié dva stak**a**na v**o**tki past**o** piddiss**ia**t gR**a**maf
Client : Bonsoir (Bon) ! Je voudrais (A-moi) deux verres de vodka de cent cinquante centilitres (grammes)

и один пустой двухсотграммовый стакан.
i ad**i**-n poust**o**ï dvouHsot-gRam**o**vyï stak**a**-n.
et un verre vide de deux cents centilitres (grammes).

– Сейчас сделаю. А закусить, желаете чего-нибудь?
sitch**a**ss zd**ié**La-iou. azakouss**i**t[s], jyL**a**-itié tchiv**o**-nibout[s]?
– Je vous le fais tout de suite (Maintenant ferai). Et à grignoter (manger après), souhaitez-vous quelque chose ?

Лимон, бутерброд с колбасой или сырную нарезку?
lim**o**-n, boutêRbR**o**t skaLbass**o**ï **i**li s**y**Rnou-iou naR**ié**skou?
Citron, sandwich au saucisson ou une planche au fromage ?

– Нет, просто фисташки.
niét pR**o**sta fist**a**chki.
– Non [merci], juste des pistaches.

– Фисташек, к сожалению, нет. Могу предложить арахис.
fist**a**chêk ksajyl**ié**ni-iou niét. mag**ou** pRidLaj**y**t[s] aR**a**Hiss.
– [Je n'ai] pas de pistaches malheureusement. Je peux [vous] proposer des cacahuètes.

А вот ваша водка.
a vot v**a**cha v**o**tka.
Et voici votre vodka.

– Спасибо. Выливаю всё в один пустой стакан…
spass**i**ba. vyliv**a**-iou fsio vad**i**-n poust**o**ï stak**a**-n…
– Merci. Je verse tout dans le verre vide…

В итоге в двухсотграммовом стакане помещаются два по сто пятьдесят…
vyt**o**gu-ié v-dvouHs**o**t-gRam**o**va-m stak**a**nié pamisch**ia**-ioutsa dva past**o** piddiss**ia**t…
Alors (En conséquence), les deux verres de cent cinquante [millilitres] rentrent dans [celui de contenance] de deux cents…

Странно, не правда ли?
stR**a**nna, nipR**a**vdali?
Etrange, n'est-ce pas (pas vérité) ?

– Да вы фокусник!
dav**y** f**o**kous-nik!
– Mais vous êtes un magicien !

– Нет, фокусница – это вы, а я аудитор Роспотребнадзора!
niét, f**o**kous-nitsa - **ê**ta vy, a ia a-ouditaR RʊspɑtRiépnɑdz**o**Ra!
– Non, la magicienne c'est vous, et moi, je suis un inspecteur de Rospotrebnadzor !

– Ой… Может, ещё бокал чего-нибудь?
oï… m**o**jêt, yisch**io** bakaL tchiv**o**-nibout[s]?
– Oups… Peut-être un autre verre de quelque chose ?

За счёт заведения, конечно!
zasch**io**t zavid**ié**ni-ia, kan**ié**chna!
C'est nous qui invitons (Aux frais de la société), bien sûr !

COMPRENDRE LE DIALOGUE
REMARQUES GÉNÉRALES

→ Attention, le mot **барменша** est le féminin, appartenant à la langue parlée, la forme correcte est **бармен**, baRmê-n, comme beaucoup de mots signifiant les professions. Eh oui… on dit **она бармен**, *elle est barmaid (barmen !)*.

→ **Посетитель** peut être traduit par *client, consommateur* ou *visiteur*.

→ L'adjectif **Добрый!** utilisé seul sans le nom, suit souvent la phrase de salutation **Добрый день (вечер)!** Ainsi, en répondant, ne reprend-on pas la totalité de l'expression.

→ **Стакан** et **бокал** peuvent se traduire tous les deux par *verre*. **Бокал**, emprunté à la langue française, signifie plutôt un *verre à vin*. Retenez que le mot **стакан** a l'accent tonique fixe. Cela veut dire qu'il reste toujours sur la même lettre lors de la déclinaison.

→ Après les mots **стакан** et **бокал**, indiquant une quantité, on utilise le génitif : **стакан водки**.

→ La lettre **с** devient sonore au contact du **д**. Cela donne la prononciation suivante : **сделаю**, zd**ié**La-iou.

→ Le verbe perfectif de la 2ᵉ conjugaison **закусить** a une signification bien spécifique qui n'existe pas vraiment en français. Il exprime l'action de manger après avoir mangé ou bu quelque chose pour en faire passer le goût. Cela peut signifier également *manger sur le pouce*.

→ **Бутерброд** est emprunté à la langue allemande (***butterbrot***) et signifie une tartine avec quelque chose. Cela peut être du beurre, du saucisson, de la confiture… Histoire d'avoir quelque chose sur le pain !

→ **Нарезка** a la même racine que le verbe imperfectif **резать**, *couper*. Ici, on le traduira par *planche* mais en soi, il s'agit de quelque chose de tranché.

→ Pour prononcer correctement le mot composé **двухсотграммовом**, assez long et difficile, séparez-le en syllabes : dvouHs**o**t-gRam**o**va-m.

→ Nous ne traduirons pas **не правда ли?** littéralement. C'est une expression, se traduisant par *n'est-ce pas ?*

→ **Роспотребнадзор** est une abréviation qui désigne le *Service Fédéral de surveillance de la protection des droits des consommateurs et du bien-être humain*. Cet organisme contrôle l'application des lois et le respect des droits des consommateurs dans le domaine des biens et des services.

NOTE CULTURELLE - LA VODKA

Il est intéressant de constater que le russe mesure le volume de la vodka en litre quand il s'agit d'une bouteille. Généralement, vous trouvez en vente des bouteilles d'un litre ou d'un demi-litre. Pour les contenus plus petits, on parlera de la vodka en gramme. Ainsi un petit verre à vodka à parois droites (« **стопка** », st**o**pka) contient 50-100 ml, mais on dira qu'on veut 50 ou 100 grammes de vodka !

Le degré de l'alcool d'une vraie vodka est de 40°C. Idéalement, une vodka n'a pas de goût, ce qui souligne sa pureté. La vodka gèle entre -27° et -30° C.

◆ GRAMMAIRE

LES ADJECTIFS EN -*ОЙ*

Les adjectifs se terminant au masculin en **ой** ont toujours l'accent final : **пустой**, *vide*, **большой**, *grand*, **любой**, *n'importe lequel*. Remarquez qu'à part l'accent final et cette différence au nominatif singulier, le reste de la déclinaison reste identique aux autres adjectifs.

LA DÉCLINAISON DE *ЧТО*

Что-нибудь, *quelque chose*, s'écrit avec un trait d'union. Pour connaître sa déclinaison (eh oui, il se décline aussi !), il suffit de retenir la déclinaison du mot interrogatif **что**, *que, quoi*, et ensuite ajouter la partie invariable **нибудь** :

N	что, chto
G	чего, tchivo
D	чему, tchimou
A	что, chto
L	чём, tchio-m
I	чем, tchié-m

LA DÉCLINAISON DE TYPE *ФИСТАШКА*

Vous avez déjà rencontré beaucoup de mots de type **фисташка**, *pistache* : **подушка**, *oreiller*, **индюшка**, *dinde*, **бабушка**, *grand-mère*, **рубашка**, *chemise*, etc. Ils se déclinent de la même manière avec une voyelle mobile qui apparaît au génitif pluriel après la chuintante :

	Singulier	Pluriel
N	фисташка, fistachka	фисташки, fistachki
G	фисташки, fistachki	фисташек, fistachêk
D	фисташке, fistachkié	фисташкам, fistachka-m
A	фисташку, fistachkou	фисташки, fistachki
L	фисташке, fistachkié	фисташках, fistachkaH
I	фисташкой, fistachkaï	фисташками, fistachkami

▲ CONJUGAISON

Le verbe réfléchi imperfectif de la 1re conjugaison **помещаться**, pamischiatsa, rentrer, fait référence à la contenance de quelque chose. Sa conjugaison n'est pas complexe mais il faut bien s'entraîner à le prononcer : **я помещаюсь**, ia pamischia-iouss', je rentre (dans qqch), **ты помещаешься**, ty pamischia-iéch'sia, tu rentres, **они помещаются**, ani pamischia-ioutsa, ils/elles rentrent ; **она помещалась**, ana pamischiaLass', elle rentrait.

Le verbe imperfectif de la 1re conjugaison **резать**, Riézat^s, couper, change la lettre **з** en **ж** dans sa racine tout au long de la conjugaison au présent mais la retrouve au passé : **я режу**, ia Riéjou, je coupe, **ты режешь**, ty Riéjych', tu coupes, **они режут**, ani Riéjout, ils/elles coupent ; **он резал**, o-n RiézaL, il coupait.

VOCABULAIRE

хороший, ая, ее (adj), HaRochyï, a-ia, ê-ié, *bon*
бар (m), baR, *bar*
бармен (m), baRmê-n, *barmen*, **барменша** (f), baRmê-ncha, *barmaid*
посетитель (m), passititiél', *client*
стакан (m), staka-n, *verre*
водка (f), votka, *vodka*
грамм (m), gRa-m, *gramme*
пустой, ая, ое (adj), poustoï, a-ia, o-ié, *vide*
сделать (v, 1ʳᵉ conjug.), zdiéLatˢ, *faire*
закусить (v, 2ᵉ conjug.), zakoussitˢ, *grignoter, manger après (l'alcool)*
желать (v, 1ʳᵉ conjug.), jyLatˢ, *désirer*
лимон (m), limo-n, *citron*
бутерброд (m), boutêRbRot, *sandwich*
колбаса (f), kaLbassa, *saucisson*
сырный, ая, ое (adj), syRnyï, a-ia, a-ié, *de fromage*
нарезка (f), naRiéska, *planche*
фисташка (f), fistachka, *pistache*
к сожалению, ksajyliéni-iou, *malheureusement*
предложить (v, 2ᵉ conjug.), pRidLajytˢ, *proposer*
арахис (m), aRaHiss, *cacahuètes*
выливать (v, 1ʳᵉ conjug.), vylivatˢ, *verser*
помещаться (v, 1ʳᵉ conjug.), pamischiatsa, *rentrer*
странно, stRanna, *étrange*
не правда ли, nipRavdali, *n'est-ce pas*
правда (f), pRavda, *vérité*
фокусник (m), fokous-nik, *magicien*, **фокусница** (f), fokous-nitsa, *magicienne*
аудитор (m), a-ouditaR, *inspecteur*
бокал (m), bakaL, *verre*
счёт (m), schiot, *compte, addition*
за счёт, zaschiot, *aux frais de*
заведение (m), zavidiéni-ié, *établissement*
резать (v, 1ʳᵉ conjug.), Riézatˢ, *couper*
стопка (f), stopka, *petit verre à vodka*

EXERCICES

1. RETROUVEZ LA FORME INDIQUÉE :

a. рубашка → génitif pluriel _____

b. индюшка → instrumental singulier _____

c. подушка → génitif singulier _____

d. бабушка → datif singulier _____

e. фисташка → nominatif pluriel _____

2. COMPLÉTEZ EN CHOISISSANT PARMI LES MOTS DE LA LISTE :

Счёт - стул - бокал - окно - разрешит - закусит - книга - предложить - пирог - пустой - сделает

a. Что вы можете _____ ? *Que pouvez-vous proposer ?*

b. Возьми _____ стакан. *Prends un verre vide.*

c. Он всё _____ сам. *Il fera tout lui-même.*

d. Дай мне _____ вина. *Donne-moi un verre de vin.*

e. _____, пожалуйста! *L'addition s'il vous plaît.*

3. COMPLÉTEZ :

a. я ре _ _ , *je coupe*

b. ты хо _ _ _ _ , *tu veux*

c. он пред _ _ _ _ _ , *il proposera*

d. мы же _ _ _ _ , *nous souhaitons*

e. вы вьли _ _ _ _ _ , *vous versez*

f. они поме _ _ _ _ _ _ , *ils rentrent*

4. ÉCRIVEZ LES MOTS QUE VOUS ENTENDEZ :

a. _____

b. _____

c. _____

d. _____

e. _____

21. LES MÉDICAMENTS
ЛЕКАРСТВА

OBJECTIFS

- DEMANDER DES MÉDICAMENTS
- CONNAÎTRE LE NOM DES MALADIES
- DÉFINIR SES SYMPTÔMES

NOTIONS

- LES ADJECTIFS SUBSTANTIVÉS
- LA DÉCLINAISON DE *РЕБЁНОК*
- LES PRÉPOSITIONS

23

В АПТЕКЕ
À LA PHARMACIE

<u>Больная</u>: Дайте, пожалуйста, средство от кашля и боли в горле.
balʹn**a**-ia: d**a**ïtié, paj**a**Lousta, s-R**ié**ts-t-va atk**a**chlia i b**o**li vg**o**Rlié.
La malade : – Donnez-moi s'il vous plaît un remède contre la toux et le mal de (dans) gorge.

<u>Фармацевт</u>: - Для взрослого или для ребёнка?
faRmats**ê**ft: dlia vzR**o**s-Lava **i**li dlia Rib**io**-nka?
Pharmacien : – Pour un adulte ou pour un enfant ?

– Для взрослого.
dlia vzR**o**s-Lava.
– Pour un adulte.

– Тогда вот: есть микстура, а есть таблетки для рассасывания.
tagd**a** vot: iést^s mikst**ou**Ra, a iést^s tabl**ié**tki dlia Rass**a**ssyvani-ia.
– Alors voici : [j'ai] (il y a) un sirop et [sinon] (il y a) des comprimés à sucer (pour résorption).

Ещё хорошо помогает раствор для полоскания горла.
yisch**io** HaRach**o** pamag**a**-iét Rast-v**o**R dlia paLask**a**ni-ia g**o**RLa.
(Encore bien aide) La solution pour les gargarismes (rinçage de la gorge) [est également très efficace].

Жаропонижающее необходимо?
jaRapanij**a**-iouschi-ié ni-apHad**i**ma?
[Vous] faut-il un fébrifuge ?

– Да, дайте, пожалуйста, парацетамол.
da, d**a**ïtié, paj**a**Lousta, paRatsytam**o**L.
– Oui, donnez [-moi] du paracétamol, s'il vous plaît.

Или что-то посильнее от головной боли?
ili cht**o**ta passilʹn**ié**-ié adgaL**a**vn**o**ï b**o**li?
Ou quelque chose de plus fort contre le mal de tête ?

А может, антибиотики?
amojêt, a-ntibi-otiki?
(Et) Peut-être, des antibiotiques ?

– Вам их ваш лечащий врач порекомендовал?
va-m iH vach liétchaschïï vRatch paRiékami-ndavaL?
– [C'est] votre médecin traitant qui vous les a recommandés ?

– Нет, но мне кажется, у меня ангина.
niét, no mnié kajytsa, ouminia a-nguina.
– Non, mais j'ai l'impression que j'ai une angine.

– Если полоскание и таблетки не помогут, то обратитесь к врачу.
iésli paLaskani-ié i tabliétki nipamogout, to abRatitiéss¡ k-vRatchou.
– Si les gargarismes et les comprimés ne [vous] aident pas, adressez-vous à un médecin.

В любом случае некоторые лекарства мы отпускаем только по рецепту.
vlioubo-m s-Loutchi-ié niékataRy-ié likaRst-va my atpouska-ié-m tol¡ka paRitsêptou.
Dans tous les cas, certains médicaments ne sont délivrés qu'avec (nous procurons uniquement selon) une ordonnance.

COMPRENDRE LE DIALOGUE
REMARQUES GÉNÉRALES

- → La forme **дайте** ! *donnez* ! est l'impératif du verbe perfectif **дать**, *donner*. C'est la forme utilisée en cas de vouvoiement. Pour tutoyer, il faut tout simplement enlever **те** : **дай** ! *donne* !
- → Le mot **пожалуйста** est toujours séparé par des virgules du reste de la phrase.
- → **Взрослый** sous-entend **взрослый человек**, *adulte*. Ainsi l'adjectif peut-il s'utiliser seul.
- → Il y a deux mots dans **жаропонижающее** : **жар**, jaR, *chaleur* mais aussi *fièvre* et la racine du verbe imperfectif **понижать**, panija t[s], *baisser*. Il s'agit bien d'un mot composé avec une voyelle de liaison **o** entre les deux racines.
- → **Необходимо** se traduit par *il faut, il est nécessaire*. Le verbe *être* est omis au présent, en revanche, il sera accordé au singulier neutre au passé et au singulier au futur : **было необходимо**, *c'était nécessaire* ; **будет необходимо**, *ce sera nécessaire*.
- → Le mot neutre **лекарство** a le pluriel en **а** : **лекарства**. L'accent tonique est fixe lors de la déclinaison ; attention à la terminaison « zéro » au génitif pluriel : **лекарств**.
- → Le verbe imperfectif **отпускать** a le sens de *délivrer, laisser, libérer*.
- → **Рецепт** signifie *ordonnance* mais également *recette de cuisine*.

NOTE CULTURELLE - LA PHARMACIE

Les pharmacies russes sont ouvertes le plus souvent 7 jours sur 7, avec une amplitude horaire assez large (du petit matin jusqu'à 21-22h). Il y a également des pharmacies de garde ouvertes toute la nuit. Quasiment tous les médicaments sont vendus sans ordonnance à l'exception de quelques-uns délivrés sur l'avis d'un médecin – le plus souvent il s'agit de forts antalgiques, d'antibiotiques, de vaccins, de psychotropes, etc.

La plupart des Russes ne passent pas par la « case médecin » et s'auto médicamentent en suivant des conseils d'amis, de parents, au mieux – d'un pharmacien.

On peut trouver en pharmacie plusieurs produits parapharmaceutiques, tisanes médicinales, produits hygiéniques, huiles essentielles et produits pour enfants, comme dans les pharmacies françaises.

◆ GRAMMAIRE
LES ADJECTIFS SUBSTANTIVÉS

Il s'agit des adjectifs qui sont devenus des noms (comme en français, par exemple, l'adjectif *fou* donne *un fou*, qui devient un nom). L'adjectif substantivé russe garde la forme d'un adjectif : **взрослый**, vzRos-Lyï, *adulte* ; **прохожие**, pRaHojy-ié, *les passants*, etc. Ces mots vont se décliner comme des adjectifs.

LA DÉCLINAISON DE *РЕБЁНОК*

Vous avez déjà vu le pluriel irrégulier **дети** du nom masculin **ребёнок**. C'est étonnant mais le verbe va s'accorder au masculin même s'il s'agit d'une fille : **Она хороший ребёнок !** Au singulier, ce nom perd le **o** dans toutes les formes sauf au nominatif ; au pluriel, il change complètement de forme :

	Singulier	Pluriel
N	**ребёнок**, Ribionak	**дети**, diéti
G	**ребёнка**, Ribio-nka	**детей**, ditiéï
D	**ребёнку**, Ribio-nkou	**детям**, diétia-m
A	**ребёнка**, Ribio-nka	**детей**, ditiéï
L	**ребёнке**, Ribio-nkié	**детях**, diétiaH
I	**ребёнком**, Ribio-nka-m	**детьми**, dit'mi

LES PRÉPOSITIONS

Vous avez déjà vu la préposition **по** (suivie du datif) dans le sens de « la circulation sur une surface définie que l'on couvre ». Elle peut prendre également le sens de *selon, d'après* : **по его мнению**, *selon son opinion*.

La préposition **для** est suivie du génitif : **для ребёнка**, *pour un enfant*.

La préposition **от** est également suivie du génitif : **от врача**, *de chez le médecin*.

▲ CONJUGAISON

Le verbe perfectif de la 1ʳᵉ conjugaison **порекомендовать**, *recommander*, est un verbe en **ова**. Il change donc son suffixe en **у** lors de la conjugaison au futur et le retrouve au passé : **я порекомендую**, *je recommanderai*, **ты порекомендуешь**, *tu recommanderas*, **они порекомендуют**, *ils/elles recommanderont* ;

он порекомендовал, *il a recommandé*. Remarquez que l'imperfectif de ce verbe appartiendra également à la 1ʳᵉ conjugaison **рекомендовать**, *recommander*, avec une conjugaison identique.

Обратиться, *s'adresser*, est un verbe réfléchi perfectif de la 2ᵉ conjugaison. Il change de consonne dans la racine à la première personne du singulier mais retrouve la consonne « habituelle » aux autres formes : **я обращусь**, *je m'adresserai*, **ты обратишься**, *tu t'adresseras*, **они обратятся**, *ils/elles s'adresseront*.

VOCABULAIRE

лекарство (n), likaR-st-va, *médicament*
аптека (f), aptiéka, *pharmacie*
больной (m), bal'noï, **больная** (f), bal'na-ia, *malade*
средство (n), sRiétst-va, *remède*
кашель (m), kachêl', *toux*
боль (f), bol', *douleur*
горло (n), goRLa, *gorge*
провизор (m), pRavizaR, *pharmacien*
взрослый, **ая**, **ое** (adj), vzRos-Lyï, a-ia, a-ié, *adulte*
ребёнок (m), Ribionak, *enfant*
микстура (f), mikstouRa, *sirop*
рассасывание (n), Rassassyvani-ié, *résorption*
помогать (v, 1re conjug.), pamagat[s], *aider*
раствор (m), Rast-voR, *solution (liquide)*
полоскание (n), paLaskani-ié, *gargarisme*
жаропонижающее (n), jaRapanija-iouschi-ié, *fébrifuge*
необходимо, ni-apHadima, *nécessaire, il faut*
парацетамол (m), paRatsytamoL, *paracétamol*
посильнее, passil'nié-ié, *plus fort*
может, mojêt, *peut-être*
головной, **ая**, **ое** (adj), gaLavnoï, a-ia, o-ié, *de tête*
антибиотик (m), a-ntibi-otik, *antibiotique*
лечащий врач (m), liétchaschïï vRatch, *médecin traitant*
порекомендовать (v, 1re conjug.), paRiékami-ndavat[s], *recommander*
ангина (f), a-ngui-na, *angine*
обратиться (v, 2e conjug.), abRatitsa, *s'adresser*
случай (m), s-Loutchïï, *cas*
некоторый, **ая**, **ое** (adj), niékataR-yï, a-ia, a-ié, *certain*
отпускать (v, 1re conjug.), atpouskat[s], *délivrer*
рецепт (m), Ritsêpt, *ordonnance, recette (de cuisine)*
жар (m), jaR, *chaleur, fièvre*
понижать (v, 1re conjug.), panijat[s], *baisser*
мнение (n), mniéni-ié, *opinion*
рекомендовать (v, 1re conjug.), Riékami-ndavat[s], *recommander*

● EXERCICES

 1. ÉCOUTEZ ET NOTEZ LE MOT QUE VOUS ENTENDEZ :

a. _____, *un adulte.*

b. _____, *une malade.*

c. _____, *une salle de bains.*

d. _____, *une entrée.*

2. ACCORDEZ LES NOMS AU CAS INDIQUÉ :

a. ребёнок → *datif pluriel* _____

b. лекарство → *génitif pluriel* _____

c. горло → *locatif singulier* _____

d. ребёнок → *génitif singulier* _____

e. аптека → *accusatif singulier* _____

f. девочка → *génitif singulier* _____

g. антибиотик → *instrumental pluriel* _____

3. ACCORDEZ LE VERBE AU PRÉSENT AVEC LE SUJET :

a. Ты (рекомендовать) _____.

b. Взрослые (рекомендовать) _____.

c. Вы (рекомендовать) _____.

d. Таня (рекомендовать) _____.

e. Мы (рекомендовать) _____.

4. ÉCOUTEZ ET CHOISISSEZ LES NOMS AVEC L'ACCENT TONIQUE SUR LA PREMIÈRE SYLLABE :

список, *liste*, **багаж**, *bagages*, **пятница**, *vendredi*, **почта**, *poste*, **ещё**, *encore*, **вино**, *vin*, **пирог**, *tarte*, **куртка**, *veste*, **идти**, *aller*

22. LES TRANSPORTS URBAINS
ГОРОДСКОЙ ТРАНСПОРТ

OBJECTIFS

- LES DIFFÉRENTS TYPES DE TRANSPORTS
- DÉCRIRE SON TRAJET
- DISCUTER PENDANT SON TRAJET

NOTIONS

- L'ACCORD DE *КАК* ET *КАКОЙ*
- LA DÉCLINAISON DU NOM *ГОД*
- LA DÉCLINAISON DU DÉMONSTRATIF *ЭТОТ*
- LA PARTICULE *НИБУДЬ*
- LES VERBES DE MOUVEMENT (INTRODUCTION)

🔊 24   СЛУЧАЙНАЯ ВСТРЕЧА
RENCONTRE FORTUITE

Дарья: Простите, вы выходите на следующей?

daRia: pRastitié, vy vyHoditié na sliédou-iouschiéï?

Daria : Pardon (pardonnez), est-ce que vous descendez à la prochaine ?

Георгий: Даша!! Ты здесь?

gui-oRguiï: dacha!! ty zdiéss¡?

Géorgui : Dacha !! Tu [es] ici ?

- Гоша! Надо же так встретиться! Я никогда не езжу на этом троллейбусе,

gocha! nadajê tak fstRiétitsa! ia nikagda ni-iéjjou na êta-m tRaliéyboussié,

– Gocha ! Quelle rencontre inattendue (Faut donc ainsi se rencontrer) ! Je ne prends (roule) jamais (sur) ce trolleybus,

а тут – сажусь в машину, а завести её не могу.

a tout – sajouss¡ vmachynou, a zavis-ti yi-yo nimagou.

et là – je monte (m'assoie) en voiture mais je n'arrive pas à la démarrer.

Ты в центр едешь?

ty ftsê-ntR iédich'?

Tu vas au centre [-ville] ?

– Нет, за город. Мои родители сейчас в санатории.

niét, zagaRat. ma-i Raditiéli sitchass fsanatoRi-i.

– Non, à la campagne (derrière la ville). Mes parents [sont] maintenant au sanatorium.

Еду их навестить.

iédou iH navis-tit[s].

Je vais leur rendre visite.

Через две остановки сделаю пересадку, потом на автобусе до конечной.

tchiéRiss dvié as-tanofki zdiéLa-iou piRissatkou, pato-m na-aftoboussié dakaniétchnaï.

Dans deux arrêts, je ferai un changement et ensuite, [je prendrai] (sur) le bus jusqu'au terminus.

В общем, мне ещё ехать часа полтора.
vopschié-m, mnié yischio iéHatˢ tchissa paLtaRa.
Bref (en général), j'en ai (à-moi) encore (aller) pour environ une heure et demie.

– Как далеко! А мне через одну выходить.
kak daliko! a mnié tchiRizadnou vyHaditˢ.
– Que [c'est] loin ! Et (à) moi, [je descends] dans une [station].

Слушай, ты не занят сегодня вечером?
sLouchaï, ty nizanit sivodnia viétchiRa-m?
Écoute, (tu n'es pas) est-ce que tu es occupé ce soir ?

Может, посидим с тобой где-нибудь?
mojêt, passidi-m s-taboï gdiéniboutˢ?
Si l'on allait ensemble (Peut-être, nous resterons assis avec toi) quelque part ?

Супер! Сто лет не виделись...
soupiéR! sto liét nlvidilisˢˢ,..
– Super ! Cela fait une éternité (cent ans) [qu']on ne s'est pas vus...

Давай я тебе позвоню после обеда, решим, где встречаемся.
davaï ia tibié pazvaniou poslié abiéda, Richy-m, gdié fstRitcha-ié-msia.
Alors (Donne), je te téléphonerai [dans] l'après-midi, [nous] déciderons où nous irons (nous rencontrons).

– Отлично. До вечера!
atlitchna. daviétchiRa!
– Parfait. À [ce] soir !

COMPRENDRE LE DIALOGUE
REMARQUES GÉNÉRALES

→ **выходить на остановке** *descendre à une station* même si le sens littéral du verbe est *sortir*.

→ Attention, si l'accent tonique se déplace sur l'avant dernière syllabe, le sens du verbe changera de forme. Comparez : **выходите**, vyHoditié, *vous sortez,* et **выходите!**, vyHaditié, *sortez !*

→ **Даша**, dacha, est le diminutif du prénom féminin **Дарья**, daRia ; **Гоша**, gocha, est celui de **Георгий**, gui-oRguiï.

→ Le verbe imperfectif de la 2ᵉ conjugaison **ездить** signifie un déplacement en empruntant un moyen de locomotion, en voiture ou via un autre moyen de transport qui roule/se déplace par terre. Vous avez déjà vu ce genre d'emploi avec la préposition **на** suivie du locatif dans le Module 8.

→ Malgré le sens premier de la préposition **за**, *derrière*, ici on ne va pas « derrière la ville », c'est le sens figuré qui signifie qu'on sort de la ville. Remarquez que dans cette expression, l'accent tombe sur la préposition : **за город**, zagaRat.

→ **Конечная остановка**, *terminus*, se réduit à l'adjectif dans la langue parlée.

→ **Полтора часа**, *une heure et demi*, se transforme en une approximation si l'on met d'abord le mot **часа** : *une heure et demie environ*. Remarquez que **полтора** a une signification assez particulière *un et demi* : **полтора месяца**, *un mois et demi*.

→ Dans le mot **часа** la lettre **а** en position non-accentuée devant l'accent se prononce comme i – tchiss**a**.

→ L'expression *ce soir* se traduit par **сегодня вечером**, littéralement *aujourd'hui soir*.

→ Quand on dit **посидим где-нибудь**, le sens propre de *rester assis un certain temps quelque part* cède la place à celui figuré : *aller quelque part, fréquenter un endroit* (un bar par exemple).

NOTE CULTURELLE - LES TRANSPORTS

En Russie, il n'existe pas de système d'abonnement unique aux transports urbains. À Moscou, par exemple, il existe une carte de métro magnétique rechargeable. On la recharge dans un guichet ou via des machines mises à disposition dans les stations de métro mais on peut les recharger également sur Internet ou dans quelques salons de téléphonie, dispersés dans la ville. Cette carte a une application qui permet de payer dans tous les autres transports urbains (bus, trams et trolleys qui sillonnent la ville). En règle générale, dans chaque ville le tarif est différent et le prix de ticket pour le réseau des transports privés (les « marchroutkas » dont on a déjà parlé plus tôt) peut varier dans la même ville.

◆ GRAMMAIRE
L'ACCORD DE *KAK* ET *KAKOЙ*

Какой, *quel, lequel*, et **как**, *comment,* sont des interrogatifs mais peuvent également s'utiliser dans les phrases exclamatives pour souligner la qualité d'un objet, d'un être ou d'un état. Attention, dans ce cas, l'adjectif **какой** s'accorde dans une phrase avec un autre adjectif ou un nom tandis que **как** s'accorde avec un adverbe : **какой хороший день!** *quelle bonne journée !* mais **как здесь хорошо!** *comme c'est bien ici !* Remarquez que **какой** a l'accent final dans toutes les formes. Faites attention à l'incompatibilité orthographique – pas de **ы** après **к** dans la terminaison adjectivale.

LA DÉCLINAISON DU NOM *ГОД*

Le mot **год**, *an, année,* a une déclinaison particulière quand il suit un cardinal. De 1 à 4 on utilise le mot **год** : **один год, два года, три года, четыре года**. Rien d'anormal jusque-là, comme nous utilisons le génitif singulier pour 2, 3 et 4. En revanche, entre 5 et 20 (et toutes les autres formes qui nécessitent l'emploi du génitif pluriel), on utilisera une autre forme – **лет** : **пять лет**. Ce mot au génitif ne s'utilise qu'avec les cardinaux ou les mots exprimant une quantité : **много лет**.

Attention : le nominatif pluriel a aussi une particularité, à savoir, deux formes possibles – **годы** et **года** – mais nous vous conseillons d'utiliser la première forme : **годы**.

	Singulier	Pluriel
N	**год**, got	**годы**, gody ou **года**, gada
G	**года**, goda	**годов**, gadof ou **лет**, liét
D	**году**, godou	**годам**, gada-m
A	**год**, got	**годы**, gody
L	**годе**, godié	**годах**, gadaH
I	**годом**, goda-m	**годами**, gadami

LA DÉCLINAISON DU DÉMONSTRATIF ЭТОТ

Tout se décline en russe, même les démonstratifs. Au cours des derniers modules, vous avez rencontré l'emploi du démonstratif décliné : **по этой улице** (Module 9), **купи эти книги** (Module 13), **вы снимете эту квартиру** (Module 15), **смотрели этот фильм** (Module 17), **нравится эта книга, нравятся эти девочки** (Module 18). Le démonstratif **этот**, *ce, celui-ci*, a ses formes féminine, neutre (qui est identique au masculin) et celle du pluriel : **эта**, *cette, celle-ci*, **этот**, *ce, celui-ci*, **эти**, *ces, ceux-ci*. Ils ont la déclinaison suivante :

Cas	Masculin/Neutre	Féminin	Pluriel
Nominatif	**этот**, êtat / **это**, êta	**эта**, êta	**эти**, êti
Génitif	**этого**, êtava	**этой**, êtaï	**этих**, êtiH
Datif	**этому**, êtamou	**этой**, êtaï	**этим**, êti-m
Accusatif	N (inanimé) ou G (animé)	**эту**, êtou	N (inanimé) ou G (animé)
Locatif	**этом**, êta-m	**этой**, êtaï	**этих**, êtiH
Instrumental	**этим**, êti-m	**этой**, êtaï	**этими**, êtimi

LA PARTICULE *НИБУДЬ*

Vous avez déjà rencontré les mots formés avec la particule indéfinie **нибудь** : **какой-нибудь** dans le Module 6 et **что-нибудь** dans le 13. Nous pouvons y ajouter **где-нибудь**, *quelque part*, **как-нибудь**, *d'une certaine manière*, **когда-нибудь**, *un jour*, **сколько-нибудь**, *une certaine quantité*. Rappelez-vous que cette particule s'écrit toujours avec un trait d'union.

▲ CONJUGAISON
LES VERBES DE MOUVEMENT (INTRODUCTION)

Il existe dans la langue russe 14 paires de verbes, dits, verbes de mouvement. Chacun indique un moyen de déplacement : à pied, à la nage, en véhicule ou en avion. Notez bien que les 14 paires sont des verbes imperfectifs. En revanche, dans ce couple de deux imperfectifs, il y aura toujours un verbe, dit défini, qui désignera une direction unique, très concrète et le deuxième, indéfini, sera utilisé pour indiquer un déplacement « pluridirectionnel », répétitif ou exprimant une habitude. Comparez : **я еду в кино**, *je vais au cinéma* (je suis en train d'y aller) et **я часто езжу в кино**, *je vais souvent au cinéma* (une habitude, des allers-retours, je parle d'une action que j'effectue en général et pas maintenant).

Dans ce Module, vous avez rencontré la paire **ехать/ездить**, *aller avec le moyen de locomotion.*

ехать - *imperf,* défini, 1ʳᵉ *conjugaison*	**ездить** - *imperf,* indéfini, 2ᵉ *conjugaison*
Я еду, ia **ié**dou, *je vais*	**Я езжу**, ia **ié**jjou, *je vais*
Ты едешь, ty **ié**dich', *tu vas*	**Ты ездишь**, ty **ié**zdich', *tu vas*
Он/она/оно едет o-n, an**a**, an**o ié**dit, *il/elle va*	**Он/она/оно ездит**, o-n, an**a**, an**o ié**zdit, *il/elle va*
Мы едем, my **ié**di-m, *nous allons*	**Мы ездим**, my **ié**zdi-m, *nous allons*
Вы едете, vy **ié**ditié, *vous allez*	**Вы ездите**, vy **ié**zditié, *vous allez*
Они едут, an**i ié**dout, *ils/elles vont*	**Они ездят**, an**i ié**zdiat, *ils/elles vont*

D'AUTRES VERBES

Retenez l'accent tonique final du verbe perfectif de la 2ᵉ conjugaison **позвонить**, pazvan**it**ˢ, *téléphoner* (tout comme sa forme imperfective **звонить**) : **я позвоню**, ia pazvan**iou**, *j'appellerai*, **ты позвонишь**, ty pazvan**ich'**, *tu appelleras*, **они позвонят**, an**i** pazvan**iat**, *ils/elles appelleront*.

Le verbe imperfectif de la 2ᵉ conjugaison **выходить**, *sortir,* change **д** en **ж** à la première personne du singulier lors de la conjugaison au présent mais le retrouve dans toutes les autres formes : **я выхожу**, ia vyHaj**ou**, *je sors*, **ты выходишь**, ty vyH**o**dich', *tu sors*, **они выходят**, an**i** vyH**o**diat, *ils/elles sortent*.

● EXERCICES

1. COMPLÉTEZ EN TRADUISANT :

a. _____-нибудь → *quelqu'un*

b. _____-нибудь → *quelque part*

c. _____-нибудь → *d'une certaine manière*

d. _____-нибудь → *un jour*

e. _____-нибудь → *quelque chose*

f. _____-нибудь → *quelconque*

g. _____-нибудь → *une certaine quantité*

2. ACCORDEZ LE DÉMONSTRATIF *ЭТОТ* AVEC LE NOM :

a. Посидим в _____ баре? *Passons du temps dans ce bar ?*

b. Дайте мне, пожалуйста, _____ книгу. *Donnez-moi, s'il vous plaît, ce livre.*

c. Подготовь _____ документы ко вторнику. *Prépare ces documents pour mardi.*

d. Вы тоже едете на _____ трамвае? *Vous y allez aussi avec ce tram ?*

e. Я купил _____ пальто. *J'ai acheté ce manteau.*

3. ACCORDEZ LE VERBE ENTRE PARENTHÈSES AU PRÉSENT :

a. Люди (ехать)_____ на работу. *Les gens vont au travail.*

b. Он всегда (ездить)_____ на этом автобусе. *Il prend toujours ce bus.*

c. Куда ты (ехать)_____? *Où vas-tu ?*

d. Мы (ехать)_____ к тебе. *Nous allons chez toi.*

e. Я (ездить)_____ на дачу каждый вечер. *Je vais à la datcha chaque soir.*

🔊 4. COMPLÉTEZ LA PHRASE EN ÉCOUTANT L'ENREGISTREMENT :
24

a. Я _____ тебе вечером.

b. А где _____ родители?

c. Не могу завести _____.

d. Ты едешь _____?

VOCABULAIRE

городской, ая, ое (adj), gaRatskoï, a-ia, o-ié, *urbain*
транспорт (m), tRa-n-spaRt, *transport*
случайный, ая, ое (adj), s-Loutchaïnyï, a-ia, a-ié, *fortuit*
простить (v, 2ᵉ conjug.), pRastit^s, *pardonner*
выходить (v, 2ᵉ conjug.), vyHadit^s, *sortir, descendre*
следующий, ая, ее (adj), s-Liédou-iouschiï, i-ia, i-ié, *prochain*
встретиться (v, 2ᵉ conjug.), fstRiétitsa, *se rencontrer*
ездить (v, 1ʳᵉ conjug.), iézdit^s, *rouler, aller (avec un moyen de locomotion)*
троллейбус (m), tRaliéybouss, *trolleybus*
садиться (v, 2ᵉ conjug.), saditsa, *s'asseoir*
машина (f), machyna, *voiture*
завести (v, 1ʳᵉ conjug.), zavis-ti, *démarrer*
центр (m), tsê-ntR, *centre*
санаторий (m), sanatoRiï, *sanatorium*
навестить (v, 2ᵉ conjug.), navistit^s, *rendre visite*
остановка (f), astanofka, *arrêt*
пересадка (f), piRissatka, *changement*
конечная (f) (**остановка**), kaniétchna-ia (astanofka), *terminus*
в общем, vopschié-m, *bref, en général*
час (m), tchass, *heure*
полтора, paLtaRa, *un et demi*
далеко, daliko, *loin*
посидеть (v, 2ᵉ conjug.), passidiét^s, *rester assis, fréquenter (un bar)*
где-нибудь, gdié-nibout^s, *quelque part*
супер, soupiéR, *super*
год (m), got, *année, an*
видеться (v, 2ᵉ conjug.), viditsa, *se voir*
позвонить (v, 2ᵉ conjug.), pazvanit^s, *téléphoner*
после обеда, poslié abiéda, *après-midi*
решить (v, 2ᵉ conjug.), Richyt^s, *décider*
встречаться (v, 1ʳᵉ conjug.), fstRitchatsa, *se rencontrer*
как-нибудь, kak-nibout^s, *d'une certaine manière*
когда-нибудь, kagda-nibout^s, *un jour*
сколько-нибудь, s-kol'ka-nibout^s, *une certaine quantité*

23.
EN VOITURE
В МАШИНЕ

OBJECTIFS

- PARLER DES VOITURES
- RÈGLES DE SÉCURITÉ
- CONNAÎTRE LE CODE DE LA ROUTE

NOTIONS

- AVEC OU SANS MOUVEMENT
- L'EMPLOI DU FUTUR COMPOSÉ ET DU FUTUR SIMPLE
- LES VERBES PARTICULIERS

🔊 25 МОЛОДОЙ ВОДИТЕЛЬ
JEUNE CONDUCTEUR

Петя: Пристегни ремень безопасности, пожалуйста!
piétia: pRistig-ni Rimiégne bizapas-nasti, pajaLousta!
Piétia : Attache [ta] ceinture de sécurité, s'il te plaît !

Варя: - Сразу видно, только права получил –
vaRia: s-Razou vidna, tol'ka pRava paLoutchiL -
Varia : – Cela se voit immédiatement [que tu as] à peine eu (reçu) [ton] permis de conduire -

всё правильно делаешь, даже «поворотник» включаешь.
fsio pRavil'na diéLa-iéch', dajê pavaRotnik fklioutcha-iéch'.
[Tu] fais tout bien (correctement), [tu mets] même le clignotant (allumes).

Посмотришь, через год-два будешь себя вести на дороге по-другому.
pas-motRich', tchiéRis-got-dva boudiéch' sibia vis-ti na daRoguié padRougomou.
Tu verras, dans un an ou deux (an-deux), [tu] vas (seras) te comporter différemment sur la route.

- Что за ерунда! Я всегда буду соблюдать правила дорожного движения.
chto za yiRou-nda! ia fsigda boudou sablioudat^s pRaviLa daRojnava dvijêni-ia.
– Bêtises (Que derrière bêtise) ! Je vais (serai) toujours respecter le code de la route (règles de la circulation routière).

- Да ладно, я шучу. Ты детское кресло взял?
daLadna, ia choutchiou. ty diétska-ié kRiés-La vziaL?
– Allez (oui soit), [je] plaisante. Tu as pris le siège (fauteuil) bébé ?

- Да, оно в багажнике.
da ano vbagajnikié.
– Oui, il [est] dans le coffre.

Мне надо заехать на заправку – залить полный бак бензина.
mnié nada za-iéHat^s nazapRafkou – zalit^s poLnyï bak bi-nzina.
Je dois (A moi il faut) aller à une station-service [pour] faire le plein (faire couler plein réservoir) d'essence.

Ещё хочу проверить давление в шинах, фары и тормоза.
yischio Hatchou pRaviéRit^s davliéni-ié fchynaH, faRy i taRmaza.
[Et je] veux aussi vérifier la pression des pneus, les phares et les freins.

И "щётки" – на случай дождя.
ischiotki – nas-Loutchïi dajdia.
Et les essuie-glaces – en (sur) cas de pluie.

Здесь недалеко есть заправка с небольшой станцией техосмотра.
zdiéss^j nidaliko iést^s zapRafka s-nibal'choï s-ta-ntsy-iéï tiéHas-motRa.
Ici pas loin, il y a une station avec un petit atelier de contrôle technique.

- Что же ты на газ жмёшь, если с ручника не снял?
chto jê ty nagass jmioch', iésli s-Routchnika nis-niaL?
– Eh ben alors, pourquoi appuies-tu sur l'accélérateur (gaz) si tu n'as [même] pas desserré le (enlevé du) frein à main ?

- Ну, я ещё молодой водитель… Опыт придёт со временем.
nou ia yischio maLadoï vaditiél^j… opyt pRidiot savRiéminié-m.
Eh bien, je suis un jeune conducteur… L'expérience viendra avec le temps.

■ COMPRENDRE LE DIALOGUE
REMARQUES GÉNÉRALES

- → **Петя**, pi**é**tia, est le diminutif du prénom masculin **Пётр**, piotR ; **Варя**, v**a**Ria, est celui du féminin **Варвара**, vaRv**a**Ra.
- → Le neutre **право**, *droit, pouvoir*, donne au pluriel **права**, *permis de conduire*.
- → **поворотник**, *clignotant*, est un mot appartenant à la langue parlée.
- → **Правила дорожного движения**, *code de la route*, se réduit à **правила** dans la langue parlée.
- → Attention à la prononciation de **детский** : di**é**tskiï.
- → **заехать**, *aller, faire un détour*, le préfixe **за** suggère l'action de détour par rapport au verbe imperfectif **ехать**, *aller*.
- → **Заправочная станция**, *station-service*, se réduit dans la langue parlée à **заправка**.
- → Le masculin **тормоз**, *frein*, forme son pluriel en **а** : **тормоза**.
- → Vous connaissez l'adjectif avec accent final **большой**, *grand*. Il est facile de former le contraire en ajoutant le préfixe de négation **не** : **небольшой**, *pas grand, petit*.
- → Et voici un mot qui se ressemble dans tant de langues : **газ**, *gass*.

NOTE CULTURELLE - LE CODE DE LA ROUTE

Le code de la route russe ressemble beaucoup au code français et vous reconnaîtrez sûrement tous les panneaux de circulation. Les panneaux de signalisation aux alentours de très grandes villes, par exemple, Moscou ou Saint-Pétersbourg, sont transcrits en lettres latines, cela n'est pas le cas dans les coins reculés russes.

Notez bien que l'alcool au volant n'est pas toléré en Russie (0 g/L de sang) et tout écart est réprimé sévèrement : une amende importante et le retrait du permis jusqu'à deux ans.

◆ GRAMMAIRE
AVEC OU SANS MOUVEMENT

Nous abordons maintenant une notion très importante de la langue russe. Il existe une distinction de positionnement d'un objet avec ou sans mouvement. Ainsi, utiliserons-nous deux cas différents pour positionner un objet ou un être :

Le locatif (prépositionnel) indique la position de l'objet ou de l'être à un endroit sans mouvement. On parle d'un endroit où l'on se trouve. Petite astuce – le locatif, comme suggère son nom, localise l'objet. Facile à retenir.

L'accusatif indique la position de l'objet ou de l'être avec mouvement. On parle de l'endroit vers lequel on se dirige.

Comparez : **Сейчас я в парке.** *Maintenant, je suis au parc.* (Locatif, sans mouvement. Je peux marcher dans le parc mais je suis sans mouvement par rapport au parc). – **Я иду в парк.** *Je vais au parc.* (Accusatif, avec mouvement. Je m'approche, je me déplace par rapport au parc).

▲ CONJUGAISON
L'EMPLOI DU FUTUR COMPOSÉ ET DU FUTUR SIMPLE

Le futur dit simple est celui des verbes perfectifs et le futur composé est celui des verbes imperfectifs. La différence de l'emploi de ces deux formes verbales s'explique par la nature intrinsèque des verbes russes.

Le verbe perfectif s'intéresse au résultat de l'action tandis que l'imperfectif met l'accent sur l'action elle-même, son déroulement. Le futur reprend donc la même idée.

Le futur simple indique l'action qui aura un résultat au futur et met l'accent sur ce résultat : **Я поеду к маме в субботу.** *J'irai chez maman samedi.* Le perfectif nous prévient du résultat de l'action qu'on verra dans le temps – *samedi jo serai chez maman.*

Le futur composé soulignera le déroulement de l'action, souvent sa répétition : **Я всегда буду ездить к ней.** *J'irai toujours chez elle.* L'imperfectif exprime une action qui se répètera dans le futur, on n'accentue pas le fait « d'être chez elle » mais le fait d'effectuer cette action d'aller qui est supposée se répéter. On décrit plutôt l'action que son résultat.

D'AUTRES VERBES

Le verbe perfectif de la 1re conjugaison **залить**, zal**i**t[s], *verser, remplir* est formé du verbe imperfectif **лить**, l**i**t[s], *verser, faire couler.* Tous les deux ont une conjugaison identique avec un signe mou qui apparaît : **я лью**, ia l**i**ou, *je verse*, **ты льёшь**, ty lioch', *tu verses*, **они льют**, an**i** liout, *ils/elles versent.*

Le verbe perfectif de la 1ʳᵉ conjugaison **пристегнуть**, *attacher*, prend un **ё** dans sa conjugaison. Par conséquent, l'accent est final (comme **ё** est toujours accentué) : **я пристегну**, ia pRistig-n**ou**, *j'attacherai*, **ты пристегнёшь**, ty pRistig-n**io**ch', *tu attacheras*, **они пристегнут**, an**i** pRistig-n**ou**t, *ils/elles attacheront*.

Le verbe imperfectif de la 1ʳᵉ conjugaison **вести себя**, *se comporter*, est un peu particulier. Ce n'est pas un vrai verbe pronominal comme vous l'avez vu jusqu'ici. Lors de la conjugaison, seul le verbe lui-même se conjugue, la particule **себя** reste inchangée : **я веду себя**, ia vid**ou** sib**ia**, *je me comporte*, **ты ведёшь себя**, ty vid**io**ch' sib**ia**, *tu te comportes*, **они ведут себя**, an**i** vid**ou**t sibia, *ils/elles se comportent*.

Le verbe imperfectif de la 2ᵉ conjugaison **шутить**, *plaisanter*, change **т** en **ч** à la première personne du singulier lors de la conjugaison au présent mais le retrouve dans toutes les autres formes : **я шучу**, ia choutch**ou**, *je plaisante*, **ты шутишь**, ty ch**ou**tich', *tu plaisantes*, **они шутят**, an**i** ch**ou**tiat, *ils/elles plaisantent*.

Le verbe imperfectif de la 1ʳᵉ conjugaison **жать**, *appuyer*, a la base en **жм-** lors de la conjugaison au présent. Au passé, le verbe redevient « normal » : **я жму**, ia jmou, *j'appuie*, **ты жмёшь**, ty jmioch', *tu appuies*, **они жмут**, an**i** jmout, *ils/elles appuient* ; mais **он жал**, o-n jaL, *il appuyait*.

VOCABULAIRE

молодой, **ая**, **ое** (adj), maLadoï, a-ia, o-ié, *jeune*
водитель (m), vaditiél¹, *conducteur*
пристегнуть (v, 1ʳᵉ conjug.), pRistig-nouts, *attacher*
ремень (m), Rimiégne, *ceinture*
безопасность (f), bizapas-nasts, *sécurité*
сразу, s-Razou, *directement*
только, tol'ka, *à peine*
права (pl), pRava, *le permis de conduire, droits*
получить (v, 2ᵉ conjug.), paLoutchits, *recevoir, avoir*
даже, dajê, *même*
поворотник (m), pavaRotnik, *clignotant*
включать (v, 1ʳᵉ conjug.), fklioutchats, *allumer, mettre*
вести себя (v, 1ʳᵉ conjug.), vis-ti sibia, *se comporter*
по-другому, padRougomou, *différemment*
ерунда (f), yiRou-nda, *bêtises*
соблюдать (v, 1ʳᵉ conjug.), sablioudats, *respecter*
правило (n), pRaviLa, *règle*
дорожный, **ая**, **ое** (adj), daRojnyï, a-ia, a-ié, *routier*
движение (n), dvijêni-ié, *circulation*
шутить (v, 2ᵉ conjug.), choutits, *plaisanter*
детский, **ая**, **ое** (adj), diétskiï, a-ia, a-ié, *d'enfant, de bébé*
кресло (n), kRiés-La, *fauteuil, siège*
багажник (m), bagajnik, *coffre*
заехать, (v, 1ʳᵉ conjug.), za-iéHats, *aller, faire un détour*
заправка (f), zapRafka, *station-service*
залить (v, 1ʳᵉ conjug.), zalits, *verser*
полный, **ая**, **ое** (adj), poLnyï, a-ia, a-ié, *plein*
бак (m), bak, *réservoir*
бензин (m), bi-nzi-n, *essence*
проверить (v, 2ᵉ conjug.), pRaviéRits, *vérifier*
давление (n), davliéni-ié, *pression*
шина (f), chyna, *pneu*
фара (f), faRa, *phare*
тормоз (m), toRmass, *frein*
щётка (f), schiotka, *brosse, essuie-glace*
станция (f) **техосмотра**, stantsy-ia tiéHas-motRa, *atelier du contrôle technique*
газ (m), gass, *accélérateur*
жать, (v, 1ʳᵉ conjug.), jats, *appuyer*
ручник (m), Routchnik, *frein à main*
снять (v, 1ʳᵉ conjug.), s-niats, *desserrer, enlever*
опыт (m), opyt, *expérience*

● EXERCICES

1. RETROUVEZ LES MOTS NEUTRES ET DONNEZ LEUR NOMINATIF :

a. креслом → _____
b. багажника → _____
c. правила → _____
d. временем → _____
e. правом → _____
f. дождя → _____
g. давления → _____

2. TRADUISEZ LES PHRASES ET VÉRIFIEZ VOS RÉPONSES EN ÉCOUTANT L'ENREGISTREMENT :

a. *Il met le clignotant.* _____.
b. *Comment te comportes-tu ?* _____?
c. *Tu vas appuyer sur le frein.* _____.
d. *Il faut vérifier les pneus et les phares.* _____.

3. RETROUVEZ L'INFINITIF DES VERBES CONJUGUÉS :

a. придёт → _____
b. шучу → _____
c. пристегните → _____
d. получишь → _____
e. жмём → _____
f. посмотрим → _____
g. взяла → _____
h. заедете → _____

4. ÉCOUTEZ ET COMPLÉTEZ :

a. жму - _____ - жмут
b. проверю - проверишь - _____
c. заеду - _____ - заедут
d. делаю - _____ - делают

IV

LES

LOISIRS

24.
À TABLE !
К СТОЛУ!

| **OBJECTIFS** | **NOTIONS** |

- METTRE LA TABLE
- CONNAÎTRE LES COUVERTS ET OBJETS MÉNAGERS
- SE POSITIONNER DANS L'ESPACE

- AVEC OU SANS MOUVEMENT (SUITE)
- DÉCLINAISON PARTICULIÈRE
- LES VERBES DE POSITION ET D'ÉTAT

УЖИН
LE DÎNER

Света: Всё готово! Помоги мне накрыть на стол.
s-viéta: fsio gatoval pamagui mnié nakRytˢ nastoL.
Svséta : Tout [est] prêt ! Aide-moi à mettre (couvrir sur) la table.

Илья: Сейчас! Какие приборы взять?
ilya: sitchass! kaki-ié pRiboRy vziatˢ?
Ilia : Tout de suite (Maintenant) ! Quels couverts [dois-je] prendre ?

- В шкафу в зале - праздничный сервиз.
fchkafou vzalié – pRaznitchnyï siRviss.
– Dans l'armoire dans le salon – le service de fêtes.

Тарелки в голубой цветочек и чашки.
taRiéLki vgaLouboï ts-vitotchik i tchachki.
Les assiettes à (en) petites fleurs bleu ciel et les tasses.

Столовые приборы - вилки, ножи и ложки - лежат слева в коробке.
staLovy-ié pRiboRy – viLki, najy i Lochki - lijat sliéva fkaRopkié.
Les couverts (de table) – fourchettes, couteaux et cuillères - [sont] (couchés) à gauche dans la boîte.

Вот перец, соль и горчица, их - на середину стола.
vot piéRits, sol' igaRtchitsa, iH – na siRidinou staLa.
Voici le poivre, le sel et la moutarde, [il faut] les [mettre] au (sur) milieu de la table.

- А где салфетки? Ах, вот они, вижу.
agdié saLfiétki? aH, vot ani, vijou.
– Et où [sont] les serviettes ? Ah [oui], les voici, [je] vois.

- Надо убрать вазу с цветами, а на её место поставить салатницу.
nada oubRatˢ vazou s-ts-vitami, ana-yi-io miésta pastavitˢ saLat-nitsou.
– Il faut enlever le vase avec les fleurs et, à sa place, mettre le saladier.

- Дай, пожалуйста, половник и лопатку для пирога.
daï, pajaLousta, paLovnik i Lapatkou dlia piRaga.
– Donne[-moi], s'il te plaît, une louche et une (petite) pelle à tarte.

- Держи! Вот ещё графин с вином.
diRji! vot yischio gRafi-n s-vino-m.
– Tiens ! [Et] voici (encore) la carafe avec le vin.

- А давай поставим свечи, чтобы украсить стол?
a davaï pastavi-m s-viétchi, chtoby oukRassit^s stoL?
– Et si l'on mettait (Et donne mettrons-debout) des bougies pour décorer la table ?

- Давай. Ой, а что же ты скатерть не положил?
davaï. oï, achtojê ty skatiRt^s nipaLajyL?
– Allez (Donne). Oh mais pourquoi n'as-tu pas mis la nappe ?

- Чёрт возьми! Забыл.
tchioRt vaz'mi! zabyL.
– Zut (Diable prends) ! [J'] ai oublié.

Не беда, сейчас всё исправлю, а ты пока можешь полежать.
nibida, sitchass fsio is-pRavliou, a ty paka mojêch' palijat^s.
Pas grave (malheur), (maintenant) [je] vais tout refaire (corriger) et toi, en attendant, [tu] peux t'allonger (rester coucher un peu).

Устала наверняка.
oustaLa naviRnika.
[Tu dois être] fatiguée (sûrement).

COMPRENDRE LE DIALOGUE
REMARQUES GÉNÉRALES

- → **Света**, s-vi**é**ta, est le diminutif du prénom féminin **Светлана**, s-vitL**a**na ; le prénom masculin **Илья**, il**ya**, n'a pas de diminutif « neutre » mais seulement les affectifs, comme par exemple, **Илюша**, il**iou**cha.
- → **Готово**, *prêt*, est un adjectif court accordé avec le mot **всё** au neutre.
- → **Зал** se traduit par *séjour* ou *salon*.
- → Attention à la prononciation de **праздничный** où le **д** ne se prononce pas : pR**a**znitchnyï.
- → **Цветочек** est un diminutif de **цветок** et signifie *petite fleur*. C'est le suffixe diminutif **ек** qui lui attribue cette qualité.
- → Observez la terminaison du nominatif pluriel dans ces mots : **вил**ки, **лож**ки, **но**жи. Rappelez-vous que le **ы** n'est pas possible ici à cause de la règle d'incompatibilité orthographique.
- → **Наверняка**, *sûrement,* qui vous rappelle certainement **наверное**, *probablement, sûrement,* que vous avez rencontré dans le Module 9, appartient à la langue parlée.

NOTE CULTURELLE - LA TABLE RUSSE

La table russe est toujours pleine de mets divers et variés. Vous ne pouvez pas accueillir un invité pour un thé avec de simples gâteaux secs et un thé ! Il faut forcément mettre chocolats, bonbons, gâteaux ou tartes, dans tous les cas, en quantité abondante…

Les jours de fêtes, vous aurez beaucoup de choses sur la table. La grande différence avec notre table française, c'est que les Russes servent les « plats de fonds » qui vont rester sur la table jusqu'au dessert : toutes sortes de salades (« olivier », « vinaigrette », « le hareng en fourrure », etc.), les salaisons, souvent faites maison, des planches de charcuteries et de fromages. Tout reste sur la table et les invités se resservent à volonté, tandis que les plats de résistance défilent et les verres ne se désemplissent pas.

◆GRAMMAIRE
AVEC OU SANS MOUVEMENT (SUITE)

L'interrogatif *où ?* se traduira en russe par deux mots en fonction de la notion « d'avec ou de sans mouvement » : **где?** (sans mouvement) et **куда?** (avec mouvement). Ainsi, dans la réponse à la question **где?** on utilisera le locatif et à la réponse **куда?** l'accusatif. Attention, il ne s'agit pas uniquement d'un être/objet en mouvement mais de sa position par rapport à un point, une surface ou un autre objet.

Par exemple, prenons un vase qui est immobile en soi mais qu'on bouge en le posant sur la table (où il ne va plus bouger non plus). Nous utiliserons quand-même l'accusatif car l'objet va être déplacé par rapport à la table : **- А вазу куда? - На стол.** – *Et le vase,* [je le mets] *où ?* – *Sur la table.*

À l'inverse, imaginons que vous allez courir dans la forêt, même si vous vous déplacez, vous êtes sur la même surface que la forêt et du coup, considérés « sans mouvement » par rapport à cette surface. Cela implique l'utilisation d'un locatif : **Я бегаю по лесу.** – *Je cours dans la forêt.*

DÉCLINAISON PARTICULIÈRE

Le masculin **нож** a l'accent tonique final lors de la déclinaison. Il forme le nominatif pluriel en **-и** (l'incompatibilité orthographique) et le génitif pluriel en **-ей** : **нет ножей**, *il n'y a pas de couteaux.*

Le masculin **цветок** perd la voyelle mobile **о** lors de sa déclinaison. De plus, au pluriel, on distingue deux formes : **цветки** quand il s'agit des parties fleurissantes d'une fleur, et **цветы** pour la plante elle-même :

	Singulier	Pluriel
N	**цветок**, ts-vit**o**k	**цветки**, ts-vitk**i** ou **цветы**, ts-vit**y**
G	**цветка**, ts-vitk**a**	**цветков**, ts-vitk**o**f ou **цветов**, ts-vit**o**f
D	**цветку**, ts-vitk**ou**	**цветкам**, ts-vitk**a**-m ou **цветам**, ts-vit**a**-m
A	**цветок**, ts-vit**o**k	**цветки**, ts-vitk**i** ou **цветы**, ts-vit**y**
L	**цветке**, ts-vitk**ié**	**цветках**, ts-vitk**a**H ou **цветах**, ts-vit**a**H
I	**цветком**, ts-vitk**o**-m	**цветками**, ts-vitk**a**mi ou **цветами**, ts-vit**a**mi

▲ CONJUGAISON
LES VERBES DE POSITION ET D'ÉTAT

Le russe décrit la position d'un objet dans l'espace – debout, couché ou posé verticalement. Ainsi, pour traduire le verbe *mettre* on utilisera le verbe **поставить** ou **положить** en fonction de l'objet et de son placement vertical ou horizontal : nous mettrons un livre sur une étagère (debout) – **мы поставим** ou bien à l'horizontale sur une table – **мы положим**.

Pour décrire l'état de quelqu'un ou de quelque chose nous utiliserons exactement la même réflexion. Les verbes que vous avez déjà rencontrés **посидеть** et **полежать** viennent respectivement de **сидеть**, *être assis*, et **лежать**, *être couché, allongé*.

D'AUTRES VERBES

Le verbe perfectif de la 2ᵉ conjugaison **украсить**, *décorer,* change **с** en **ш** à la première personne du singulier lors de la conjugaison mais le retrouve dans toutes les autres formes : **я укра**ш**у**, ia oukRachou, *je décorerai,* **ты укра**с**ишь**, ty oukRassich', *tu décoreras,* **они укра**с**ят**, ani oukRassiat, *ils/elles décoreront.*

Le verbe perfectif de la 2ᵉ conjugaison **исправить**, *corriger,* prend un **л** uniquement à la première personne du singulier lors de sa conjugaison : **я исправлю**, ia is-pRavliou, *je corrigerai,* **ты исправишь**, ty is-pRavich', *tu corrigeras,* **они исправят**, ani is-pRaviat, *ils/elles corrigeront.*

Le verbe perfectif de la 1ʳᵉ conjugaison **устать**, *se fatiguer, être fatigué,* a une conjugaison un peu particulière car il prend un **н** : **я уста**н**у**, ia oustanou, *je serai fatigué(e),* **ты уста**н**ешь**, ty oustanich', *tu seras fatigué(e),* **они уста**н**ут**, ani oustanout, *ils/elles seront fatigué(e)s* ; mais régulière au passé – **он устал**, o-n oustaL, *il est fatigué.*

⬢ EXERCICES

1. RETROUVEZ DANS LE DIALOGUE TOUTES LES FORMES DES NOMS À L'ACCUSATIF (AVEC MOUVEMENT) :

a. на _____

b. на _____

c. на её _____

VOCABULAIRE

готов (adj. court), gat**o**f, *prêt*
накрыть (v, 1re conjug.), nakR**y**t^s, *couvrir, mettre*
прибор (m), pRib**o**R, *couvert (vaisselle)*
зал (m), za**L**, *séjour, salon*
праздничный, ая, ое (adj), pR**a**znitchnyï, a-ia, a-ié, *de fête*
сервиз (m), siRv**i**ss, *service (vaisselle)*
тарелка (f), taRi**é**Lka, *assiette*
голубой, ая, ое (adj), gaLoubo**ï**, a-ia, o-ié, *bleu ciel*
цветочек (m), ts-vit**o**tchiék, *petite fleur*
чашка (f), tch**a**chka, *tasse*
столовый, ая, ое (adj), staL**o**vyï, a-ia, a-ié, *de table*
вилка (f), v**i**Lka, *fourchette*
нож (m), noch, *couteau*
ложка (f), L**o**chka, *cuillère*
лежать (v, 2e conjug.), lij**a**t^s, *être couché*
коробка (f), kaR**o**pka, *boîte*
перец (m), pi**é**Rits, *poivre*
соль (f), sol^l, *sel*
горчица (f), gaRtch**i**tsa, *moutarde*
середина (f), siRid**i**na, *milieu*
салфетка (f), saLfi**é**tka, *serviette*
убрать (v, 1re conjug.), oubR**a**t^s, *enlever*
ваза (f), v**a**za, *vase*
место (n), mi**é**sta, *place*
салатница (f), saL**a**tnitsa, *saladier*
половник (m), paL**o**vnik, *louche*
лопатка (f), Lap**a**tka, *petite pelle*
держать (v, 2e conjug.), diRj**a**t^s, *tenir*
графин (m), gRaf**i**-n, *carafe*
свеча (f), svitch**a**, *bougie*
украсить (v, 2e conjug.), oukR**a**ssit^s, *décorer*
скатерть (f), sk**a**tiRt^s, *nappe*
чёрт (m), tchioRt, *diable*
исправить (v, 2e conjug.), isp**R**avit^s, *corriger, refaire*
полежать (v, 2e conjug.), palij**a**t^s, *rester couché, s'allonger*
устать (v, 1re conjug.), oust**a**t^s, *se fatiguer*
наверняка, naviRnik**a**, *sûrement*
сидеть (v, 2e conjug.), sidi**é**t^s, *être assis*
лежать (v, 2e conjug.), lij**a**t^s, *être couché, allongé*

2. COMPLÉTEZ AVEC LES MOTS DE LA LISTE :

столе – лес – коробку – лесу – коробке – стол

a. Салфетки лежат в _____.

b. Где ключи? – Они на _____.

c. Я всегда бегаю в _____.

d. Положи вилку в _____.

e. Куда ты идёшь? – В _____.

f. Поставь соль на _____.

3. METTEZ LE NOM AU CAS INDIQUÉ :

a. Вижу (салфетка-accusatif) → _____

b. Лопатка для (торт-génitif) → _____

c. Графин с (вино-instrumental) → _____

d. Убери (ваза-accusatif) → _____

e. Говорить о (цветы-locatif) → _____

f. Здесь нет (скатерть-génitif) → _____

g. Помочь (мама-datif) → _____

h. Поставь (свечи-accusatif)! → _____

4. RETROUVEZ LA FORME VERBALE À PARTIR DE L'ENREGISTREMENT :

a. Я (украсить) _____ стол свечами.

b. Ты (устать) _____.

c. Они (поставить) _____ графин на стол.

d. Мы (взять) _____ ножи.

e. Я всё (исправить) _____.

25.
LA RECETTE
РЕЦЕПТ

OBJECTIFS

- **CONNAÎTRE LE NOM DES INGRÉDIENTS**
- **PARLER DE PÂTISSERIE**

NOTIONS

- **LA DÉCLINAISON DES PRONOMS PERSONNELS**
- **LES PRÉFIXES**
- **LES VERBES DE MOUVEMENT (SUITE)**

КУЛИНАРЫ
CUISINIERS

Виктор: Давай испечём торт! "Наполеон" или "Медовик".
viktaR: davaï is-pitchio-m toRt! napali-o-n ilimidavik.
Viktor : (Donne cuirons) Faisons un gâteau ! Un « Napoléon » ou un « Medovik ».

Любовь: Надо проверить, есть ли у нас все продукты.
lioubof¹: nada pRaviéRitˢ, iéstˢ li ou nass fsié pRadoukty.
Lioubov : Il faut vérifier si nous avons (il y a chez nous) tous les produits.

Так, мука есть, яйца, соль, сахар, мёд…
tak, mouka iéstˢ, ya-ïtsa, solⁱ, saHaR, miot…
Alors, la farine (il y a), les œufs, le sel, le sucre, le miel…

Сливочное масло кончилось!
s-livatchna-ié mas-La ko-ntchiLassⁱ!
On n'a plus de beurre (s'est terminé) !

- Ничего, я сейчас сбегаю за ним в магазин.
nitchivo, ia sitchass zbiéga-iou za ni-m vmagazi-n.
– [Cela ne fait] rien, je vais (maintenant) rapidement (courrai) le chercher au magasin.

- И соды тогда возьми, не могу найти.
i sody tagda vazⁱmi, nimagou naïti.
– (Et) Prends aussi (alors) du bicarbonate de soude, [je] n'arrive (peux) pas à le trouver.

Для этого торта нужна сметана. Купишь?
dlia êtava toRta noujna s-mitana. koupich'?
Pour ce gâteau il faut de la crème fraîche. Tu peux en acheter (Achèteras) ?

- Слушай, так я буду бегать по магазинам до вечера.
s-Louchaï, tak ia boudou biégatˢ pamagazina-m daviétchiRa.
– Écoute, à ce rythme (ainsi), j'en aurai (je serai courir selon magasins) jusqu'à [ce] soir.

А, может, купим "Медовик" в кондитерской на углу,
amojêt, koupi-m midavik fka-nditiRskaï na ougLou,
Et (peut-être,) si l'on achetait (achèterons) un « Médovik » à la pâtisserie à l'angle,

а сами, вместо того, чтобы месить и печь,
a sami, vmiésta tavo, chtoby missit[s] i piétch[j],
et nous, au lieu de pétrir et de cuire,

будем пить кофе и смотреть наш любимый сериал?
boudi-m pit[s] kofié i s-matRiét[s] nach lioubimyï siRi-aL?
[nous] allons (serons) boire du café et regarder notre série préférée ?

- Быстро ты передумал! Но я только за.
byst-Ra ty piRidoumaL! no ia tol'ka za.
– Tu as changé d'avis [si] rapidement ! Mais je [suis] (seulement) pour.

И время сэкономим, и посуды меньше мыть.
i vRiémia sykanomi-m, i passoudy mién[j]chê myt[s].
(Et) [Nous] économiserons du temps et [nous aurons] moins de vaisselle à laver.

Беги тогда за тортом, а я пока чай заварю и сделаю кофе.
bigui tagda za toRta-m, a ia paka tchaï zavaRiou i zdiéLa-iou kofié.
[Allez,] cours (alors) chercher le gâteau et moi en attendant, [je] ferai du thé et je préparerai (ferai) du café.

COMPRENDRE LE DIALOGUE
REMARQUES GÉNÉRALES

→ Les prénoms **Виктор**, viktaR, et **Любовь**, lioubof¦, donnent respectivement les diminutifs **Витя**, vi̇tia, et **Люба**, liouba.

→ Le masculin **торт** provient de l'italien *tarta*. Retenez que l'accent tonique est fixe dans ce mot lors de sa déclinaison : il sera toujours sur le **o** au singulier et pluriel dans toutes les formes : **т**о**рта**, toRta, **т**о**рты**, toRty, **т**о**ртов**, toRtaf, **т**о**ртами**, toRtami.

→ Vous avez déjà rencontré le mot **масло**, *beurre*. En réalité, le russe précise : **сливочное масло**, *beurre*, **подсолнечное масло**, *huile de tournesol*, **оливковое масло**, *huile d'olive*.

→ Attention à la prononciation de **уго**л, ougaL, où le л final doit être dur. Si vous le prononcez mou, **oug**al¦, cela donnera un autre mot : **уголь**, *charbon*.

→ **Вместо** est suivi du génitif. Observez : **вместо мамы**, *à la place de maman*, **вместо того, чтобы бегать**, *au lieu de courir*.

→ Retenez que l'emprunt **кофе** est un masculin, même si dans la langue parlée vous entendrez parfois son emploi en tant que neutre.

→ L'expression **быть за**, *être pour*, est suivie de l'accusatif. Rappelez-vous que le verbe **быть** est omis au présent. Attention, à ne pas confondre l'expression avec la préposition **за**, suivie de l'instrumental : **он за вами**, *il est derrière vous*, et **он за вас**, *il est pour vous*.

→ **Меньше**, *moins*, est une forme comparative. Vous avez vu son contraire, **больше**, *plus*, dans le Module 14.

NOTE CULTURELLE - PÂTISSERIE ET PAIN

Pendant la période soviétique, il n'y avait que les usines officielles qui fournissaient le pain aux magasins. La dernière décennie a vu la Russie s'ouvrir au marché, offrant une variété impressionnante de pains et de pâtisseries dans les boulangeries privées. Dans différentes parties de la Russie, on trouve des pains régionaux à base de blé, de seigle ou de sarrasin. Pour recevoir des invités, on achète ou on prépare à la maison des gâteaux : des tourtes salées (**кулебяки**), une sorte de cheesecake (**творожная запеканка**), des babas au rhum (**ромовые бабы**), des petits chaussons fourrés aux champignons, au riz et aux œufs ou encore aux cerises ou aux pommes (**пирожки**), des petits gâteaux à l'avoine ou des pains d'épices (**пря-**

ники). Les gâteaux russes sont souvent fourrés à la crème et en sont généreusement recouverts en guise de décoration.

◆ GRAMMAIRE
DÉCLINAISON PARTICULIÈRE

Le neutre **яйцо** a l'accent tonique final lors de sa déclinaison au singulier. En revanche, au pluriel, l'accent est final uniquement au génitif, pour le reste des cas, il se déplace sur la première syllabe. La prononciation est assez complexe. Celle que nous vous proposons n'est évidemment qu'une approximation :

	Singulier	Pluriel
N	**яйцо**, yiyts**o**	**яйца**, **ya**-ïtsa
G	**яйца**, yiyts**a**	**яиц**, yi-**i**ts
D	**яйцу**, yiyts**ou**	**яйцам**, **ya**-ïtsa-m
A	**яйцо**, yiyts**o**	**яйца**, **ya**-ïtsa
L	**яйце**, yiyts**ê**	**яйцах**, **ya**-ïtsaH
I	**яйцом**, yiyts**o**-m	**яйцами**, **ya**-ïtsami

LA DÉCLINAISON DES PRONOMS PERSONNELS

Les pronoms personnels que vous avez rencontrés au cours des Modules, étaient souvent déclinés. Regroupons la déclinaison de tous les pronoms de la première personne du singulier et du pluriel – **я** et **мы** :

| | 1ʳᵉ personne ||
	Singulier	Pluriel
N	**я**, ia	**мы**, my
G/A	**меня**, min**ia**	**нас**, nass
D	**мне**, mnié	**нам**, na-m
L	**мне**, mnié	**нас**, nass
I	**мной**, mnoï	**нами**, n**a**mi

LES PRÉFIXES

La formation des mots dans la langue russe est assez complexe. La langue utilise pour cela des préfixes (ils se trouvent au début du mot), des suffixes (on les retrouve après la racine) et les terminaisons (à la fin du mot). Souvent, les préfixes ont un sens qu'ils communiquent au nouveau mot.

Observez le préfixe que vous avez rencontré au cours des derniers Modules -**пере** qui contient la notion de la traversée, du renouvellement ou du changement : **перезвонить**, piRizvan**it**ˢ, *appeler de nouveau*, **переезд**, piRi-**ié**st, *déménagement*, **перенести**, piRinis-t**i**, *reporter*, **пересадка**, piRiss**a**tka, *changement*, **передумать**, piRid**ou**matˢ, *changer d'avis*. Comme vous pouvez le constater, ce préfixe n'est pas accentué.

▲ CONJUGAISON
LES VERBES DE MOUVEMENT (SUITE)

Dans le Module 22, nous avons commencé à parler des verbes de mouvement et nous avons déjà vu la première paire verbale des 14 existantes - **ехать/ездить**, *aller avec le moyen de locomotion*. En voici une autre : **бежать/бегать**, *courir*.

Dans cette paire **бежать** est le verbe, dit défini (il désigne une direction unique et concrète) et **бегать** est indéfini (il indique un déplacement « pluridirectionnel », répétitif ou exprimant une habitude).

Comparez : **я бегу в магазин**, *je cours au magasin* (je suis en train d'y aller) et **я бегаю по вторникам**, *je cours le mardi* (une habitude, une action que j'effectue tous les mardis).

Retenez que le verbe **бежать** a une conjugaison mixte, ce qui veut dire que certaines formes sont conjuguées d'après la première conjugaison et d'autres selon la deuxième. De plus, il change **ж** en **г** à la première personne du singulier et du pluriel au présent :

бежать - imperf, conjugaison mixte	**бегать** - imperf, 1ʳᵉ conjugaison
Я бегу, ia big**ou**, *je cours*	**Я бегаю**, ia b**ié**ga-iou, *je cours*
Ты бежишь, ty bij**y**ch', *tu cours*	**Ты бегаешь**, ty b**ié**ga-êch', *tu cours*
Он/она/оно бежит, o-n, an**a**, an**o** bij**y**t, *il/elle court*	**Он/она/оно бегает**, o-n, an**a**, an**o** b**ié**ga-êt, *il/elle court*

Мы бежим, my bij**y**-m, *nous courons*	**Мы бегаем**, my b**ié**ga-ê-m, *nous courons*
Вы бежите, vy bij**y**tié, *vous courez*	**Вы бегаете**, vy b**ié**ga-itié, *vous courez*
Они бегут, an**i** big**ou**t, *ils/elles courent*	**Они бегают**, an**i** b**ié**ga-iout, ils/elles courent

D'AUTRES VERBES

Le verbe imperfectif de la 2e conjugaison **месить**, *pétrir*, change **с** en **ш** à la première personne du singulier lors de la conjugaison mais le retrouve dans toutes les autres formes : **я мешу**, ia mich**ou**, *je pétris*, **ты месишь**, ty m**ié**ssich', *tu pétris*, **они месят**, an**i** m**ié**ssiat, *ils/elles pétrissent*.

Le verbe imperfectif de la 1re conjugaison **печь**, *cuire*, change **ч** en **к** à la première personne du singulier au présent et retrouve **ч** dans toutes les autres formes. Remarquez qu'au lieu de **е** ce verbe prend lors de sa conjugaison **ё** : **я пеку**, ia pik**ou**, *je cuis*, **ты печёшь**, ty pitch**io**ch', *tu cuis*, **они пекут**, an**i** pik**ou**t, *ils/elles cuisent*.

Le passé est également un peu particulier : l'accent est final dans toutes les formes et le masculin est irrégulier : **он пёк**, o-n piok, *il cuisait*, **она пекла**, an**a** pikL**a**, *elle cuisait*, **оно пекло**, an**o** pikL**o**, *il (cela) cuisait*, **они пекли**, an**i** pikl**i**, *ils/elles cuisaient*.

⬢ EXERCICES

1. TRADUISEZ ET ÉCOUTEZ LA PRONONCIATION :

a. я передумала _____

b. у нас мука кончилась _____

c. можешь заварить чай? _____

d. сбегай за мёдом! _____

e. здесь меньше людей _____

2. METTEZ LE MOT *ЯЙЦО* AU BON CAS ET ÉCOUTEZ LA CORRECTION :

a. Вот три _____.

b. У нас нет _____.

c. Вы купили _____?

d. Дай мне, пожалуйста, пять _____.

3. ACCORDEZ LE VERBE QUI CONVIENT - *БЕГАТЬ/БЕЖАТЬ* :

a. Они всегда здесь _____. *Ils courent toujours ici.*

b. - Куда ты _____ ? - На работу. – *Où cours-tu ? – Au travail.*

c. По утрам она _____ по лесу. *Le matin, elle court dans la forêt.*

d. Вы _____ на почту? *Vous allez à la poste ?*

e. Он всё время _____ за тобой. *Il court derrière toi tout le temps.*

f. Мы _____ каждый четверг. *Nous courons chaque jeudi.*

4. RETROUVEZ LA FORME VERBALE :

a. Что ты (печь) _____?

b. Она (месить) _____, а ты?

c. Я (печь) _____ торт.

d. Они (бежать) _____ с нами.

VOCABULAIRE

кулинар (m), koulina**R**, *cuisinier*
испечь (v, 1ʳᵉ conjug.), ispi**é**tchⁱ, *cuire*
мука (f), mouk**a**, *farine*
яйцо (n), yiyts**o**, *œuf*
сахар (m), s**a**Ha**R**, *sucre*
мёд (m), miot, *miel*
сливочное масло (n), s-l**i**vatchna-ié m**a**s-L**a**, *beurre*
кончиться (v, 2ᵉ conjug.), k**o**ntchitsa, *se terminer*
сбегать за (v, 1ʳᵉ conjug.), zbi**é**gatˢ za, *aller chercher*
сода (f), s**o**da, *bicarbonate de soude*
сметана (f), s-mit**a**na, *crème fraîche*
кондитерская (f), ka-nd**i**ti**R**ska-ia, *pâtisserie*
угол (m), **ou**gaL, *angle*
вместо, vmi**é**sta, *à la place de, au lieu de*
месить (v, 2ᵉ conjug.), miss**i**tˢ, *pétrir*
печь (v, 1ʳᵉ conjug.), pi**é**tchⁱ, *cuire*
кофе (m), k**o**fié, *café*
сериал (m), si**R**i-**a**L, *série*
быстро, b**y**st-**R**a, *rapidement*
передумать (v, 1ʳᵉ conjug.), pi**R**id**ou**matˢ, *changer d'avis*
быть за (v, 1ʳᵉ conjug.), bytˢ za, *être pour*
сэкономить (v, 2ᵉ conjug.), sykan**o**mitˢ, *économiser*
посуда (f), pass**ou**da, *vaisselle*
меньше, mi**é**nʲchê, *moins*
мыть (v, 1ʳᵉ conjug.), mytˢ, *laver*
бежать (v, 2ᵉ conjug.), bijatˢ, *courir*
заварить (v, 2ᵉ conjug.), zava**R**itˢ, *faire (un thé)*
подсолнечное масло (n), pats**o**Lnitchna-ié m**a**s-L**a**, *huile de tournesol*
оливковое масло (n), al**i**fkava-ié m**a**s-L**a**, *huile d'olive*
уголь (m), **ou**galⁱ, *charbon*
кулебяка (f), koulib**ia**ka, *koulibiak (tourte)*
творожная запеканка (f), t-va**R**ojna-ia zapik**a**-nka, *cheese-cake*
ромовая баба (f), **R**omava-ia b**a**ba, *baba au rhum*
пирожок (m), pi**R**aj**o**k, *chausson fourré*
пряник (m), p**R**ianik, *pain d'épices*

26.
À L'OPÉRA
ОПЕРНЫЙ ТЕАТР

OBJECTIFS

- LE LEXIQUE DU THÉÂTRE
- ACHETER DES BILLETS
- SE PLACER DANS LA SALLE

NOTIONS

- LA DÉCLINAISON DES PRONOMS PERSONNELS
- LES VERBES EN *ЕВА*
- LES VERBES DE POSITION (SUITE)

28

ПРЕМЬЕРА
LA PREMIÈRE

Михаил: Танечка, только о тебе думал!
miHa-iL: tanitchka, tol'ka a tibié doumaL!
Mikhaïl : Ma petite Tatiana, je viens de penser à toi !

Снова смотрю на театральную афишу и вижу на ней имя твоего племянника.
s-nova s-matRiou na ti-atRal'nou-iou afichou i vijou na niëï imia t-va-ivo plimiannika.
Je regarde de nouveau l'affiche du théâtre (théâtrale) et [j'y] vois (sur elle) le nom de ton neveu.

Подумать только, у него главная роль!
padoumat⁵ tol'ka, ounivo gLavna-ia Rol'!
Et dire (Penser seulement) qu'il a le rôle principal !

Хотел взять в кассе билеты, а их нет.
HatiéL vziat⁵ fkassié biliéty, a iH niét.
Je voulais prendre des billets à la caisse mais il n'y en a plus (d'eux non).

И на сайте тоже всё забронировано.
i na sa-ïtié tojê fsio zabRaniRavana.
Et sur le site aussi tout [est] réservé.

Татьяна: Да, Миша, Ваня у нас артист балета, танцует на сцене.
tatiana: da, micha, vania ounass aRtist baliéta, ta-ntsou-iét nas-tsênié.
Tatiana : Oui, Micha, Vania (chez nous) [est] l'artiste de ballet, [il] danse sur scène.

Ты же знаешь, он мне как сын. Он – наша гордость.
tyjê zna-iéch', o-n mnié kak sy-n. o-n – nacha goRdast⁵.
Tu [le] sais, il [est] pour (à) moi comme un fils. Il [est] notre fierté.

По поводу балета не переживай, у нас есть контрамарки.
pap**o**vadou bal**ié**ta nipiRijyv**a**ï, oun**a**ss iést[s] ka-ntRam**a**Rki.
À propos du ballet, ne t'inquiète pas, nous avons (chez nous, il y a) des invitations.

Так что приглашаем вас с женой в субботу на премьеру.
t**a**kchto pRigLach**a**-ié-m vass zjyn**o**ï fsoub**o**tou na pRim**ié**Rou.
Donc, [nous] vous invitons avec [ta] femme (dans) samedi à (sur) la première.

У нас шикарные места в бельэтаже по правой стороне.
oun**a**ss chyk**a**Rny-ié mis-t**a** vbiéliét**a**jê papR**a**vaï s-taRan**ié**.
(Chez nous) Nous avons de super places (chics) dans la loge côté droit.

- Будем обязательно! В антракте я попрошу Ивана подписать нам программки.
b**ou**di-m abiz**a**til'na! va-nt-R**a**ktié ia papR**a**ch**ou** iv**a**na patpiss**a**t[s] na-m pRagr**a**-mki.
– On sera là sans faute (Serons obligatoirement) ! Pendant (dans) l'entracte, je demanderai à Ivan de nous signer les programmes.

- Договорились! Ждём вас за полчаса до спектакля.
dagavaR**i**liss[i]! jdio-m vass zapoLtchiss**a** daspikt**a**klia.
– Entendu ! [Nous] vous attendons une demi-heure avant le spectacle.

В гардеробе людей не будет, быстро разденемся и сядем.
vgaRdiR**o**bié lioud**ié**ï nib**ou**diét, b**y**st-Ra Razd**ié**ni-msia i s**ia**dié-m.
Au vestiaire, il n'y aura personne (de gens), [nous] nous déshabillerons rapidement et prendrons place (nous assiérons).

COMPRENDRE LE DIALOGUE
REMARQUES GÉNÉRALES

- → **Опера**, *opéra*, signifie le genre d'art ainsi que la pièce musicale mais aussi le bâtiment lui-même.
- → Le diminutif de **Михаил** (masculin), miHa-iL, est **Миша**, micha, celui du féminin **Татьяна**, tatiana, est **Таня**, tania, et enfin le masculin **Иван**, iva-n, donne le diminutif **Ваня**, vania.
- → **Афиша**, *affiche*, est emprunté au français.
- → Attention aux faux-amis : le mot **роль**, *rôle*, est bien emprunté à la langue française mais en russe il est du genre féminin.
- → Le mot **сайт**, *site*, est emprunté à l'anglais. Remarquez qu'en règle générale, le lexique des beaux-arts, du théâtre ou de la musique est venu en russe plutôt du français ou de l'italien, tandis que le lexique de la science et encore plus moderne, celui de l'informatique et des systèmes d'information, est emprunté à l'anglais.
- → Emprunté au français, **контрамарка**, est une contremarque qui remplace le billet et qui donne l'accès gratuit à un spectacle ou à la visite d'un musée.
- → La prononciation de l'emprunt **бельэтаж** est due à sa nature : il copie assez fidèlement la prononciation des mots qui lui ont donné naissance *bel étage* en les rendant juste un peu plus doux à la liaison (un signe mou apparaît). En russe, le mot signifie la *loge* située au deuxième niveau, juste au-dessus de la grande loge mais avant les places numérotées.
- → Le mot **антракт**, *entracte*, est également emprunté au français.
- → Le verbe perfectif **договориться** signifie *s'entendre, se mettre d'accord*. Il donne l'expression au passé : **договорились!** *entendu !*
- → Le mot **полчаса**, *une demi-heure*, a une prononciation particulière car c'est un mot composé de deux mots. Et même si l'on ne marque l'accent tonique qu'une fois, chaque mot garde sa propre prononciation et le **o** ne change pas en **a** : poLtchiss**a**.
- → Le mot **спектакль**, *spectacle*, emprunté au français, est du masculin.
- → Il est curieux de « décortiquer » le mot **гардероб**, emprunté au français : on devine clairement les mots de base – *garder* et *robe*.
- → Vous savez déjà que la particule **не** s'écrit séparée des verbes et n'est jamais accentuée sauf avec le verbe **быть** au passé accordé au neutre : **не было**, ni**é**byLa.

NOTE CULTURELLE – LE THÉÂTRE

La sortie au théâtre est un événement plutôt solennel et les gens s'habillent élégamment et d'une manière formelle (même si ces dernières années, les jeans et les baskets sont acceptés). Généralement on laisse les manteaux au vestiaire où l'on peut changer de chaussures par temps pluvieux ou en hiver. Au vestiaire, on loue également des jumelles de théâtre et on achète un programme.

◆ GRAMMAIRE
LA DÉCLINAISON DES PRONOMS PERSONNELS (SUITE)

Dans le Module précédent, nous avons synthétisé la déclinaison de la première personne du singulier et du pluriel des pronoms personnels. Voici la déclinaison de la deuxième personne – **ты** et **вы** :

| | 2ᵉ personne ||
	Singulier	Pluriel
N	**ты**, ty	**вы**, vy
G/A	**тебя**, tib**ia**	**вас**, vass
D	**тебе**, tib**ié**	**вам**, va-m
L	**тебе**, tib**ié**	**вас**, vass
I	**тобой**, tab**oï**	**вами**, v**a**mi

DÉCLINAISON PARTICULIÈRE

Vous connaissez déjà le singulier de **люди**, c'est **человек**. Tout comme le masculin **год** que vous avez vu dans le Module 22 (n'hésitez pas à revoir sa déclinaison), **человек** forme le pluriel irrégulier et s'accorde d'une manière particulière avec les cardinaux. Avec 0 et de 2 à 4, on utilise le génitif singulier et jusque là tout est normal : **два человека, четыре человека**. En revanche, entre 5 et 20 (et toutes les autres formes qui nécessitent l'emploi du génitif pluriel), on utilisera **человек** : **десять человек**. Le pluriel **люди** s'utilise en cas d'absence totale (**нет людей**), quand le nombre n'est pas exact (par exemple, *des milliers de gens*) ou encore avec les mots exprimant une quantité : **много людей**.

	Singulier	Pluriel
N	**человек**, tchiLav**ié**k	**люди**, l**iou**di
G	**человека**, tchiLav**ié**ka	**людей**, lioud**ié**ï
D	**человеку**, tchiLav**ié**kou	**людям**, l**iou**dia-m
A	**человека**, tchiLav**ié**ka	**людей**, lioud**ié**ï

241

L	человеке, tchiLaviékié	людях, lioudiaH
I	человеком, tchiLaviéka-m	людьми, lioud'mi

▲ CONJUGAISON

LA CONJUGAISON DES VERBES EN *EBA*

Certains verbes dont l'infinitif se termine par **евать** le changent lors de la conjugaison en **y**, par exemple, l'imperfectif **танцевать** appartenant à la 1re conjugaison : **я танцую**, ia ta-nts**ou**-iou, *je danse*, **ты танцуешь**, ty ta-nts**ou**-ich', *tu danses*, **они танцуют**, an**i** ta-nts**ou**-iout, *ils/elles dansent* ; mais on forme le passé de nouveau à partir de l'infinitif – **он танцевал**, o-n ta-ntsyva**L**, *il dansait*.

D'AUTRES VERBES

Думать et **подумать** représentent un couple verbal imperfectif/perfectif. Leur conjugaison est identique à l'exception du préfixe qui s'y ajoute.

Le verbe imperfectif **смотреть**, appartient à la 2e conjugaison. Remarquez qu'au présent, l'accent tonique est final uniquement à la première personne du singulier : **я смотрю**, ia s-matR**iou**, *je regarde*, **ты смотришь**, ty s-m**o**tRich', *tu regardes*, **они смотрят**, an**i** s-m**o**tRiat, *ils/elles regardent*.

Le verbe **попросить** est le perfectif de **просить** que vous avez vu dans le Module 16. Il a la même conjugaison.

Le perfectif **подписать**, *signer*, appartient à la 1re conjugaison ; il change **c** en **ш** à toutes les formes du futur mais le retrouve au passé : **я подпишу**, ia patpich**ou**, *je signerai*, **ты подпишешь**, ty patp**i**chych', *tu signeras*, **они подпишут**, an**i** patpichout, *ils/elles signeront* ; mais **он подписал**, o-n patpissa**L**, *il a signé*.

L'imperfectif de la 1re conjugaison **ждать**, *attendre*, a un **ё** qui apparaît au présent : **я жду**, ia jdou, *j'attends*, **ты ждёшь**, ty jdioch', *tu attends*, **они ждут**, an**i** jdout, *ils/elles attendent*.

Le verbe perfectif de la 1re conjugaison **раздеться**, *se déshabiller*, prend un **н** lors de sa conjugaison : **я разденусь**, ia Razdi**é**nouss¡, *je me déshabillerai*, **ты разденешься**, ty Razdi**é**nich-sia, *tu te déshabilleras*, **они разденутся**, an**i** Razdi**é**noutsa, *ils/elles se déshabilleront* ; mais sans **н** au passé – **он разделся**, o-n Razdi**é**Lsia, *il s'est déshabillé*, **она разделась**, anа Razdi**é**Lass¡, *elle s'est déshabillée*.

Le verbe de position de la 1re conjugaison **сесть**, *s'asseoir*, est perfectif. Observez sa conjugaison : **я сяду**, ia s**i**adou, *je m'assiérai*, **ты сядешь**, ty s**i**adich', *tu t'assiéras*, **они сядут**, an**i** s**i**adout, *ils/elles s'assiéront*.

VOCABULAIRE

оперный театр (m), opiRnyï tiatR, *opéra (le bâtiment)*
премьера (f), pRim-iéRa, *première*
думать (v, 1ʳᵉ conjug.), doumatˢ, *réfléchir, penser*
снова, s-nova, *de nouveau*
театральный, ая, ое (adj), tiatRalʲnyï, a-ia, a-ié, *théâtral, de théâtre*
афиша (f), aficha, *affiche*
племянник (m), plimia-nnik, *neveu*
подумать (v, 1ʳᵉ conjug.), padoumatˢ, *réfléchir, penser*
подумать только, padoumatˢ tolʲka, *et dire…*
роль (f), Rolʲ, *rôle*
касса (f), kassa, *caisse*
билет (m), biliét, *billet*
сайт (m), sa-ït, *site (Internet)*
забронирован (adj. court), zabRaniRava-n, *réservé*
артист (m), aRtist, *artiste*
балет (m), baliét, *ballet*
танцевать (v, 1ʳᵉ conjug.), tantsyvatˢ, *danser*
сцена (f), s-tsêna, *scène*
как, kak, *comme*
сын (m), sy-n, *fils*
гордость (f), goRdas-tˢ, *fierté*
повод (m), povat, *propos*
переживать (v, 1ʳᵉ conjug.), piRijyvatˢ, *s'inquiéter*

контрамарка (f), ka-ntRamaRka, *invitation (billet de faveur), contremarque*
так что, takchto, *donc*
приглашать (v, 1ʳᵉ conjug.), pRigLachatˢ, *inviter*
бельетаж (m), biéliétach, *loge (au théâtre)*
правый, ая, ое (adj), pRavyï, a-ia, a-ié, *droit*
сторона (f), staRana, *côté*
обязательно, abizatilʲna, *obligatoirement*
попросить (v, 2ᵉ conjug.), papRassitˢ, *demander*
подписать (v, 1ʳᵉ conjug.), patpissatˢ, *signer*
программка (f), pRagRa-mka, *programme*
антракт (m), a-ntRakt, *entracte*
договорились! dagavaRilissʲ, *entendu !*
полчаса, poLtchissa, *une demi-heure*
спектакль (m), spiktaklʲ, *spectacle*
люди (pl), lioudi, *gens*
раздеться (v, 1ʳᵉ conjug.), Razdiétsa, *se déshabiller*
сесть (v, 1ʳᵉ conjug.), siés-tˢ, *s'asseoir*

◆ EXERCICES

1. NOTEZ LES MOTS QUE VOUS ENTENDEZ :

a. _ _ _ _ _   c. _ _ _ _ _ _   e. _ _ _ _ _

b. _ _ _ _ _ _ _ _ _   d. _ _ _ _ _ _   f. _ _ _ _

2. CHOISISSEZ LA BONNE FORME DANS LA LISTE :

люди - человек - человека - людей - человека - человек

a. В комнате два _____.

b. Видишь этого _____?

c. Там было много _____.

d. Ты очень хороший _____!

e. Кто эти _____?

f. Сколько придёт _____?

3. ACCORDEZ AU FUTUR LE VERBE *СЕСТЬ* AVEC LE SUJET :

a. Он _____ на стул.

b. Вы сейчас _____.

c. Все _____ здесь.

d. Ты _____ со мной?

e. Они _____ вместе.

f. Мы не _____ за стол.

4. ACCORDEZ LE PRONOM AU CAS VOULU :

a. Я люблю (ты-accusatif) _____!

b. Они знают (вы-accusatif) _____.

c. Мы даём (вы-datif) _____.

d. Он говорит с (ты-instrumental) _____.

e. (Ты-génitif) _____ здесь нет.

f. Она думает о (вы-locatif) _____.

27.
VOYAGE
ПУТЕШЕСТВИЕ

OBJECTIFS

- PARLER DE LA NATURE
- LES MOYENS DE TRANSPORT
- PLANIFIER UN VOYAGE

NOTIONS

- LA DÉCLINAISON DES PRONOMS PERSONNELS (FIN)
- LES ADJECTIFS AVEC TERMINAISON EN CHUINTANTE
- LE LOCATIF DES ADJECTIFS
- LA DÉCLINAISON AVEC VOYELLE MOBILE
- LA DÉCLINAISON ET LES MOYENS DE DÉPLACEMENT
- LES VERBES DE MOUVEMENT (SUITE)

▶ 29 ПРИРОДА РОССИИ
LA NATURE RUSSE

Николай: Оля, тебе надо срочно взять отпуск!
nikaLaï: olia, tibié nada sRotchna vziat⁵ otpousk!
Nicholaï : Olia, tu dois (à toi il faut) urgemment prendre un congé !

Ольга: Коля, что я слышу? Ты хочешь в отпуск?
ol'ga: kolia, chto ia sLychou? ty Hotchich' votpousk?
Olga : Kolia, qu'est-ce que j'entends ? [Toi,] tu veux [prendre un] congé ?

- Я нашёл горящий тур на озеро Байкал на две недели.
ia nachoL gaRiaschïi touR na oziRa baïkaL nadvié nidiéli.
– J'ai trouvé un voyage en dernière minute (tour brûlant) au lac Baïkal pour deux semaines.

Ты же знаешь, я давно о нём мечтаю!
ty jê zna-ich', ia davno anio-m mitch-ta-iou!
Tu sais que j'en (de lui) rêve depuis longtemps !

Из Иркутска на машине до туристической базы,
izyRkouts-ka namachynié datouRistitchiskaï bazy,
Depuis Irkoutsk, [on ira] en voiture jusqu'à la base touristique,

а оттуда по маршруту верхом на лошадях.
a-attouda pamaRchRoutou viRHo-m naLachydiaH.
et de là-bas, [on fera] l'itinéraire à cheval (dessus sur les chevaux).

Говорят, там такие пейзажи!
gavaRiat, ta-m taki-ié pi-ïzajy!
On dit [que] là-bas les (tels) paysages [sont magnifiques] !

- Подожди, до Иркутска почти неделю на поезде.
padajdi, da-iRkouts-ka patch-ti nidiéliou napo-izdié.
– Attends, jusqu'à Irkoutsk, [c'est] presque une semaine en train.

Я в Питер хотела – посмотреть дворцы, в музей сходить.
ia fpitiéR HatiéLa – pas-mat-Riétˢ dvaRtsy, vmouziéï sHaditˢ.
Je voulais [aller] à Saint-Pét [moi] – voir des palais, aller au[x] musée[s].

А на Байкале – палатка да комары…
a na baïkalié – paLatka da kamaRy…
Et au Baïkal – [c'est] une tente et des moustiques...

- А ещё горы и долины, такая красота!
a yischio goRy i daliny, taka-ia kRassata!
– Mais aussi des montagnes et des vallées, quelle (telle) beauté !

Ты будешь купаться в горячих источниках, а я – ходить на рыбалку.
ty boudich' koupatsa vgaRiatchiH is-totchnikaH, a ia – Haditˢ naRybaLkou.
Tu te baigneras dans les sources chaudes et [moi], j'irai à la pêche.

До Иркутска надо лететь самолётом, ты ведь любишь летать самолётами.
da-iRkouts-ka nada litiétˢ samaliota-m, ty viétˢ lioubich' litatˢ samaliotami.
Il faut aller en avion jusqu'à Irkoutsk, [et] tu aimes bien les avions (voler en avion).

Ближайший рейс завтра после обеда, с пересадкой в Москве.
blijaïchyï Riéïss zaftRa poslié abiéda, spiRissatkaï vmask-vié.
Le vol le plus proche [est] demain après-midi, avec une escale à Moscou.

COMPRENDRE LE DIALOGUE
REMARQUES GÉNÉRALES

→ Pour bien prononcer le nom neutre **путешествие** il faut le diviser en plusieurs parties : poutichêst-vi-ié.

→ Le diminutif du prénom masculin **Николай**, nikaLaï, est **Коля**, kolia, celui du féminin **Ольга**, ol'ga, est **Оля**, olia.

→ Comme la lettre **ш** est toujours dure, **ё** se prononce **o** dans le mot **нашёл** : nachoL.

→ Le mot **давно** se traduit par *depuis longtemps* mais aussi par *il y a longtemps*.

→ Le mot **верхом** signifie *sur le dos d'un animal* – cheval, âne ou girafe…

→ Emprunté au français, **пейзаж**, reprend la prononciation de « l'original » en le transformant un peu selon les règles des voyelles sans accents et les consonnes qui s'assourdissent à la fin des mots : pi-ïzach.

→ Dans la langue parlée *Saint-Pétersbourg* se réduit en **Питер**, pitiéR.

→ La conjonction **да** signifie la même chose que *et* dans les énumérations. Nous vous conseillons l'emploi de **и** qui est stylistiquement plus neutre.

→ Comparez la prononciation de ces deux mots : **горячий**, gaRiatchïi et **горящий**, gaRiaschïi.

→ Le mot **самолёт**, *avion*, est un mot composé qui est formé des mots **сам**, *soi-même*, et de la racine du verbe imperfectif **летать** avec la voyelle de liaison **o**.

NOTE CULTURELLE – LE LAC BAÏKAL

La Sibérie abrite cette merveille qu'est le lac Baïkal, connu dans le monde entier comme la plus grande réserve naturelle d'eau douce sur la planète. Le lac avec sa flore et sa faune incroyablement riches, tout simplement magnifiques, a été inscrit au Patrimoine mondial par l'Unesco. C'est un endroit d'un grand intérêt touristique et les deux aéroports les plus proches sont celui de la ville d'Irkoutsk et de la ville d'Oulan-Oudé (situé en République de Bouriatie, l'aéroport même s'appelle… «**Байкал**»). Le fameux transsibérien dessert également la région.

Les touristes viennent souvent avec leur tente et organisent des campements improvisés mais à côté de cette pratique, il existe des bases touristiques, campings et de confortables « itinéraires éco » qui proposent différents services d'accompagnement et d'installation.

Les amateurs de nature admirent la clarté de l'eau du lac en été – on peut voir jusqu'à 40 m de profondeur ! – et d'autres viennent pour la pêche sous glace en hiver, même si l'hiver est assez rude dans cette région. Les sources d'eau chaude thermale (l'eau chaude qui sort du sol est à plus de 40°C) sont largement connues et appréciées pour leurs bienfaits médicinaux.

◆ GRAMMAIRE

LA DÉCLINAISON DES PRONOMS PERSONNELS (FIN)

Nous clôturons ici notre étude de la déclinaison des pronoms personnels. Voici la déclinaison de la troisième personne, plus complexe que les précédentes. Il s'agit des pronoms **он, оно, она** au singulier et de **они** au pluriel.

	3ᵉ personne	
	Singulier	Pluriel
N	**он**, on, **оно**, an**o**, **она**, an**a**	**они**, an**i**
G/A	**(н)его**, yiv**o** (niv**o**), **(н)её**, yi-**io** (ni-**io**)	**(н)их**, iH (niH)
D	**(н)ему**, yim**ou** (nim**ou**), **(н)ей**, ié-ï (nié-ï)	**(н)им**, i-m (ni-m)
L	**нём**, nio-m, **ней**, nié-ï	**них**, niH
I	**(н)им**, i-m (ni-m), **(н)ей**, ié-ï (nié-ï)	**(н)ими**, **i**mi (n**i**mi)

Remarquez que nous avons marqué entre parenthèses le **н** qui s'ajoute au pronom s'il suit une préposition. Comparez les deux formes au génitif : **Его здесь нет.** *Il n'est pas ici.* **У него есть брат.** *Il a un frère.*

LES ADJECTIFS AVEC TERMINAISON EN CHUINTANTE

Quand une chuintante apparaît dans la terminaison d'un adjectif, la terminaison change un peu en prenant certaines formes de la déclinaison « molle » et d'autres « dure ». Des changements sont également observés en cas d'incompatibilité orthographique.

	Masculin	Féminin	Neutre	Pluriel
Terminaison	ой / ый / ий	ая / яя	ое / ее	ые / ие
avec chuintante ou incompatibilité orthographique	горящий туристический горячий ближайший	горящая туристическая горячая ближайшая	горящее туристическое горячее ближайшее	горящие туристические горячие ближайшие

LE LOCATIF DES ADJECTIFS

Au singulier, les adjectifs masculins et neutres durs forment le locatif en **ом**, les mous et les adjectifs en chuintante (ou en cas d'incompatibilité orthographique) prennent la terminaison **ем**.
Les féminins durs se terminent en **ой** et les mous en **ей**.
Au pluriel, tous les adjectifs durs (masculins, neutres et féminins) forment le locatif en **ых** et les mous en **их**.

LA DÉCLINAISON AVEC VOYELLE MOBILE

Parfois lors de la déclinaison des noms, nous constatons l'apparition ou la disparition d'une voyelle que l'on appelle la « voyelle mobile ». Elle apparaît pour faciliter la prononciation lors des changements de terminaisons des mots déclinés. Observez ces quelques exemples : **дворец**, *palais*, (nominatif singulier) - **дворца** (génitif singulier), **отец**, *père*, (nominatif singulier) - **отцу** (datif singulier), **пачка**, *paquet*, (nominatif singulier) - **пачек** (génitif pluriel), **окно**, *fenêtre*, (nominatif singulier) - **окон** (génitif pluriel), etc.

LA DÉCLINAISON ET LES MOYENS DE DÉPLACEMENT

Vous avez déjà vu dans le Module 8 que l'on utilisait le locatif avec la préposition **на** dans les expressions indiquant le moyen de déplacement en transport. En effet, c'est valable pour quasiment tous les transports : **на такси**, nataksi, *en taxi*, **на лошади**, naLochadi, *à cheval*, **на самолёте**, nassamaliotié, *en avion*, **на поезде**, napo-izdié, *en train*, etc. On peut également utiliser l'instrumental pour certains types de transports (en revanche, pas pour tous) : **лететь самолётом**, litiét[s] samaliota-m, *aller en avion*, **ехать поездом**, iéHat[s] po-izda-m, *aller en train*.

▲ CONJUGAISON
LES VERBES DE MOUVEMENT (SUITE)

Voici deux nouveaux couples de verbes de mouvement : **лететь/летать**, *aller en avion, voler (pour un oiseau)* et **идти/ходить**, *aller (à pied), marcher*. Comme tous les verbes de mouvement, ils sont imperfectifs.

Le verbe **лететь** est le verbe défini (il désigne une direction unique et concrète) et **летать** est indéfini (il indique un déplacement « pluridirectionnel », répétitif ou exprimant une habitude). Ainsi, dira-t-on : **я лечу в Москву**, *je vais à Moscou* (je suis dans l'avion et ma direction est Moscou) et **я люблю летать**, *j'aime prendre l'avion* (une habitude, une donnée générale).

Remarquez que le verbe **лететь** appartient à la 2ᵉ conjugaison et change **т** en **ч** à la première personne du singulier au présent : **я лечу**, ia litch**ou**, *je vole*, **ты летишь**, ty lit**i**ch', *tu voles*, **они летят**, ani lit**i**at, *ils/elles volent*.

Le verbe **летать** est en revanche de la 1ʳᵉ conjugaison : **я летаю**, ia lit**a**-iou, *je vole*, **ты летаешь**, ty lit**a**-ich', *tu voles*, **они летают**, ani lit**a**-iout, *ils/elles volent*.

 Le verbe **идти** est défini et **ходить** est indéfini : **я иду в лес**, *je vais dans la forêt* (je suis sur le chemin vers la forêt) et **я всегда хожу в школу сам**, *je vais toujours à l'école seul* (une habitude, une action qui se répète).

идти - imperf, 1ʳᵉ conjugaison	**ходить** - imperf, 2ᵉ conjugaison
Я иду, ia id**ou**, *je marche*	**Я хожу**, ia Haj**ou**, *je vais*
Ты идёшь, ty id**io**ch', *tu marches*	**Ты ходишь**, ty H**o**dich', *tu vas*
Он/она/оно идёт, o-n, ana, ano id**io**t, *il/elle marche*	**Он/она/оно ходит**, o-n, ana, ano H**o**dit, *il/elle va*
Мы идём, my id**io**-m, *nous marchons*	**Мы ходим**, my H**o**di-m, *nous allons*
Вы идёте, vy id**io**tié, *vous marchez*	**Вы ходите**, vy H**o**ditié, *vous allez*
Они идут, ani id**ou**t, *ils/elles marchent*	**Они ходят**, an**i** H**o**diat, *ils/elles vont*

● EXERCICES

1. COMPLÉTEZ AVEC LE PRONOM À LA BONNE FORME :

a. Вы с (он-instrumental) _____ друзья?

b. Я слышу (ты-accusatif) _____.

c. Мы (они-accusatif) _____ знаем.

d. Он без (она-génitif) _____.

e. Дай (я-datif) _____ книгу.

f. Мы думаем о (вы-locatif) _____.

g. (мы-datif) _____ надо к врачу.

h. Поговорим о (она-locatif) _____?

2. COMPLÉTEZ AVEC LE VERBE EXACT :

летит – хожу – едут – иду – летает – ездят

a. Я _____ в театр.

b. Они всегда _____ с ним.

c. Каждый год Света _____ на море.

d. Завтра Олег _____ в Иркутск!

e. Куда они _____ следующим летом?

f. Я _____ на балет каждую среду.

3. ACCORDEZ LE VERBE ENTRE PARENTHÈSES AU PRÉSENT :

a. она (идти) _____

b. я (ходить) _____

c. мы (летать) _____

d. они (ходить) _____

e. вы (лететь) _____

f. я (идти) _____

g. ты (летать) _____

h. он (ехать) _____

i. я (лететь) _____

29

4. ÉCOUTEZ LES MOTS ET CLASSEZ-LES DANS L'ORDRE :

a. самолётами

b. горячий

c. сходить

d. горящий

e. самолёт

f. ходить

VOCABULAIRE

путешествие (n), poutichêst-vi-ié, *voyage*
природа (f), pRiRoda, *nature*
срочно, s-Rotchna, *urgemment*
отпуск (m), otpousk, *congé*
горящий, **ая**, **ее** (adj), gaRiaschiï, a-ia, i-ié, *brûlant*
горящий тур (m), gaRiaschiï touR, *voyage de dernière minute*
давно, davno, *depuis longtemps, il y a longtemps*
мечтать (v, 1ʳᵉ conjug.), mitch-tatˢ, *rêver*
туристическая база (f), touRistitchiska-ia baza, *base touristique*
оттуда, attouda, *de là-bas*
маршрут (m), maRchRout, *itinéraire*
верхом, viRHo-m, *à cheval*
лошадь (f), Lochatˢ, *cheval*
пейзаж (m), pi-ïzach, *paysage*
почти, patch-ti, *presque*
поезд (m), po-ist, *train*
посмотреть (v, 2ᵉ conjug.), pas-matRiétˢ, *voir*
дворец (m), dvaRiéts, *palais*
сходить (v, 2ᵉ conjug.), sHaditˢ, *aller (à pied)*
палатка (f), paLatka, *tente*
комар (m), kamaR, *moustique*
гора (f), gaRa, *montagne*
долина (f), dalina, *vallée*
купаться (v, 1ʳᵉ conjug.), koupatsa, *se baigner*
горячий, **ая**, **ее** (adj), gaRiatchiï, i-ia, i-ié, *chaud*
источник (m), istotchnik, *source*
ходить (v, 2ᵉ conjug.), Haditˢ, *aller (à pied), marcher*
рыбалка (f), RybaLka, *pêche*
лететь (v, 2ᵉ conjug.), litiétˢ, *voler, aller (en avion)*
самолёт (m), samaliot, *avion*
летать (v, 1ʳᵉ conjug.), litatˢ, *voler, aller (en avion)*
ближайший, **ая**, **ее** (adj), blijaïchyï, a-ia, ê-ié, *le plus proche*
рейс (m), Riéïss, *vol*
после обеда, poslié abiéda, *après-midi*
пересадка (f), piRissatka, *escale*

28.
LES SPORTIFS
СПОРТСМЕНЫ

OBJECTIFS

- CONNAÎTRE LE VOCABULAIRE D'UNE SALLE DE SPORT
- PARLER DES ACTIVITÉS SPORTIVES
- PRATIQUER UN SPORT

NOTIONS

- L'ADJECTIF POSSESSIF *СВОЙ*
- AVEC ET SANS MOUVEMENT : *ДОМ*
- L'INSTRUMENTAL DES ADJECTIFS
- LES VERBES PARTICULIERS ET L'INSTRUMENTAL
- LES VERBES DE MOUVEMENT (SUITE)

🔊 30 ДВИЖЕНИЕ - ЭТО ЖИЗНЬ
LE MOUVEMENT C'EST LA VIE

Станислав: Не представляю своей жизни без спорта!
stanis-L**a**f: nipRits-tavl**ia**-iou s-va-**ié**ï j**y**zni bis-sp**o**Rta!
Stanislav : [Je] n'imagine pas ma (sa) vie sans sport !

Два раза в неделю хожу в спортзал и один раз на йогу.
dva R**a**za vnid**ié**liou Haj**ou** fspoRtzaL i ad**i**-n Rass na **yo**gou.
Deux fois par semaine, [je] vais à la salle de sport et une fois au yoga.

Хотя все мои друзья всё время лежат на диване, о спорте и не слышали…
Hat**ia** fsié ma-**i** dRouz**ia** fsio vR**ié**mia lij**a**t nadiv**a**nié, asp**o**Rtié i nis-L**y**chali…
Même si tous mes amis passent tout [leur] temps (couchés) sur le canapé, [et] n'ont jamais entendu parler de sport…

Зинаида: Если честно, я сама не фанат спортзалов.
zina-**i**da: **ié**s-li tchi**é**s-na, ia sam**a** nifan**a**t spoRtz**a**Laf.
Zinaïda : À vrai dire (Si honnêtement), moi-même, je ne [suis] pas fan des salles de sport.

Разными тренажёрами я пользоваться не умею,
R**a**znymi tRinaj**o**Rami ia p**o**l'zavatsa ni-oum**ié**-iou,
Je ne sais pas utiliser les différentes machines,

а заниматься с личным тренером для меня - роскошь.
a-zanim**a**tsa s-l**i**tchny-m tR**ié**niRa-m dlia min**ia** – R**o**skach'.
et [le] faire (pratiquer) avec un entraîneur personnel, c'est inaccessible (luxe) pour moi.

– Тебе надо на аквааэробику.
tib**ié** n**a**da na ak-va-a-iR**o**bikou.
– [Il] (te) faut [que tu essaies] l'aquagym.

Это просто, но очень эффективно.
êta pR**o**sta, no **o**tchigne if**é**kt**i**vna.
C'est simple mais très efficace.

– О, воду я люблю: мы с лучшей подругой плаваем в бассейне по выходным.
o, v**o**dou ia lioubl**iou**: my s-L**ou**t-chëï padR**ou**gaï pL**a**va-i-m vbass**ê**ïnié pa vyHadn**y**-m.
– Oh, j'aime bien l'eau : avec ma meilleure amie, [nous] nageons à la piscine le week-end.

После я обычно хожу на массаж,
p**o**s-lié ia ab**y**tchna H**a**j**ou** na mass**a**ch.
Après, je vais d'habitude me faire masser (sur massage),

а потом домой пешком четыре остановки.
a pat**o**-m dam**o**ï pichk**o**-m tchit**y**Rié as-tan**o**fki.
et ensuite, [je rentre] à la maison à pied, l'équivalent de quatre arrêts.

Года три подряд покупала годовой абонемент в спортклуб,
g**o**da tRi padR**ia**t pakoup**a**La gadav**o**ï abanim**ié**-nt fspoRtkL**ou**p,
Pendant environs trois ans (de suite), [j'ai] acheté un abonnement annuel dans un club de sport,

но всё заканчивалось через пару недель: то работа, то дома дела.
no fsio zak**a**-ntchivalass[i] tchiRiés-p**a**Rou nid**ié**l[i] : to Rab**o**ta, to d**o**ma diL**a**.
mais tout se terminait deux semaines après : tantôt le travail, tantôt des choses [à faire] à la maison.

– Надо обязательно находить для себя время!
n**a**da abiz**a**til'na naHad**it**[s] dliassib**ia** vR**ié**mia!
– Il faut absolument trouver du temps pour soi !

COMPRENDRE LE DIALOGUE
REMARQUES GÉNÉRALES

→ Le féminin de **спортсмен**, emprunté à l'anglais (on peut deviner les deux mots qui le composent : *sport* et *man*) est **спортсменка**, spaRts-m**ié**-nka.

→ Le diminutif du prénom masculin **Станислав**, stanis**L**af, est **Стас**, stass, celui du féminin **Зинаида**, zina-**i**da, est **Зина**, z**i**na.

→ Chaque racine du mot composé **спортзал** garde sa prononciation de base : sp**o**Rtza**L**, même si nous ne marquons pas l'accent tonique sur le **o**. Écoutez attentivement ce mot sur l'enregistrement.

→ Attention aux faux-amis ! En russe, **йога**, *yoga*, est du féminin.

→ La lettre **т** ne se prononce pas dans **честно**, tch**ié**sna.

→ Rappelez-vous que l'ordre des mots dans la phrase russe est souple mais il y a tout de même l'ordre plus « neutre » stylistiquement parlant. D'une manière générale, ce qui est mis à la fin de la phrase est accentué. Voici la manière plus neutre pour la phrase proposée dans le dialogue : **Я не умею пользоваться разными тренажёрами.** *Je ne sais pas utiliser les différentes machines.* Nous voyons que l'ordre plus neutre est le suivant : sujet, verbe, complément, ce qui est très proche de la phrase française.

→ La prononciation de ce mot est un peu particulière, le **ч** se transformant en **т** : **лучший**, L**ou**t-ch**y**ï.

→ Voici le féminin de **друг** que vous connaissez déjà : padR**ou**ga.

→ Le mot **бассейн**, emprunté au français, a un peu modifié sa prononciation initiale et le **e** se prononce ié : bass**ié**-ïn. Remarquez que la prononciation en **э** est également acceptable : bass**ê**-ïn.

→ Dans la langue parlée, **выходной день**, vyHadn**o**ï diégne, se réduit en **выходной**, *jour de congé*. Au pluriel, **выходные**, on le traduit par *week-end*.

→ Le mot **массаж**, *massage*, est emprunté à la langue française et la prononciation est très semblable à l'original mais n'oubliez pas que le **ж** final s'assourdit en **ш** : mass**a**ch.

→ En mettant une mesure devant le nombre on définit une approximation : **часа два**, *environs deux heures*. Il suffit de les inverser pour rétablir « la précision » : **два часа**, *deux heures*.

→ Le mot **пара**, p**a**Ra, signifie *paire* mais aussi *deux*. Utilisé dans le sens du nombre, il peut également signifier une petite quantité de quelque chose : **закончить пару дел**, *finir deux-trois (quelques petites) choses*.

NOTE DE CIVILISATION – LA SALLE DE SPORT

De nombreux clubs de sport demandent à leurs clients majeurs une attestation médicale certifiant l'absence de maladies chroniques empêchant la pratique de sport. Ce certificat est obligatoire pour les enfants et les adolescents n'ayant pas atteint 18 ans. À la piscine, on vous demandera de porter un bonnet. Il vous sera sûrement demandé de vous procurer un cadenas pour l'armoire aux vestiaires.

À côté des salles de sport, on trouve en Russie un grand nombre de patinoires, centres sportifs avec clubs de tennis ou petits club sportifs où l'on peut pratiquer tennis de table, arts martiaux ou boxe. Des fédérations sportives et écoles d'états, ainsi que des écoles sportives spécialisées coexistent avec de petits clubs privés qui peuvent se révéler d'une qualité douteuse.

◆ GRAMMAIRE

L'ADJECTIF POSSESSIF *СВОЙ*

Vous avez déjà rencontré tous les possessifs (n'hésitez pas à revoir le tableau du Module 6) sauf **свой**, *son*, **своя**, *sa*, **своё**, *son* (neutre), **свои**, *ses*. La particularité de ce possessif est qu'il est utilisé avec toutes les personnes lorsque le sujet de la phrase est le « possesseur » de l'objet. Comparez : **Лена говорит с братом Олега.** *Léna parle avec le frère d'Oleg.* **Она говорит с его братом.** *Elle parle avec son frère (à lui).* Mais : **Лена говорит со своим братом.** *Elle parle avec son frère (à elle).* Dans la dernière phrase, Léna est le sujet de la phrase mais c'est elle aussi qui a un frère et qui lui parle.

AVEC ET SANS MOUVEMENT : *ДОМ*

Le mot masculin **дом**, *maison*, *immeuble*, possède deux formes particulières qu'on utilise pour traduire l'expression *à la maison* - **домой** avec mouvement et **дома** sans mouvement. À côté, le mot a bien évidemment les formes de l'accusatif (avec mouvement) **я иду в дом**, *je vais dans la maison*, et du locatif (sans mouvement) **я в доме**, *je suis à l'intérieur de la maison*. Attention, dans ce cas, il s'agira de la présence à l'intérieur d'une maison ou d'un immeuble et plus d'une expression figée.

L'INSTRUMENTAL DES ADJECTIFS

Au singulier, les adjectifs masculins et neutres durs forment l'instrumental en **ым**, les mous et les adjectifs en chuintante (ou en cas d'incompatibilité orthographique), prennent la terminaison **им** : **ценный**, *précieux*, - **ценным** ; **хорошее**, *bon*, - **хорошим**.

Les féminins durs se terminent en **ой** et les mous et les adjectifs en chuintante (plus incompatibilité orthographique) en **ей** : **жуткая**, *horrible*, - **жуткой** ; **следующая**, *suivante*, - **следующей**.

Au pluriel, tous les adjectifs durs (masculins, neutres et féminins) forment le datif en **ыми** et les mous en **ими** : **свободные**, *libres*, - **свободными** ; **дальние**, *lointain(e)s*, - **дальними**.

LES VERBES PARTICULIERS ET L'INSTRUMENTAL

Après certains verbes, on utilise un cas particulier. Ainsi, après les verbes de la 1re conjugaison **пользоваться**, *utiliser*, **заниматься**, *pratiquer*, utilise-t-on l'instrumental. Observez : **я пользуюсь утюгом** (instrumental singulier du masculin dur), *j'utilise le fer à repasser*, **дети занимаются йогой** (instrumental singulier du féminin dur), *les enfants font du yoga*.

L'instrumental suit également le verbe **писать**, *écrire*, car il indique le moyen de l'action : **мы пишем карандашом, а вы пишете ручкой**, *nous écrivons avec un crayon et vous écrivez avec un stylo*.

Quand l'instrumental suit également le verbe **работать**, *travailler*, on indique l'occupation : **она работает врачом**, *elle travaille comme médecin*.

▲ CONJUGAISON
LES VERBES DE MOUVEMENT (SUITE)

Un autre couple de verbes de mouvement est **плыть/плавать**, *aller à la nage, nager*. Le verbe **плыть** est défini et **плавать** est indéfini. Comparez : **я плыву прямо**, *je nage tout droit* (j'indique clairement ma direction) et **я плаваю по пятницам**, *je nage le vendredi* (une habitude qui se répète).

плыть - imperf, 1re conjugaison	**плавать** - imperf, 1re conjugaison
Я плыву, ia pLyv**ou**, *je nage*	**Я плаваю**, ia pLava-i**ou**, *je nage*
Ты плывёшь, ty pLyv**io**ch', *tu nages*	**Ты плаваешь**, ty pLava-ich', *tu nages*
Он/она/оно плывёт, o-n, an**a**, an**o** pLyv**io**t, *il/elle nage*	**Он/она/оно плавает**, o-n, an**a**, an**o** pLava-it, *il/elle nage*
Мы плывём, my pLyv**io**-m, *nous nageons*	**Мы плаваем**, my pLava-i-m, *nous nageons*
Вы плывёте, vy pLyv**io**tié, *vous nagez*	**Вы плаваете**, vy pLava-itié, *vous nagez*
Они плывут, an**i** pLyv**ou**t, *ils/elles nagent*	**Они плавают**, an**i** pLava-iout, *ils/elles nagent*

VOCABULAIRE

спортсмен (m), **-нка** (f), spaRts-mié-n, -nka, *sportif, -ve*
движение (n), dvijêni-ié, *mouvement*
жизнь (f), jyzn', *vie*
спорт (m), spoRt, *sport*
спортзал (m), spoRtzaL, *salle de sport*
йога (f), yoga, *yoga*
хотя, Hatia, *même si*
диван (m), diva-n, *canapé, divan*
если честно, iés-li tchiés-na, *à vrai dire*
честно, tchiés-na, *honnêtement*
фанат (m), fanat, *fan*
разный, **ая**, **ое** (adj), Raznyï, a-ia, a-ié, *différent*
тренажёр (m), tRinajoR, *machine (de sport)*
пользоваться (v, 1ʳᵉ conjug.), pol'zavatsa, *utiliser*
заниматься (v, 1ʳᵉ conjug.), zanimatsa, *pratiquer*
личный, **ая**, **ое** (adj), litchnyï, a-ia, a-ié, *personnel*
тренер (m), tRiéniR, *entraîneur*
роскошь (f), Roskach', *luxe*
аквааэробика (f), ak-va-a-iRobika, *aquagym*
эффективно, ifêktivna, *efficacement*

лучший, **ая**, **ее** (adj), Lout-chyï, a-ia, ê-ié, *meilleur*
подруга (f), padRouga, *amie*
плавать (v, 1ʳᵉ conjug.), pLavatˢ, *nager*
бассейн (m), bassêïn, *piscine*
выходной, **ые**, vyHadnoï, vyHadny-ié, *jour de congé, le week-end*
обычно, abytchna, *d'habitude*
массаж (m), massach, *massage*
дом (m), do-m, *maison*
пешком, pichko-m, *à pied*
подряд, padRia-t, *de suite*
покупать (v, 1ʳᵉ conjug.), pakoupatˢ, *acheter*
годовой, **ая**, **ое** (adj), gadavoï, a-ia, o-ié, *annuel*
абонемент (m), abanimié-nt, *abonnement*
спортклуб (m), spoRtkLoup, *club de sport*
заканчиваться (v, 1ʳᵉ conjug.), zaka-ntchivatsa, *se terminer*
пара (f), paRa, *paire, deux*
находить (v, 2ᵉ conjug.), naHaditˢ, *trouver*
карандаш (m), kaRa-ndach, *crayon*
ручка (f), Routchka, *stylo*

● EXERCICES

1. ACCORDEZ L'ADJECTIF À L'INSTRUMENTAL :

a. Они пользуются этим (большое) _____ креслом. *Ils utilisent ce grand fauteuil.*

b. Пиши (синяя) _____ ручкой. *Écris avec un stylo bleu.*

c. Он работает (налоговый) _____ инспектором. *Il travaille en tant qu'inspecteur des impôts.*

d. Вы занимаетесь (важные) _____ делами. *Vous vous occupez des affaires importantes.*

e. Она режет хлеб (маленький) _____ ножом. *Elle coupe le pain avec un petit couteau.*

f. Я часто пользуюсь (городской) _____ транспортом. *J'utilise souvent les transports urbains.*

g. Мы умываемся (горячая) _____ водой. *Nous nous lavons avec de l'eau chaude.*

2. COMPLÉTEZ AVEC LE POSSESSIF QUI CONVIENT :

её - своему - его - своей

a. Он говорит со _____ подругой. *Il parle à sa copine.*

b. Это Анна. Я знаю _____ мужа. *C'est Anna. Je connais son mari.*

c. Лена звонит _____ брату. *Lena appelle son frère.*

d. Не знаешь, где _____ пальто? *Sais-tu où est son manteau ?*

3. ACCORDEZ LE VERBE ENTRE PARENTHÈSES AU PRÉSENT :

a. я (плыть) _____

b. ты (плавать) _____

c. он (плыть) _____

d. она (плавать) _____

e. мы (плавать) _____

f. вы (плыть) _____

g. они (плавать) _____

4. TRANSCRIVEZ CE QUE VOUS ENTENDEZ :

a. _ _ _ _

b. _ _ _ _ _ _

c. _ _ _

d. _ _ _ _ _ _

e. _ _ _ _

f. _ _ _ _ _ _

29.
LE ZOO
ЗООПАРК

OBJECTIFS

- LES ANIMAUX SAUVAGES
- LES ANIMAUX DOMESTIQUES
- LEXIQUE RELATIF À UN ANIMAL

NOTIONS

- LA PARTICULE *BOT*
- LA DÉCLINAISON DES NOMS EN SIGNE MOU
- LE DATIF DES ADJECTIFS
- LES FAUX-AMIS : VERBES RÉFLÉCHIS

ЗВЕРИ
LES ANIMAUX

Артём: Смотри, у лисы такой пушистый хвост и длинные усы!

aRt-**io**-m: s-matR**i**, ou liss**y** tak**o**ï pouch**y**styï Hvost i dl**i**nny-ié ouss**y**!

Artiom : Regarde, le renard a la queue si (tel) touffue et de longues moustaches !

Ух ты, серому волку еду дают!

ouH ty, si**é**Ramou v**o**Lkou yid**ou** da-**iou**t!

Waouh, on donne à manger (donnent nourriture) au loup gris !

Можно его погладить?

m**o**jna yiv**o** pagL**a**dit^s?

[Est-ce qu'on] peut le caresser ?

Галина: Тёма, к диким животным близко нельзя подходить – они кусаются.

gaL**i**na: t**io**ma, k d**i**ki-m jyv**o**t-ny-m bl**i**ska nil'z**ia** patHad**i**t^s – an**i** kouss**a**-ioutsa.

Galina : Tioma, on ne doit pas s'approcher (de près interdit à pied) des animaux sauvages – ils peuvent mordre (mordent).

– Домашние тоже кусаются.

dam**a**chni-ié t**o**jê kouss**a**-ioutsa.

– Les domestiques mordent aussi.

Меня вот у бабушки гусь ущипнул.

min**ia** vot oub**a**bouchki gouss^i ouschipn**ou**L.

Une oie m'a (voilà) pincé chez la grand-mère.

– Не надо было его дразнить…

nin**a**da b**y**La yiv**o** dRaznit^s…

– Il ne fallait pas la (le) taquiner…

А каких ещё животных ты видел в деревне?

akak**i**H yisch**io** jyv**o**tnyH ty vidiéL vdiRi**é**vnié?

Et quels [autres] (encore) animaux as-tu vu à la campagne ?

– Видел кур, петуха, уток, корову и козу.
vidiéL kouR, pitouHa, outak, kaRovou i kazou.
– J'ai vu des poules, un coq, des canards, une vache et une chèvre.

И ещё у бабушки есть две кошки. Они мышей ловят.
i yischio oubabouchki iést[s] dvié kochki. ani mychêï Loviat.
Et la grand-mère a aussi (encore) deux chats (chattes). Ils attrapent les souris.

– Ну, давай посмотрим, кто ещё в зоопарке живёт.
nou, davaï pas-mot-Ri-m, kto yischio vza-apaRkié jyviot.
– Bon, voyons (donne voir) qui d'autre (encore) vit au zoo.

Вон там жираф, а напротив – белый медведь.
vo-n ta-m jyRaf, a napRotif – biéLyï midviét[s].
Là-bas – une girafe, et en face – un ours blanc.

Белые медведи живут на Крайнем Севере.
biéLy-ié midviédi jyvout nakRaïnié-m siéviRié.
Les ours blancs vivent au Grand (extrême) Nord.

– Вот это лапы у них! А какая густая шерсть!
votêta Lapy ouniH! a kaka-ia gousta-ia chêRst[s]!
– T'as vu leurs (Voilà cela) pattes (chez eux) ! Et quel pelage touffu (épais) !

Мне кажется, этому белому медведю здесь очень жарко.
mnie kajêtsa, êtamou biéLamou midviédiou zdiéss[i] otchigne jaRka.
[Il] me semble que (à) cet ours blanc a très chaud ici.

■ **COMPRENDRE LE DIALOGUE**
REMARQUES GÉNÉRALES

→ Le singulier de **звери** est **зверь**, zviéR[1]. C'est un mot du genre masculin.
→ Le diminutif du prénom masculin **Артём**, aRt**io**-m, est **Тёма**, t**io**ma, celui du féminin **Галина**, gal**i**na, est **Галя**, g**a**lia.
→ Le mot *moustache* est traduit en russe par le pluriel **усы**, ouss**y**. Attention, le singulier est également utilisé pour indiquer des parties de la moustache – gauche ou droite : **ус**, ouss.
→ **погладить**, le mot que vous avez déjà rencontré avec la signification de *repasser* mais cette fois-ci, il s'agit d'un homonyme et la traduction est complètement différente – *caresser*.
→ Le mot **гусь**, *oie*, est du genre masculin.
→ Le féminin **кошка**, k**o**chka, *chatte*, est utilisé pour parler de l'animal, *chat*, sans indiquer son genre ou du féminin. Le mâle-chat se dit **кот**, kot.
→ Attention, le mot **жираф**, jyR**a**f, qui ressemble beaucoup à la *girafe* en prononciation, est du genre masculin en russe.

NOTE CULTURELLE – LES ANIMAUX DE RUSSIE

De par son territoire immense, on comprend sans surprise qu'une variété incroyable d'animaux peuple la Russie. Parmi les plus grands animaux, les morses qui pèsent près de deux tonnes et les ours blanc et bruns. L'ours d'ailleurs est souvent cité comme l'emblème de Russie, le maître de la taïga même si on rencontre cet animal dans d'autres pays du monde. En revanche, le veau marin de Baïkal, le lemming de l'Amour, les mouettes roses ainsi que le cheval de Przewalski ne vivent que sur le vaste territoire russe.

◆ **GRAMMAIRE**
LE PARTICULE *ВОТ*

La particule s'utilise dans la langue parlée dans plusieurs situations.
Elle montre quelque chose qui se passe ou se trouve à proximité des interlocuteurs : **Вот вам книга**, *(voici) Tenez le livre.*
Avec des pronoms, **вот** souligne un effet inattendu, souvent regretté : **Вот я и пошла**, *Et j'y suis allée* (de toute évidence, je le regrette).

Dans les phrases exclamatives, la particule amplifie l'émotion (joie, admiration, dégoût, etc.) : **Вот это сюрприз!** *Mais quelle surprise !*

LA DÉCLINAISON DES NOMS EN SIGNE MOU

Vous savez déjà que les noms se terminant en signe mou peuvent être du genre féminin aussi bien que du masculin. Il faut les apprendre par cœur car rien ne pourra vous renseigner sur le genre. Par exemple, au genre féminin appartiennent : **мышь**, *souris*, **вещь**, *chose*, **боль**, *douleur*, **соль**, *sel*, **скатерть**, *nappe*, **роль**, *rôle*, **шерсть**, *pelage*, etc. En revanche, les mots suivants sont masculins : **зверь**, *bête*, **гусь**, *oie*, **медведь**, *ours*, **дождь**, *pluie*, **день**, *jour*, **словарь**, *dictionnaire*, **путь**, *chemin*, et d'autres. Comparons la déclinaison des deux genres :

Féminin	Singulier	Pluriel
N	**роль**, Rolⁱ	**роли**, Roli
G	**роли**, Roli	**ролей**, Raliéï
D	**роли**, Roli	**ролям**, Ralia-m
A	N (inanimé)	
L	**роли**, Roli	**ролях**, RaliaH
I	**ролью**, Roliou	**ролями**, Raliami

Masculin	Singulier	Pluriel
N	**зверь**, zveHⁱ	**звери**, zviéRi
G	**зверя**, zviéRia	**зверей**, zviRiéï
D	**зверю**, zviéRiou	**зверям**, zviRia-m
A	G (animé)	
L	**звере**, zviéRié	**зверях**, zviRiaH
I	**зверем**, zviéRié-m	**зверями**, zviRiami

UNE DÉCLINAISON PARTICULIÈRE

Le mot **курица**, *poule, poulet*, que vous avez rencontré dans le Module 11, est un peu particulier au pluriel – il en a deux ! Le pluriel se forme avec la base **кур-** mais la langue parlée ajoute celui avec **куриц-** :

	Singulier	Pluriel
N	**курица**, k**ou**Ritsa	**куры**, k**ou**Ry ou **курицы**, k**ou**Ritsy
G	**курицы**, k**ou**Ritsy	**кур**, k**ou**R ou **куриц**, k**ou**Rits
D	**курице**, k**ou**Ritsê	**курам**, k**ou**Ra-m ou **курицам**, k**ou**Ritsa-m
A		G (animé)
L	**курице**, k**ou**Ritsê	**курах**, k**ou**RaH ou **курицах**, k**ou**RitsaH
I	**курицей**, k**ou**Ritsêï	**курами**, k**ou**Rami ou **курицами**, k**ou**Ritsami

LE DATIF DES ADJECTIFS

Au singulier, les adjectifs masculins et neutres durs forment le datif en **ому**, les mous et les adjectifs en chuintante (ou en cas d'incompatibilité orthographique), prennent la terminaison **ему** : **красный**, *rouge*, - **красному** ; **синее**, *bleu*, - **синему**.

Les féminins durs se terminent en **ой** et les mous en **ей** : **большая**, *grande*, - **большой** ; **синяя**, *bleue*, - **синей**.

Au pluriel, tous les adjectifs durs (masculins, neutres et féminins) forment le datif en **ым** et les mous en **им** : **дружные**, *uni(e)s*, - **дружным** ; **горячие**, *chaud(e)s*, - **горячим**.

▲ CONJUGAISON
LES FAUX-AMIS : VERBES RÉFLÉCHIS

Il est intéressant de noter que nombreux sont les verbes réfléchis dans une langue et qui ne le sont pas dans l'autre. Il faut les apprendre et ne pas se fier aux « faux-amis ». Voici quelques verbes réfléchis en russe mais pas en français : **смеяться**, *rire,* **помещаться**, *rentrer* (dans quelque chose), **пользоваться**, *utiliser,* **заниматься**, *pratiquer* (un sport), **нравиться**, *plaire,* **бояться**, *avoir peur,* **остаться**, *rester,* **кружиться**, *tourner,* **казаться**, *sembler,* **кусаться**, *mordre.*

Rappelez-vous qu'en conjuguant le verbe réfléchi, on ajoute **сь** après une voyelle et **ся** après une consonne. Remarquez que **ся** se prononce dur après **т** car le **с** se lie avec ce dernier et donne le son « **ц** » suivi d'un a dur. Comparez avec la seconde personne du singulier et avec la première personne du pluriel : **я куса́ю́сь**, ia koussa-iouss', *je mords*, **ты кусаешься**, ty koussa-ich-sia, *tu mords*, **он/она/оно кусается**, o-n/ana/ano koussa-itsa, *il/elle mord*, **мы кусаемся**, my koussa-i-msia, *nous mordons*, **вы кусаетесь**, vy koussa-itiéss', *vous mordez*, **они кусаются**, ani koussa-ioutsa, *ils/elles mordent.*

D'AUTRES VERBES

On trouve dans la conjugaison au futur du verbe perfectif de la 1re conjugaison **ущипнуть**, *pincer,* **ё** au lieu de **e** et par conséquent, l'accent tonique, toujours final : **я ущипну**, ia ouschipnou, *je pincerai*, **ты ущипнёшь**, ty ouschipnioch', *tu pinceras*, **они ущипнут**, ani ouschipnout, *ils/elles pinceront.*

Le verbe imperfectif de la 2e conjugaison **ловить**, *attraper,* a la même conjugaison que le verbe **любить**, *aimer,* que vous avez déjà rencontré. À la première personne du singulier, un **л** apparaît mais disparaît aussitôt et pour toutes les autres formes : **я ловлю**, ia Lavliou, *j'attrape*, **ты ловишь**, ty Lovich', *tu attrapes*, **они ловят**, ani Loviat, *ils/elles attrapent.*

Hormis la présence du **ё** dans la conjugaison du verbe imperfectif **жить**, *vivre,* un **в** apparaît à toutes les formes au présent : **я живу**, ia jyvou, *je vis*, **ты живёшь**, ty jyvioch', *tu vis*, **они живут**, ani jyvout, *ils/elles vivent.*

⬢ EXERCICES

1. MASCULIN (M) OU FÉMININ (F) ?

a. кровать, lit __   d. соль, sel __   g. зверь, bête __

b. день, jour __   e. мышь, souris __   h. вещь, chose __

c. боль, douleur __   f. дождь, pluie __

2. METTEZ LE VERBE AU PRÉSENT À LA FORME INDIQUÉE :

a. Она (нравиться) _____

b. Они (кусаться) _____

c. Мы (заниматься) _____

d. Ты (смеяться) _____

e. Вы (казаться) _____

f. Я (бояться) _____

3. METTEZ LES ADJECTIFS AU DATIF :

a. густой → _____   f. крайний → _____

b. белая → _____   g. хорошая → _____

c. дикие → _____   h. добрый → _____

d. домашнее → _____   i. новые → _____

e. какая → _____

4. ÉCOUTEZ ET COMPLÉTEZ LES PHRASES :

a. Дикие _____ кусаются.

b. Зачем ты его _____ ?

c. _____ больше козы.

d. Здесь очень _____ !

VOCABULAIRE

зоопарк (m), za-apaRk, *zoo*
зверь (m), zviéR¹, *animal*
пушистый, **ая**, **ое** (adj), pouchystyï, a-ia, a-ié, *touffu*
хвост (m), Hvost, *queue*
длинный, **ая**, **ое** (adj), dlinnyï, a-ia, a-ié, *long*
ус (m), ouss, *moustache*
ух ты!, ouH ty, *waouh !*
серый, **ая**, **ое** (adj), siéRyï, a-ia, a-ié, *gris*
волк (m), voLk, *loup*
погладить (v, 2ᵉ conjug.), pagLadit^s, *caresser*
дикий, **ая**, **ое** (adj), dikiï, a-ia, a-ié, *sauvage*
животное (n), jyvotna-ié, *animal*
близко, bliska, *de près*
нельзя, nil'zia, *interdit*
подходить (v, 2ᵉ conjug.), patHadit^s, *s'approcher (en marchant)*
кусаться (v, 1ʳᵉ conjug.), koussatsa, *mordre*
домашний, **яя**, **ее** (adj), damachniï, i-ia, i-ié, *domestique*
гусь (m), gouss¹, *oie*
ущипнуть (v, 1ʳᵉ conjug.), ouschipnout^s, *pincer*
дразнить (v, 2ᵉ conjug.), dRaznit^s, *taquiner*
деревня (f), diRiévnia, *campagne*
петух (m), pitouH, *coq*
утка (f), outka, *canard*
корова (f), kaRova, *vache*
коза (f), kaza, *chèvre*
кошка (f), kochka, *chat, chatte*
мышь (f), mych', *souris*
ловить (v, 2ᵉ conjug.), Lavit^s, *attraper*
жить (v, 1ʳᵉ conjug.), jyt^s, *vivre*
вон там, vo-n ta-m, *là-bas*
жираф (m), jyRaf, *girafe*
напротив, napRotif, *en face*
белый, **ая**, **ое** (adj), biéLyï, a-ia, a-ié, *blanc*
медведь (m), midviét^s, *ours*
крайний, **яя**, **ее** (adj), kRaïniï, i-ia, i-ié, *extrême*
Север (m), siéviR, *nord*
лапа (f), Lapa, *patte*
густой, **ая**, **ое** (adj), goustoï, a-ia, o-ié, *épais, touffu*
шерсть (f), chêRst^s, *pelage*
сюрприз (m), siouRpRiss, *surprise*

30.
À BIENTÔT !
ДО ВСТРЕЧИ!

OBJECTIFS

- VOUVOYER ET TUTOYER
- LANCER UNE CONVERSATION
- PARLER D'ARGENT

NOTIONS

- LES VERBES DE MOUVEMENT
- LES VERBES À CONJUGAISON SIMILAIRE

СУДЬБА
LE DESTIN

Игорь: Девушка, простите, вас не Марина зовут?
igaRⁱ: di**é**vouchka, pRast**i**-tié, vass nimaR**i**na zav**ou**t?
Igor : (Jeune fille,) Excusez-moi, votre nom ne serait pas Marina ?

Мы познакомились на дне рождения у Егора прошлым летом.
my paznak**o**milissⁱ na dnié Rajd**ié**ni-ia ou yig**o**Ra pR**o**chLy-m l**ié**ta-m.
Nous nous sommes rencontrés à l'anniversaire d'Egor l'été dernier.

Марина: Вы Игорь? Точно, вспомнила! Вы там были с вашей… девушкой или нет, с женой.
maR**i**na: vy **i**gaRⁱ? t**o**tchna, fsp**o**-mniLa! vy ta-m b**y**li… s-v**a**chêï di**é**vouchkaï ilin**ié**t, zjyn**o**ï.
Marina : Vous [êtes] Igor ? Exact, je me rappelle [maintenant] (s'est rappelé) ! Vous y étiez avec [votre]… copine ou non, avec [votre] femme.

– Ну, теперь я разведён. Давайте выпьем кофе, если у вас есть минутка.
nou, tip**ié**Rⁱ ia Razvid**io**-n. dav**a**ïtié v**y**pié-m k**o**fié, **ié**s-li ouv**a**ss iést^s min**ou**tka.
– Eh bien, maintenant, je [suis] divorcé. Prenons un café si vous avez un peu de temps (une petite minute).

– С удовольствием. Давайте на "ты"?
soudav**o**lⁱst-vi-ié-m. dav**a**ïtié na ty?
– Avec plaisir. On va se tutoyer (Donnez sur « tu ») ?

– Конечно. А твой парень не будет ревновать?
kan**ié**chna. a t-v**o**ï paR**ié**nⁱ nib**ou**dit Rivnav**a**t^s?
– Bien sûr. Et ton copain ne sera pas jaloux ?

– Я теперь тоже одна. Мы расстались.
ia tip**ié**Rⁱ t**o**jê adn**a**. my Rasst**a**lissⁱ.
– Je [suis] seule maintenant [moi-]aussi. Nous nous sommes séparés.

– Марин, ну если нас дома никто не ждёт, то может, поужинаем вместе?
maRi-n, nou iés-li nass doma nikto nijdiot, to mojêt, pa-oujyna-ié-m vmiéstié?
– Marina, (mais) si personne ne nous attend à la maison, alors mangeons (peut-être dînerons) ensemble ?

– Буду рада. Мне надо снять денег в банкомате.
boudou Rada. mnié nada s-niat[s] diénik vba-nkamatié.
– J'[en] serais ravie. Je dois (À moi, il faut) retirer de l'argent au distributeur.

– Ну, если деньги для ужина – не стоит: я плачу.
nou, iés-li dién[i]gui dlia oujyna – nisto-it: ia pLatchou.
– Alors, si l'argent [c'est] pour le dîner – pas la peine : j'invite (je paie).

Наличных у меня тоже нет, не люблю деньги в карманах носить, но я заплачу картой.
nalitchnyH ouminia tojê niét, nilioubliou dién[i]gui fkaRmanaH nassit[s], no ia zapLatchou kaRtaï.
Je n'ai pas d'espèces non plus, [je] n'aime pas porter l'argent dans les poches, mais je paierai avec la carte.

А после я тебя отвезу на машине домой.
a pos-lié ia tibia at-vizou na machynié damoï.
Et ensuite, je t'emmènerai en voiture chez toi (à la maison).

– И часто ты так женщин по вечерам по ресторанам водишь, а потом по домам возишь?
itchasta ty tak jê-nschi-n pavitchiRa-m paRistaRana-m vodich', a pato-m padama-m vozich'?
– (Et) [Cela t'arrive] souvent (ainsi) d'amener des femmes au restaurant le soir et ensuite de les emmener chez elles (à des maisons) ?

– Конечно нет. Но, честно, я так рад тебя снова видеть!
kaniéchna niét. no, tchiésna, ia tak Rat tibia s-nova vidit[s]!
– Bien sûr [que] non. Mais, honnêtement, je suis tellement content de te revoir (de nouveau voir) !

COMPRENDRE LE DIALOGUE
REMARQUES GÉNÉRALES

→ Le prénom masculin **Игорь**, **i**gaR^i, n'a pas de diminutif « neutre ». Ce prénom forme les diminutifs affectifs en utilisant les suffixes diminutifs des noms : **Игорюша**, igaR**iou**cha, ou encore **Игорёк**, igaR**io**k. Le masculin **Егор**, yig**o**R, n'a pas de diminutif neutre non plus. Les diminutifs affectifs sont (la liste n'est pas exhaustive, tout comme pour **Игорь** car il y a d'autres suffixes permettant la formation des nouveaux diminutifs affectifs) : **Егорка**, yig**o**Rka, ou encore **Егорушка**, yig**o**Rouchka. Le diminutif de la langue parlée du féminin **Марина**, maR**i**na, est **Маринка**, maR**i**-nka. Nous vous déconseillons son emploi à ce stade. Remarquez que la langue parlée utilise beaucoup la forme du féminin (ainsi que les masculins en **а** : **папа**, p**a**pa, **Серёжа**, siR**io**ja) avec le « **а** » coupé pour appeler quelqu'un en s'adressant à cette personne : **Лена - Лен, ты где?** lié-n, ty gdié, *Léna, où es-tu ?* **мама - мам, ты куда?** ma-m, ty koud**a**, *Maman, où vas-tu* ?

→ Les deux mots **теперь** et **сейчас** se traduisent par *maintenant*. Néanmoins, il y a une nuance dans le sens : **теперь** s'oppose par rapport à avant tandis que **сейчас** est un *maintenant* « neutre ». Comparez : **Сейчас я курю**, *Je suis en train de fumer* (je fume maintenant) et **Раньше я курила, а теперь не курю**, *Avant je fumais mais maintenant je ne fume plus*.

→ Le féminin de **разведён,** Razvid**io**-n, est **разведена,** Razvidin**a**.

→ Rappelez-vous que le mot masculin **кофе** est invariable.

→ Le féminin **минута** donne le diminutif **минутка**, *une petite minute*. C'est le suffixe **к** qui participe à sa formation.

→ Retenez cette expression bien utile : **быть на ты**, *se tutoyer,* ou **быть на вы**, *se vouvoyer.*

→ Le verbe perfectif **поужинать** est formé par l'intermédiaire du préfixe **по** en l'ajoutant à l'imperfectif de la 1re conjugaison **ужинать**, *dîner.*

→ Le verbe perfectif de la 1re conjugaison **снять**, *enlever*, signifie *retirer de l'argent* dans l'expression **снять денег**, s-niat^s di**é**nik.

→ Le mot **деньги**, *argent*, s'utilise uniquement au pluriel en russe.

→ **наличные деньги**, *argent liquide, espèces*, se réduit en **наличные** dans la langue parlée (comme c'est le nom au pluriel qui est omis, l'adjectif est utilisé au pluriel).

→ Dans le mot **честно** le **т** ne se prononce pas : tch**ié**sna.

NOTE CULTURELLE – RENDEZ-VOUS GALANT

Un rendez-vous galant en Russie a ses particularités. Les participants repassent leurs vêtements et nettoient leurs chaussures, s'habillent dans la plupart des cas moins casual qu'au quotidien, voire une tenue de soirée, et se font beaux… On arrive au rendez-vous à l'heure mais on considère que la femme peut avoir 10-15 minutes de retard. Souvent l'homme arrive au rendez-vous avec un bouquet de fleurs. Généralement, il est sous-entendu que l'homme payera l'addition mais il est vrai que les générations nouvelles ne se focalisent pas sur cette habitude et l'addition peut facilement être divisée en deux. En Russie, la femme reçoit des marques d'attention : on lui ouvre la porte du taxi, on lui donne le bras et on rajuste sa chaise…

◆ GRAMMAIRE
LES VERBES DE MOUVEMENT

Nous terminons sur ces 3 couples de verbes de mouvement même si nous ne les avons pas tous vus : les verbes **везти/возить**, *transporter, amener* (par un moyen de locomotion) et **вести/водить**, *mener, amener* (à pied), se ressemblent beaucoup. Ils différent uniquement d'une lettre à l'infinitif, appartiennent à la première conjugaison quand ils sont définis et à la deuxième quand ils sont indéfinis. Pour ces verbes, tout comme pour le troisième couple **нести/носить**, *porter,* l'action est dirigée vers un objet ce qui marque une différence avec les verbes de mouvement vus précédemment (ils signifiaient l'action en soi – *marcher, nager, courir,* etc.).

Les verbes **везти** et **вести** sont définis ; **возить** et **водить** – indéfinis.

Les deux définis ont la voyelle **ё** dans la conjugaison au présent. Leurs « partenaires » indéfinis ont la première personne du singulier au présent identique : **я вожу**, ia vaj**ou**, *je transporte*, et changent de consonne pour toutes les autres personnes :

везти - imperf, 1ʳᵉ conjugaison	**возить** - imperf, 2ᵉ conjugaison
Я везу, ia viz**ou**, *je transporte*	**Я вожу**, ia vaj**ou**, *je transporte*
Ты везёшь, ty viz**io**ch', *tu transportes*	**Ты возишь**, ty v**o**zich', *tu transportes*
Он/она/оно везёт, o-n, an**a**, an**o** viz**io**t, *il/elle transporte*	**Он/она/оно возит**, o-n, an**a**, an**o** v**o**zit, *il/elle transporte*
Мы везём, my viz**io**-m, *nous transportons*	**Мы возим**, my v**o**zi-m, *nous transportons*
Вы везёте, vy viz**io**tié, *vous transportez*	**Вы возите**, vy v**o**zitié, *vous transportez*
Они везут, an**i** viz**ou**t, *ils/elles transportent*	**Они возят**, an**i** v**o**ziat, *ils/elles transportent*

вести - imperf, 1ʳᵉ conjugaison	водить - imperf, 2ᵉ conjugaison
Я веду, ia vid**ou**, *je mène*	Я вожу, ia vaj**ou**, *j'amène*
Ты ведёшь, ty vid**io**ch', *tu mènes*	Ты водишь, ty v**o**dich', *tu amènes*
Он/она/оно ведёт, o-n, an**a**, an**o** vid**io**t, *il/elle mène*	Он/она/оно водит, o-n, an**a**, an**o** v**o**dit, *il/elle amène*
Мы ведём, my vid**io**-m, *nous menons*	Мы водим, my v**o**di-m, *nous amenons*
Вы ведёте, vy vid**io**tié, *vous menez*	Вы водите, vy v**o**ditié, *vous amenez*
Они ведут, an**i** vid**ou**t, *ils/elles mènent*	Они водят, an**i** v**o**diat, *ils/elles amènent*

Le verbe **нести** est défini et **носить** est indéfini :

нести - imperf, 1ʳᵉ conjugaison	носить - imperf, 2ᵉ conjugaison
Я несу, ia niss**ou**, *je porte*	Я ношу, ia nach**ou**, *je porte*
Ты несёшь, ty niss**io**ch', *tu portes*	Ты носишь, ty n**o**ssich', *tu portes*
Он/она/оно несёт, o-n, an**a**, an**o**, niss**io**t, *il/elle porte*	Он/она/оно носит, o-n, an**a**, an**o** n**o**ssit, *il/elle porte*
Мы несём, my niss**io**-m, *nous portons*	Мы носим, my n**o**ssi-m, *nous portons*
Вы несёте, vy niss**io**tié, *vous portez*	Вы носите, vy n**o**ssitié, *vous portez*
Они несут, an**i** niss**ou**t, *ils/elles portent*	Они носят, an**i** n**o**ssiat, *ils/elles portent*

LES VERBES À CONJUGAISON SIMILAIRE

Nous vous présentons quelques verbes qu'il ne faut pas confondre. Leurs infinitifs sont bien différents, la conjugaison, en revanche, peut vous induire en erreur. Observez bien l'accent tonique ainsi que la différence dans la conjugaison :

Le verbe de la 2ᵉ conjugaison **стоить**, *coûter, valoir*, et le verbe de position également de la 2ᵉ conjugaison **стоять**, *être debout* :

стоить - imperf, 2ᵉ conjugaison	стоять - imperf, 2ᵉ conjugaison
Я стою, ia st**o**-iou, *je coûte*	Я стою, ia sta-**iou**, *je suis debout*
Ты стоишь, ty st**o**-ich', *tu coûtes*	Ты стоишь, ty sta-**i**ch', *tu es debout*
Он/ она/ оно стоит, o-n, an**a**, an**o** st**o**-it, *il/elle coûte*	Он/ она/ оно стоит, o-n, an**a**, an**o** sta-**i**t, *il/elle est debout*
Мы стоим, my st**o**-i-m, *nous coûtons*	Мы стоим, my sta-**i**-m, *nous sommes debout*

Вы стоите, vy st**o**-itié, *vous coûtez*	**Вы стоите**, vy sta-**i**-tié, *vous êtes debout*
Они стоят, an**i** st**o**-iat, *ils/elles coûtent*	**Они стоят**, an**i** sta-**ia**t, *ils/elles sont debout*

Le verbe de la 2ᵉ conjugaison **платить**, *payer,* et le verbe de la 1ʳᵉ conjugaison **плакать**, *pleurer* :

платить - imperf, 2ᵉ conjugaison	**плакать** - imperf, 1ʳᵉ conjugaison
Я плачу, ia pL**a**tch**ou**, *je paie*	**Я плачу**, ia pL**a**tchou, *je pleure*
Ты платишь, ty pL**a**tich', *tu paies*	**Ты плачешь**, ty pL**a**tchich', *tu pleures*
Он/ она/ оно платит, o-n, an**a**, an**o** pL**a**tit, *il/elle paie*	**Он/ она/ оно плачет**, o-n, an**a**, an**o** pL**a**tchit, *il/elle pleure*
Мы платим, my pL**a**ti-m, *nous payons*	**Мы плачем**, my pL**a**tchi-m, *nous pleurons*
Вы платите, vy pL**a**titié, *vous payez*	**Вы плачете**, vy pL**a**tchitié, *vous pleurez*
Они платят, an**i** pL**a**tiat, *ils/elles paient*	**Они плачут**, an**i** pL**a**tchiout, *ils/elles pleurent*

D'AUTRES VERBES

Le verbe imperfectif de la 1ʳᵉ conjugaison **ревновать**, *être jaloux,* a la conjugaison des verbes en **-ова-** (le suffixe est remplacé par **у** au présent mais le verbe le retrouve au passé) : **я ревную**, ia Rivn**ou**-iou, *je suis jaloux/se,* **ты ревнуешь**, ty Rivn**ou**-ich', *tu es jaloux/se,* **они ревнуют**, an**i** Rivn**ou**-iout, *ils/elles sont jaloux/ses ;* **она ревновала**, an**a** Rivnav**a**La, *elle était jalouse.*

Le verbe perfectif de la 1ʳᵉ conjugaison **снять**, *enlever, retirer,* forme la conjugaison sur la base **сним** et retrouve au passé sa base courte **сн** : **я сниму**, ia s-nim**ou**, *je retirerai,* **ты снимешь**, ty s-n**i**mich', *tu retireras,* **снимут**, an**i** s-n**i**mout, *ils/elles retireront ;* **он снял**, o-n s-nia**L**, *il a retiré.*

● EXERCICES

1. METTEZ LE MOT ENTRE PARENTHÈSES À LA BONNE FORME :

a. У (они-génitif) _____ всё есть. *Ils ont tout.*

b. Чай будешь? – С (удовольствие-instrumental) _____. *Veux-tu du thé ? – Avec plaisir.*

c. Мы виделись на (день-locatif) _____ рождения. *Nous nous sommes vus à l'anniversaire.*

d. Вы платите наличными или (карта- instrumental) _____. *Payez-vous en espèces ou par carte ?*

e. Отвезёшь (мама-accusatif) _____ к врачу? *Tu amèneras maman chez le médecin ?*

f. Куда ты возишь детей? – К моему (брат-datif) _____. *Où emmènes-tu les enfants ? – Chez mon frère.*

g. Ты с кем? - С (жена-instrumental) _____. *Tu es avec qui ? – Avec ma femme.*

h. Возьми деньги в (карман-locatif) _____. *Prends l'argent dans la poche.*

2. COMPLÉTEZ LA PHRASE AVEC LE MOT EXACT :

наличные - ревнуешь - парень - денег - жена

a. Это твоя девушка? – Это моя _____.

b. У тебя есть _____ ? – Нет, только карта.

c. Где твой _____ ? – Мы расстались.

d. Мне надо снять _____ в банкомате.

e. Ты меня _____?

3. ACCORDEZ LE VERBE ENTRE PARENTHÈSES :

a. он (везти) _____

b. я (вести) _____

c. вы (возить) _____

d. я (носить) _____

e. она (вести) _____

f. я (водить) _____

g. ты (нести) _____

h. они (возить) _____

i. мы (водить) _____

30. À bientôt

VOCABULAIRE

судьба (f), soud'ba, *destin*
девушка (f), di**é**vouchka, *jeune fille, copine*
познакомиться (v, 2ᵉ conjug.), paznak**o**mitsa, *se rencontrer, faire connaissance*
рождение (n), Rajdi**é**ni-ié, *naissance*
день (m) **рождения**, di**é**gne Rajdi**é**nia, *anniversaire*
теперь, tipi**é**R¡, *maintenant*
разведён (adj. court), Razvidi**o**-n, *divorcé*
выпить (v, 1ʳᵉ conjug.), v**y**pitˢ, *boire*
парень (m), paRién¡, *petit copain*
ревновать (v, 1ʳᵉ conjug.), Rivnav**a**tˢ, *être jaloux/se*
расстаться (v, 1ʳᵉ conjug.), Ras-st**a**tsa, *se séparer*
поужинать (v, 1ʳᵉ conjug.), pa-**ou**-jynatˢ, *dîner*
снять (v, 1ʳᵉ conjug.), s-niatˢ, *enlever, retirer (argent)*
деньги (pl), di**é**n¡gui, *argent*
банкомат (m), ba-nkam**a**t, *distributeur de billets*
стоить (v, 2ᵉ conjug.), st**o**-itˢ, *coûter, valoir*
платить (v, 2ᵉ conjug.), pL**a**titˢ, *payer*
наличные (pl), nal**i**tchny-ié, *espèces*
носить (v, 2ᵉ conjug.), nass**i**tˢ, *porter*
заплатить (v, 2ᵉ conjug.), zapL**a**titˢ, *payer*
карта (f), k**a**Rta, *carte*
отвезти (v, 1ʳᵉ conjug.), at-vist**i**, *amener*
часто, tch**a**sta, *souvent*
женщина (f), jê-nsch**i**na, *femme*
водить (v, 2ᵉ conjug.), vad**i**tˢ, *conduire, amener*
возить (v, 2ᵉ conjug.), vaz**i**tˢ, *amener (en moyen de locomotion)*
быть на ты, bytˢ nat**y**, *se tutoyer*
быть на вы, bytˢ nav**y**, *se vouvoyer*
ужинать (v, 1ʳᵉ conjug.), **ou**-jynatˢ, *dîner*
курить (v, 1ʳᵉ conjug.), kouR**i**tˢ, *fumer*
нести (v, 1ʳᵉ conjug.), nist**i**, *porter (dans les bras)*
вести (v, 1ʳᵉ conjug.), vist**i**, *porter (à pied)*
везти (v, 1ʳᵉ conjug.), vist**i**, *porter, transporter (en moyen de locomotion)*
стоять (v, 2ᵉ conjug.), sta-**ia**tˢ, *être debout*
плакать (v, 1ʳᵉ conjug.), pL**a**katˢ, *pleurer*

4. ÉCOUTEZ ET CHOISISSEZ LA BONNE TRADUCTION :

a. *je pleure / je paie*

b. *nous coûtons / nous sommes debout*

c. *ils pleurent / elles paient*

d. *il coûte / il est debout*

LES CORRIGÉS DES EXERCICES

NOTE

Vous trouverez dans les pages qui suivent tous les corrigés des exercices proposés dans les modules qui précèdent. Les exercices enregistrés sont signalés par le pictogramme 🔊 accompagné du n° de piste de votre CD ou piste en streaming. Ils se trouvent sur la même piste que le dialogue de la leçon, à la suite de celui-ci ; ils portent donc le même numéro de piste.

1. NOMMER LES OBJETS

03 🔊 **1. a.** banque **b.** girafe **c.** gaz **d.** théâtre
2. a. суп **b.** тип **c.** стоп **d.** такси
3. a. M **b.** F **c.** N **d.** F **e.** N **f.** M **g.** M **h.** N
4. a. мама, дыня **b.** учитель, машина **c.** ананас, магазин

2. SE SALUER ET PRENDRE CONGÉ

04 🔊 **1. a.** f **b.** z **c.** v **d.** t **e.** d
2. a. pak**a** **b.** fstR**ié**tcha **c.** anan**ass** **d.** HaRach**o**
3. a. П **b.** К **c.** Ш **d.** Ф **e.** Т **f.** С
04 🔊 **4. a.** парк - к **b.** Влад - т **c.** газ - с **d.** жир**аф** - ф

3. SE PRÉSENTER ET REMERCIER

1. a. он **b.** оно **c.** он **d.** он **e.** она
2. a. Где **b.** Куда **c.** Откуда **d.** Как
3. a. 5 **b.** 1 **c.** 4 **d.** 2 **e.** 3
05 🔊 **4. a.** тя **b.** мо **c.** лю **d.** де **e.** бы

4. OFFRE ET CHOIX

06 🔊 **1. a.** ая **b.** ый **c.** ое **d.** ое **e.** ая **f.** ый
2. a. синяя **b.** отличное **c.** новый **d.** шикарное **e.** дешёвая
06 🔊 **3. a.** е **b.** и **c.** ь **d.** и **e.** ё
4. a. ит **b.** ите **c.** ят **d.** ишь **e.** ит **f.** ю **g.** им

5. LA FAMILLE

1. a. хочу - а. J'ai soif. **b.** хотите - Voulez-vous du/un gâteau ? – Non, merci. **c.** пьют - Elles/Ils ne boivent pas. **d.** хочешь - Veux-tu du thé ? – Oui, merci.
2. a. моя **b.** наши **c.** мой **d.** моё **e.** наш
3. a. 5 **b.** 1 **c.** 4 **d.** 3 **e.** 2
07 🔊 **4.** моя, мой, моя, мой, наши, моя, мой, наша, Наша

6. LE TEMPS LIBRE

1. a. глупости **b.** сёстры **c.** книги **d.** розы **e.** передачи **f.** девочки **g.** лампы **h.** дыни
2. a. мой, их, его **b.** их, его, наши **c.** их, его, наши **d.** твоё, их, его **e.** их, его
3. a. классические **b.** дальние **c.** свободные **d.** старшие **e.** сложные **f.** дорогие **g.** большие **h.** интересные
08 🔊 **4. a.** дружные семьи **b.** новые книги **c.** мои мамы **d.** чёрные собаки **e.** дешёвые розы **f.** эти передачи **g.** синие куртки

7. CONVERSATION

1. a. хорош **b.** здоров **c.** красиво **d.** дорога
2. a. мои друзья **b.** эти герои **c.** редкие репортажи **d.** любимые платья **e.** документальные фильмы **f.** интересные интервью
09 🔊 **3. a.** Это братья. **b.** Это книги. **c.** Это окна. **d.** Это коллеги. **e.** Это плащи.
4. a. выглядишь **b.** идут **c.** обожаю **d.** знаете **e.** люблю

8. PROJETS POUR LA JOURNÉE

1. a. трамвае **b.** офисе **c.** ужине **d.** метро **e.** дыне **f.** словаре **g.** шкафу **h.** работе **i.** книге **j.** диете
2. a. семьях **b.** бёдрах **c.** музеях **d.** парках **e.** морях
3. a. Он забыл **b.** Они приготовили **c.** Ты поехал / поехала **d.** Оно было **e.** Мы гладили **f.** Я спал / спала **g.** Вы видели

4. a. умеет **b.** знаю **c.** умеем **d.** люблю - любишь **e.** хочет - хочу- хотят

9. PROMENADE

1. a. 4 **b.** 2 **c.** 1 **d.** 3
2. a. приятная **b.** вкусно **c.** Хорошо **d.** приятно **e.** сложно **f.** хороший
3. a. дорогой **b.** интересный **c.** дешёвый **d.** симпатичный **e.** отличный **f.** добрый **g.** сложный
4. a. вокзал (le seul singulier) **b.** увидел (la seule forme conjuguée) **c.** парень (le seul masculin) **d.** Хорошо (le seul adverbe)

10. UN APPEL TÉLÉPHONIQUE

1. a. фамилии **b.** снегу **c.** картине **d.** ощущению **e.** глупости **f.** родителям **g.** тёте **h.** гостю **i.** девочкам **j.** окну
2. a. другу **b.** детям **c.** семье **d.** Лилии **e.** маме **f.** гостю **g.** брату **i.** отцу
3. a. 4 **b.** 3 **c.** 5 **d.** 2 **e.** 1
4. ехал, поможешь, лыжи, звонишь, минуту, кто-то, погуляем

11. PROVISIONS

1. a. сестры **b.** рагу **c.** пива **d.** лука **e.** плаща **f.** чая **g.** картошки **h.** майонеза
2. a. вина **b.** снега **c.** мамы **d.** реки **e.** вечера **f.** гостя
3. a. лук **b.** мясо **c.** хлеб **d.** масло **e.** курица **f.** молоко **g.** майонез **h.** картошка

4. a. запишешь **b.** вижу **c.** забыли **d.** придут **e.** едете **f.** пишем **g.** видишь

12. À L'HÔTEL

1. a. вечеров **b.** окон **c.** собак **d.** музеев **e.** ключей **f.** словарей **g.** подушек **h.** столов
2. a. ошибок **b.** пирогов **c.** одеял **d.** братьев **e.** ног **f.** окон
3. a. глупостей **b.** фильмов **c.** совпадений **d.** книг **e.** энциклопедий **f.** вещей **g.** ощущений
4. a. это **b.** слушаю - Кто **c.** дела **d.** Всё - тебя **e.** Спасибо

13. AU RESTAURANT

1. a. рыбу **b.** сок **c.** папу **d.** идею **e.** друга **f.** пачку
2. a. девочку **b.** Олега **c.** дом **d.** курицу
3. a. будет **b.** будут **c.** будешь **d.** будем **e.** буду **f.** будете
4. a. помогу **b.** будет говорить **c.** увидите **d.** будешь пить **e.** приеду

14. PROBLÈMES DE SANTÉ

1. a. режут **b.** жалуешься **c.** болит **d.** пьём **e.** нравится
2. a. болеет **b.** болит **c.** болеет **d.** болеют
3.

Ш	Е	Я		
У	Х	О		
Р	У	К	А	
Н	О	Г	А	
С	П	И	Н	А
Г	О	Л	О	В	А

🔊 **4. a.** кружусь **b.** жалуетесь **c.** нравятся **d.** боюсь **e.** осталась

15. DÉMÉNAGEMENT

1. a. окном **b.** чаем **c.** братом **d.** встречей **e.** морем **f.** розой **g.** гостем **h.** дыней

2. a. родителями **b.** душем **c.** мамой **d.** тортом

🔊 **3.**

Д	У	Ш			
К	У	Х	Н	Я	
Т	У	А	Л	Е	Т
В	А	Н	Н	А	Я
С	П	А	Л	Ь	Н	Я
Г	О	С	Т	И	Н	А	Я

4. a. (бы) хотела бы **b.** (бы) поехали бы **c.** (бы) поговорил бы **d.** (бы) сняли бы

16. AU TRAVAIL

1. a. среду **b.** понедельник **c.** пятницы **d.** воскресенье **e.** четверг **f.** вторник **g.** субботу

2. a. вторнику **b.** секретаря **c.** обеда **d.** школы **e.** ночи

3. a. завис **b.** стулья **c.** просят

🔊 **4. a.** принтер, m **b.** офис, m **c.** пятница, f **d.** договор, m **e.** флешка, f

17. COURRIEL

1. a. времени **b.** перьями **c.** имена **d.** времён **e.** имени

2. a. пишешь **b.** посмотрели **c.** хватает **d.** ищет **e.** нашёл

3. a. синюю **b.** важное **c.** новую **d.** отличные **e.** дешёвые **f.** интересный

🔊 **4. a.** ваше имя **b.** мне кажется **c.** это резюме **d.** вот адрес

18. LE TEMPS

1. a. ехали **b.** помог **c.** купить **d.** положили **e.** погреться

2. a. нравится **b.** нравятся **c.** нравится **d.** нравится **e.** нравитесь

3. a. бабушке **b.** картину **c.** семьёй **d.** рубашку **e.** друга **f.** одеяла

🔊 **4. a.** спать **b.** июль **c.** зелень **d.** вещь

19. À LA POSTE

🔊 **1. a.** парк **b.** мы **c.** тоже **d.** здесь **e.** метро **f.** ваш **g.** один

2. a. чая **b.** книг **c.** шляп **d.** кроватей **e.** банан **f.** роз **g.** столов

3. a. большого **b.** дешёвых **c.** важных **d.** ванных **e.** никакого

4. a. взвесите **b.** регистрирую **c.** хотели **d.** отправлю

20. BONNE SOIRÉE

1. a. рубашек **b.** индюшкой **c.** подушки **d.** бабушке **e.** фисташки

2. a. предложить **b.** пустой **c.** сделает **d.** бокал **e.** Счёт

3. a. я режу **b.** ты хочешь **c.** он предложит **d.** мы желаем **e.** вы выливаете **f.** они помещаются

🔊 **4. a.** колбаса **b.** водка **c.** счёт **d.** сделаю **e.** вечер

21. LES MÉDICAMENTS

🔊 **1. a.** взрослый **b.** больная **c.** ванная **d.** первое

2. a. детям **b.** лекарств **c.** горле

d. ребёнка **e.** аптеку **f.** девочки
g. антибиотиками
3. a. рекомендуешь **b.** рекомендуют
c. рекомендуете **d.** рекомендует
e. рекомендуем
4. список, пятница, почта, куртка

22. LES TRANSPORTS URBAINS

1. a. кто **b.** где **c.** как **d.** когда
e. что **f.** какой **g.** сколько
2. a. этом **b.** эту **c.** эти **d.** этом
e. это
3. a. едут **b.** ездит **c.** едешь
d. едем **e.** езжу
4. a. позвоню **b.** твои **c.** машину
d. за город

23. EN VOITURE

1. a. кресло **c.** правило **d.** время
e. право **g.** давление
2. a. Он включает «поворотник».
b. Как ты себя ведёшь? **c.** Ты будешь жать на тормоз. **d.** Нужно проверить шины и фары.
3. a. прийти **b.** шутить
c. пристегнуть **d.** получить **e.** жать
f. посмотреть **g.** взять **h.** заехать
4. a. жмёшь **b.** проверят
c. заедешь **d.** делаешь

24. À TABLE !

1. a. стол **b.** середину **c.** место
2. a. коробке **b.** столе **c.** лесу
d. коробку **e.** лес **f.** стол
3. a. салфетку **b.** торта **c.** вином
d. вазу **e.** цветах **f.** скатерти
g. маме **h.** свечи
4. a. украшу **b.** устанешь
c. поставят **d.** возьмём
e. исправлю

25. LA RECETTE

1. a. J'ai changé d'avis **b.** On n'a (nous n'avons) plus de farine **c.** Peux-tu faire du thé ? **d.** Vas acheter du miel !
e. Ici, il y a moins de gens
2. a. яйца **b.** яиц **c.** яйца **d.** яиц
3. a. бегают **b.** бежишь **c.** бегает
d. бежите **e.** бегает **f.** бегаем
4. a. печёшь **b.** месит **c.** пеку
d. бегут

26. À L'OPÉRA

1. a. балет **b.** гардероб **c.** афиша
d. сцена **e.** опера **f.** роль
2. a. человека **b.** человека
c. людей **d.** человек **e.** люди
f. человек
3. a. сядет **b.** сядете **c.** сядут
d. сядешь **e.** сядут **f.** сядем
4. a. тебя **b.** вас **c.** вам **d.** тобой
e. тебя **f.** вас

27. VOYAGE

1. a. ним **b.** тебя **c.** их **d.** неё
e. мне **f.** вас **g.** Нам **h.** ней
2. a. иду **b.** сядят **c.** летает
d. летит **e.** едут **f.** хожу
3. a. идёт **b.** хожу **c.** летаем
d. ходят **e.** летите **f.** иду
g. летаешь **h.** едет **i.** лечу
4. c. сходить **b.** горячий
d. горящий **a.** самолётами
f. ходить **e.** самолёт

28. LES SPORTIFS

1. a. большим **b.** синей
c. налоговым **d.** важными
e. маленьким **f.** городским
g. горячей

287

2. a. своей **b.** её **c.** своему **d.** его/её
3. a. плыву **b.** плаваешь **c.** плывёт **d.** плавает **e.** плаваем **f.** плывёте **g.** плавают
4. a. йога **b.** тренер **c.** дом **d.** массаж **e.** дома **f.** пешком

29. LE ZOO

1. a. F **b.** M **c.** F **d.** F **e.** F **f.** M **g.** M **h.** F
2. a. нравится **b.** кусаются **c.** занимаемся **d.** смеёшься **e.** кажетесь **f.** боюсь
3. a. густому **b.** белой **c.** диким **d.** домашнему **e.** какой **f.** крайнему **g.** хорошей **h.** доброму **i.** новым
4. a. животные **b.** дразнишь **c.** Медведь **d.** жарко

30. À BIENTÔT !

1. a. них **b.** удовольствием **c.** дне **d.** картой **e.** маму **f.** брату **g.** женой **h.** кармане
2. a. жена **b.** наличные **c.** парень **d.** денег **e.** ревнуешь
3. a. везёт **b.** веду **c.** возите **d.** ношу **e.** ведёт **f.** вожу **g.** несёшь **h.** возят **i.** водим
4. a. Я плачу je pleure **b.** мы стоим nous sommes debout **c.** Они платят elles paient **d.** Он стоит il coûte

MÉMOS GRAMMAIRE & CONJUGAISON

1) LES TROIS GENRES

Le nom russe a trois genres : masculin, féminin et neutre. Chaque genre possède ses propres terminaisons.

On définit le genre des mots d'après leur terminaison au Nominatif en les divisant en durs et mous :

• **Masculin**

<u>Durs</u> se terminent par une **consonne** : **стол**, *table*, **отец**, *père* ;
<u>Mous</u> se terminent en **-й** et **-ь** (signe mou) : **покой**, *repos*, **дождь**, *pluie*.

• **Féminin**

<u>Durs</u> se terminent en **-а** : **ваза**, *vase*, **жена**, *épouse* ;
<u>Mous</u> se terminent en **-я**, **-ия** et **-ь** (signe mou) : **семья**, *famille*, **талия**, *taille*.

• **Neutre**

<u>Durs</u> se terminent en **-о** : **эхо**, *écho*, **окно**, *fenêtre* ;
<u>Mous</u> se terminent en **-е**, **-ё**, **-ие** et un petit groupe de mots en **-мя** : **море**, *mer*, **давление**, *tension* ; **время**, *temps*.

2) LES SIX CAS

Comme le russe ne possède pas d'article, toute l'information sur le mot est donnée par la terminaison et sa modification lors du changement de sa fonction grammaticale dans une phrase. On parle de cas.

L'emploi des cas (il y en a six) est conditionné par le rôle que le mot joue dans la phrase. Ainsi :

Le Nominatif est le cas du sujet ou de son attribut (il n'est jamais utilisé après une préposition). Les mots, tels qu'on les trouve dans un dictionnaire, sont au nominatif : **Мой брат здесь.** *Mon frère est ici.*
Le Génitif est le cas du complément de nom, de la négation, de l'absence, du partitif, de la quantité et de la provenance : **Я иду из театра.** *Je reviens du théâtre.* **Дай мне воды.** *Donne-moi de l'eau.*
Le Datif est le cas de l'attribution : **Купи детям книги.** *Achète des livres aux enfants.*
L'Accusatif est le cas du complément d'objet direct : **Я вижу маму.** *Je vois maman.*
L'Instrumental est le cas circonstanciel de moyen : **Саша пишет карандашом.** *Sacha écrit avec un crayon.*

Le Prépositionnel ou Locatif est le cas qui est utilisé seulement après une préposition : **Ваза на столе.** *Le vase est sur la table.*

3) LA DÉCLINAISON DES NOMS

Les tableaux récapitulatifs proposés recensent les terminaisons des noms.

1. LA DÉCLINAISON DES NOMS MASCULINS DURS

	Singulier		Pluriel	
	Table, inanimé	*Chat*, animé	inanimé	animé
N	стол	кот	столы	коты
G	стола	кота	столов	котов
D	столу	коту	столам	котам
A	= N	= G	= N	= G
L	столе	коте	столах	котах
I	столом	котом	столами	котами

2. LA DÉCLINAISON DES NOMS MASCULINS MOUS

	Singulier		Pluriel	
	Pluie, inanimé	*Ours*, animé	inanimé	animé
N	дождь	медведь	дожди	медведи
G	дождя	медведя	дождей	медведей
D	дождю	медведю	дождям	медведям
A	= N	= G	= N	= G
L	дожде	медведе	дождях	медведях
I	дождём	медведем	дождями	медведями

3. LE PLURIEL DES MASCULINS EN *A*

Certains masculins forment le pluriel en **a**. Ce **a** final est toujours accentué. Voici les mots les plus usuels :

адрес, аdRiéss, *adresse* - **адреса**, adRiss**a**.
вечер, vié tchiR, *soir* - **вечера**, vitchiR**a**.
дом, do-m, *maison* - **дома**, dam**a**.
доктор, doktaR, *docteur* - **доктора**, daktaR**a**.

глаз, gLass, *œil* - глаза, gLaza.
город, goRat, *ville* - города, gaRada.
номер, nomiR, *numéro* - номера, namiRa.
паспорт, paspaRt, *passeport* - паспорта, paspaRta.
поезд, po-ist, *train* - поезда, pa-izda.

4. LES LOCATIFS DES MASCULINS EN *У/Ю*

Voici les mots les plus usuels qui ont leur locatif singulier en **у/ю**:
аэропорт, a-êRapoRt, *aéroport*, берег, biéRiék, *rive*, край, kRaï, *bout*, лес, liéss, *forêt*, мост, most, *pont*, нос, noss, *nez*, пол, poL, *sol*, порт, poRt, *port*, рай, Raï, *paradis*, сад, sat, *jardin*, шкаф, chkaf, *armoire*. N'oubliez pas que quand ces mots ne désignent pas l'endroit où l'on se trouve, ils retrouvent la terminaison **e**.

5. LA DÉCLINAISON DES NOMS FÉMININS DURS

	Singulier		Pluriel	
	Vase, inanimé	*Vache,* animé	inanimé	animé
N	ваза	корова	вазы	коровы
G	вазы	коровы	ваз	коров
D	вазе	корове	вазам	коровам
A	вазу	корову	= N	= G
L	вазе	корове	вазах	коровах
I	вазой	коровой	вазами	коровами

6. LA DÉCLINAISON DES NOMS FÉMININS MOUS

	Singulier		Pluriel	
	Melon, inanimé	*Souris,* animé	inanimé	animé
N	дыня	мышь	дыни	мыши
G	дыни	мыши	дынь	мышей
D	дыне	мыши	дыням	мышам
A	дыню	мышь	= N	= G
L	дыне	мыши	дынях	мышах
I	дыней	мышью	дынями	мышами

7. LA DÉCLINAISON DES NOMS NEUTRES, DURS ET MOUS

	Singulier		Pluriel	
	Vin, neutre dur	*Mer*, neutre mou	dur	mou
N	вино	море	вина	моря
G	вина	моря	вин	морей
D	вину	морю	винам	морям
A	= N		= N	
L	вине	море	винах	морях
I	вином	морем	винами	морями

4) LA DÉCLINAISON DES ADJECTIFS

Les tableaux récapitulatifs sont faits sur la base de deux adjectifs : la terminaison dure – **красный**, *rouge*, et la terminaison molle – **синий**, *bleu*.

1. LA DÉCLINAISON DES ADJECTIFS AU SINGULIER

	Masculin	Neutre	Féminin
N	красный, синий	красное, синее	красная, синяя
G	красного, синего		красной, синей
D	красному, синему		красной, синей
A	= N pour inanimés, = G pour animés		красную, синюю
L	красном, синем		красной, синей
I	красным, синим		красной, синей

2. LA DÉCLINAISON DES ADJECTIFS AU PLURIEL

	Pluriel dur	Pluriel mou
	pour tous les genres	
N	красные	синие
G	красных	синих
D	красным	синим
A	= N pour inanimés, = G pour animés	
L	красных	синих
I	красными	синими

5) CONJUGAISON

делать, *faire* - 1ʳᵉ conjugaison	**идти**, *aller* - 1ʳᵉ conjugaison	**говорить**, *parler* - 2ᵉ conjugaison
Я делаю	Я иду	Я говорю
Ты делаешь	Ты идёшь	Ты говоришь
Он/она/оно делает	Он/она/оно идёт	Он/она/оно говорит
Мы делаем	Мы идём	Мы говорим
Вы делаете	Вы идёте	Вы говорите
Они делают	Они идут	Они говорят

6) LE TEMPS

1. LES MOIS DE L'ANNÉE

Vous avez vu plusieurs mois de l'année dans les Modules. Complétons-les : **январь**, yi-nva**R**ⁱ, *janvier*, **февраль**, fivRa**l**ⁱ, *février*, **март**, ma**R**t, *mars*, **апрель**, apRié**l**ⁱ, *avril*, **май**, ma**ï**, *mai*, **июнь**, i-**iou**gne, *juin*, **июль**, i-**ioul**ⁱ, *juillet*, **август**, a**v**goust, *août*, **сентябрь**, si-nt**ia**b**R**ⁱ, *septembre*, **октябрь**, akt**ia**b**R**ⁱ, *octobre*, **ноябрь**, na-**ia**b**R**ⁱ, *novembre*, **декабрь**, dik**a**b**R**ⁱ, *décembre*.

2. LES SAISONS DE L'ANNÉE

зима, zim**a**, *hiver*, **весна**, vis-n**a**, *printemps*, **лето**, li**é**ta, *été*, **осень**, **o**ssigne, *automne*.

7) LES CARDINAUX

1 – **один**, ad**i**-n, **одна**, adn**a**, **одно**, adn**o**
2 – **два**, dv**a**, **две**, dvi**é**
3 – **три**, tRi
4 – **четыре**, tchit**y**Rié
5 – **пять**, piatˢ
6 – **шесть**, chêstˢ
7 – **семь**, siémⁱ
8 – **восемь**, v**o**ssiémⁱ
9 – **девять**, di**é**vitˢ
10 – **десять**, di**é**ssitˢ
11 – **одиннадцать**, adinatsatˢ
12 – **двенадцать**, dvin**a**tsatˢ
13 – **тринадцать**, tRin**a**tsatˢ
14 – **четырнадцать**, tchit**y**Rn**a**tsatˢ
15 – **пятнадцать**, pit-n**a**tsatˢ
16 – **шестнадцать**, chys-n**a**tsatˢ
17 – **семнадцать**, si-mn**a**tsatˢ
18 – **восемнадцать**, vassi-mn**a**tsatˢ
19 – **девятнадцать**, divit-n**a**tsatˢ
20 – **двадцать**, dv**a**tsatˢ
21 – **двадцать один**, dv**a**tsatˢ ad**i**-n
22 – **двадцать два**, dv**a**tsatˢ dva

30 – **тридцать**, tRitsatˢ
40 – **сорок**, sоRak
50 – **пятьдесят**, pid-dissiat
60 – **шестьдесят**, chyzdissiat
70 – **семьдесят**, si**é**mᶦdissiat
80 – **восемьдесят**, v**o**ssiémᶦdissiat
90 – **девяносто**, divinоsta
100 – **сто**, sto
101 – **сто один**, sto adi-n

8) LES ORDINAUX

Les ordinaux russes expriment l'ordre des objets tout comme en français. Au masculin singulier, ils ont la terminaison **ый** sauf **третий**, tRi**é**tïï, **второй**, ftaR**o**ï, **шестой**, chyst**o**ï, **седьмой**, sidᶦm**o**ï, **восьмой**, vassᶦm**o**ï, et **сороковой**, saRakav**o**ï, qui ont la terminaison **ой** accentuée. Tous les autres ordinaux ont l'accent tonique sur la racine :

первый, pi**é**Rvyï, *premier* ; **второй**, ftaR**o**ï, *deuxième* ; **третий**, tRi**é**tïï, *troisième* ; **четвёртый**, tchitvi**o**Rtyï, *quatrième* ; **пятый**, pi**a**tyï, *cinquième* ; **шестой**, chyst**o**ï, *sixième* ; **седьмой**, sidᶦm**o**ï, *septième* ; **восьмой**, vassᶦm**o**ï, *huitième* ; **девятый**, divi**a**tyï, *neuvième* ; **десятый**, dissi**a**tyï, *dixième* ; **одиннадцатый**, ad**i**natsatyï, *onzième* ; **двенадцатый**, dvin**a**tsatyï, *douzième* ; **тринадцатый**, tRin**a**tsatyï, *treizième* ; **четырнадцатый**, tchit**y**Rnatsatyï, *quatorzième* ; **пятнадцатый**, pit-n**a**tsatyï, *quinzième* ; **шестнадцатый**, chys-n**a**tsatyï, *seizième* ; **семнадцатый**, si-mn**a**tsatyï, *dix-septième* ; **восемнадцатый**, vassi-mnalsatyï, *dix-huitième* ; **девятнадцатый**, divit-natsatyï, *dix-neuvième* ; **двадцатый**, dvats**a**tyï, *vingtième* ; **двадцать первый**, dv**a**tsatˢ pi**é**Rvyï, *vingt-et-unième* ; **тридцатый**, tRits**a**tyï, *trentième* ; **сороковой**, saRakav**o**ï, *quarantième* ; **пятидесятый**, pitidissi**a**tyï, *cinquantième* ; **шестидесятый**, chystidissi**a**tyï, *soixantième* ; **семидесятый**, simidissi**a**tyï, *soixante-dixième* ; **восьмидесятый**, vassᶦmidissi**a**tyï, *quatre-vingtième* ; **девяностый**, divin**o**styï, *quatre-vingt-dixième* ; **сотый**, s**o**tyï, *centième* ; **сто первый**, sto pi**é**Rvyï, *cent-et-unième*.

Conception graphique, couverture et intérieur : Sarah Boris
Ingénieur du son : Léonard Mule @ Studio du Poisson Barbu

© 2021, Assimil.
Dépôt légal : septembre 2021
N° d'édition : 4073
ISBN : 978-2-7005-0875-8
www.assimil.com

Achevé d'imprimer par Tipografia Real en Roumanie